Friedel Bott

# Warum wir Bücher lieben
## Aus den Bücherregalen prominenter Leser

mit Fotografien von Steven Haberland

*Für Moriz, Anni & Jacqueline*

# INHALT

# VORWORT

*Wer nicht liest, wird mit 70 Jahren nur ein einziges Leben gelebt haben: Sein eigenes. Wer liest, wird 5000 Jahre gelebt haben: Er war dabei, als Kain Abel tötete, als Renzo Lucia heiratete, als Leopardi die Unendlichkeit bewunderte. Denn Lesen ist eine Unsterblichkeit nach hinten. (Umberto Eco)*

https://www.dtv.de/buch/christian-tielmann-unsterblichkeit-ist-auch-keine-loesung-28188/

Ein Gespenst geht um in Deutschland: das Gespenst, das nicht mehr liest. Oder zumindest deutlich weniger. Kürzlich wurde enthüllt, dass nun sogar Goethe und Schiller höchstselbst auf Lesetour durch den Harz geschickt worden sind, um die allerletzten Kastanien aus dem Feuer zu holen. Ehrenwert ist das in jedem Fall. Achten Sie auf Plakate in Ihrer Stadt oder auf Hinweise im Internet.

Dabei sind Bücher durch die Jahrhunderte immer nützlich gewesen, lehrreiche, unterhaltsame, aber auch hilfreiche Begleiter. Denken Sie nur an Mark Twain (1835 – 1910):

„In Leder gebundene Bücher leisten nützliche Dienste beim Abziehen von stumpfen Messern. Dünne Broschüren sind unentbehrlich, um wacklige Tische und andere Möbelstücke wieder ins Gleichgewicht zu bringen. Ein Lexikon ist ein sehr wirksames Wurfgeschoß und dient gut als Sitzunterlage. Ein Atlas kann einem eine ganze Weltreise ersparen."

17 prominente Menschen, die in unterschiedlichen Bücherwelten zu Hause sind, haben mir ihre Haustür geöffnet und waren bereit zu einem Gespräch über den Inhalt ihrer Bücherregale. Das war zumeist eine wunderbare Erfahrung, an der Sie nun teilhaben können. Danke an dieser Stelle all diesen freundlichen Lesern, die mir vertraut haben.

Es gibt so unendlich viele Bücher, deren Lektüre Herz und Hirn bewegen – ganz alte, ältere, aber auch neue Bücher. Die Menschen, die Sie auf den folgenden Seiten kennenlernen, erzählen Ihnen, welche und warum sie Bücher lieben.

Zu danken habe ich einigen Freundinnen und Freunden für Hilfe und Unterstützung ganz unterschiedlicher Art: ganz vorn dabei Silke Behl, Thomas Zirnbauer und Wolfgang Koch. Mein besonderer Dank gilt Steven Haberland, der großartige Fotos der prominenten Leser gemacht hat.

*Friedel Bott, Hamburg im September 2019*

# JÜRGEN VON DER LIPPE

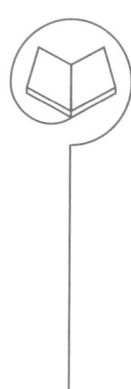

geboren 1948 als Hans-Jürgen Hubert Dohrenkamp. Aufgewachsen in Aachen, Abitur 1966. Studium der Germanistik, Philosophie und Linguistik in Aachen und Berlin. Ab 1977 Arbeit für den Hörfunk des WDR, ab 1980 fürs Fernsehen. 1978 der erste Hit mit den Gebrüdern Blattschuss: *Kreuzberger Nächte*. Erfolgreiche Solo-Karriere, u. a. *Guten Morgen, liebe Sorgen* (1987). Einige seiner TV-Highlights: *So isses* (1984 – 1989); *Geld oder Liebe* (1989 – 2001); *Wat is?* (1995 – 2000); *Was liest du?* (2003 – 2010; 2014); Fortsetzung seit 2017 bei YouTube: *Lippes Leselust*. Preise und Auszeichnungen: Goldener Löwe, Goldene Schallplatte, Telestar, Goldene Kamera, Grimme-Preise, Bambi, Echo, Deutscher Comedypreis, Bremer Comedypreis, Ehrenmitgliedschaft im Verein Deutsche Sprache, Jürgen von Manger-Preis u. a. Ungezählte Bücher und Hörbücher sowie Comedy-Auftritte mit wechselnden Programmen.

Er hat geweint als Kind – der Mann, der sich Jürgen von der Lippe nennt. Ein Grund dafür: **Schumm. Der Edelmarder des Bergwaldes** (1935/1947), ein herzzerreißendes Buch von Hansjörg Franck ohne Happy End: Schumm wird am Ende erschossen. Um die Erinnerung aufzufrischen, hat er sich das Buch gerade wieder bestellt.

„Nicht, um es noch mal zu lesen, sondern um es zu besitzen. So wie meine Frau mir eine Ausgabe von **Sieben Ähren** geschenkt hat, das Lesebuch, das wir in der Volksschule benutzten, eine Ausgabe von 1961, die älteste, die sie bekommen konnte."

Jürgen von der Lippes Bibliothek steht in Friedenau, einem Berliner Stadtteil mit großer literarischer Tradition und Geschichte: Günter Grass (1927 – 2015) hat hier über drei Jahrzehnte gelebt. Uwe Johnson (1934 – 1984) ganz in der Nähe. Und viele andere, nicht zu vergessen Erich Kästner (1899 – 1974), der bis zum Ende des Zweiten Weltkriegs ein Haus in Berlin-Friedenau hatte. Die Bundesallee, eine stark befahrene Hauptstraße des Stadtteils, ist längst sechsspurig. Kunst und Literatur wollen einem da nicht einfallen. Und dennoch gibt es hier Inseln, die den Besucher in die ganz frühen 1930er-Jahre zurückführen und die vom Klimawandel nicht bedroht sind. So scheint es jedenfalls. Die Wolff'sche Bücherei, 1931 von Andreas Wolff gegründet, ist so ein Ort, der durchaus ehrenwert aus der Zeit gefallen ist. Andreas Wolff war in den 1950er-Jahren Geschäftsführer des Suhrkamp-Verlags. Heute trägt der traditionsreiche Eckladen den wunderbaren Namen „Der Zauberberg". Unter diesem neuen Namen ist er Tagungsort der Berliner Thomas-Mann-Gesellschaft.

Jürgen von der Lippe ist „Der Zauberberg" alles andere als fremd. Und man kennt ihn hier. So manches Buch hat er an diesem magischen Ort gekauft. Betreten Sie die Buchhandlung, und Sie spüren die Magie.

Auch der „Zauberberg"-Keller hat eine Geschichte: im Dritten Reich sammelte man hier all jene Bücher, die auf den Scheiterhaufen der Reichshauptstadt enden sollten. Für die engsten Vertrauten entstand so eine außergewöhnliche Leihbibliothek, mit allem, was ein besseres Deutschland zu bieten hatte; ausgeliehene Bücher mussten innerhalb eines Tages zurückgegeben werden. Heute lagern hier bloß noch die vergessenen Bestseller aus dem vergangenen Jahrhundert, die aber niemanden mehr nach unten locken.

© Kerstin Menz

Um Jürgen von der Lippes Wohnung zu erreichen, ist der Fahrstuhl in den 5. Stock eine angenehme Hilfe. Ein letztes Stockwerk ist zu Fuß zurückzulegen, wenn man nicht über den notwendigen VIP-Schlüssel verfügt. Die Bücher sind weitläufig in Regalen verteilt, die Ordnung ist im Wesentlichen alphabetisch.

„Die Autoren, von denen ich alles oder viel habe, stehen zusammen: Helmut Krausser (* 1964) zum Beispiel oder Herman Koch (* 1953) oder Ingomar von Kieseritzky (1944 – 2019). Sehr viele Autoren, die ich mag, fangen mit ‚K' an. Bodo Kirchhoff (* 1948), Daniel Kehlmann (* 1975) und Stephen King (* 1947) natürlich."

**Stephen King: Das Leben und das Schreiben** (On Writing – A Memoir of The Craft, 2000). München: Ullstein, 2000. – Neubearbeitete, vollständige Taschenbuchausgabe München: Heyne, 2011

Stephen King, die Nummer eins unter den Horror-Autoren im 20. und 21. Jahrhundert, würde man vielleicht nicht vermuten in der Gruppe der arrivierten – „ernsthaften" – K-Autoren; aber es gibt einen ganz bestimmten Grund, und zwar Kings Memoiren **Das Leben und das Schreiben** – und darin eine Aufgabe:

„King gibt einen Plot vor: cholerischer Mann. Heirat, Kinder, Scheidung. Der Mann stalkt die Frau,

Herman Koch: Angerichtet
(Het diner, 2009, dt.
Erstausgabe 2010). Köln:
KiWi, 2011; **Sommerhaus
mit Swimmingpool**
(Zomerhuis met zwembad,
2011). Köln, KiWi 2013 – Alle
Hörbücher von Herman Koch
sind im argon-Verlag
veröffentlicht worden.

George MacDonald
Fraser: Flashman und der
Berg des Lichts: Die
Flashman-Manuskripte
9 – Flashman im
1. Sikh-Krieg 1845–46.
Lampertheim: Kübler,2015

Italo Svevo: Zeno Cosini
(1923.) Reinbek: Rowohlt,
1990

kommt ins Gefängnis. Im Radio hört die Frau von einem Ausbruch. In gleichen Augenblick nimmt sie sein Aftershave wahr und hört Schritte. Das ist die Ausgangssituation. Schreiben Sie die Geschichte weiter um fünf Seiten, aber drehen Sie es um: Der Mann ist der Verfolgte. Die Frau ist im Knast – Irrenanstalt oder so. Ich habe mich sofort an den Schreibtisch gesetzt und die Geschichte floss in einem Rutsch aus der Feder. Sie ist gar nicht schlecht geworden. So kommen einem ja die Ideen: beim Lesen. Was war es heute? Trumps Hobby sei es, die Frauen von Freunden ins Bett zu kriegen. Daraus werde ich auch irgendwas machen."

Andere Favoriten mit dem Anfangsbuchstaben „K" sind für einen Leser, der mit Sprache umgeht, nicht überraschend. Der niederländische Bestsellerautor Herman Koch ist einer davon.

„Was mich an Koch fasziniert: Ich habe noch nie einen Autor gelesen, der als Ich-Erzähler so die Scheiße aus sich herausholt, als Figur so negativ erscheint. Es gibt höchstens Vergleichbares – aber da ist es wieder komödiantisch (das ist Koch ja gar nicht) –, nämlich die **Flashman**-Bucher von George MacDonald Fraser (1824 – 1905). Flashman ist ja auch ein richtiges Arschloch, ein englischer Offizier, der an allen Kriegen teilnimmt, in die England verstrickt war. Immer schafft er es, nicht nur mit dem Leben davonzukommen, sondern stets klettert er eine Stufe höher auf der Karriereleiter, unter Zurücklassung und Verrat von Freunden. Charakterlich total verwerflich. Der Protagonist in Italo Svevos (1861 – 1928) Roman **Zeno Cosini** – wie der mit seinen Frauen umgeht, das geht in dieselbe Richtung. Aber Herman Koch ist am schonungslosesten von allen. Außerdem sind seine Bücher wahnsinnig spannend."

Herman Koch wurde in Deutschland bekannt mit dem Roman **Angerichtet**. Das Essen zu viert in einem Nobelrestaurant, bei dem es um bürgerliche Fassaden und ein Verbrechen der Kinder geht, beginnt angemessen mit einem überteuerten Glas Champagner rosé, der zudem schal ist. Jürgen von der Lippe gefällt Kochs zweiter ins Deutsche übersetzter Roman sogar noch besser: **Sommerhaus mit Swimmingpool**. Ein Arzt als Zyniker und Misanthrop, der seine Patienten hasst und der Rache nimmt mit einem raffinierten Kunstfehler.

Wir sind immer noch in der umfangreicheren K-Abteilung. Neben Koch stehen – fast lückenlos – die Bücher von Helmut Krausser und Bodo Kirchhoff.

Helmut Krausser ist einer der produktivsten deutschen Autoren – und erfolgreich. In einem Interview, das sein Kollege Heiner Link mit ihm 1998 schriftlich führte, gab er zu Protokoll:

**Helmut Krausser:**
**Einsamkeit und Sex und Mitleid**. Köln: Dumont, 2012; **Melodien**. Köln: Dumont, 2003. Neufassung 2014; **Eros**. München: btb 2008; **Substanz. Das Beste aus den Tagebüchern**. Köln: DuMont, 2010

*„Wer mich einen Kommerzschriftsteller nennt, muss einen an der Waffel haben. Elitäreres als meine Bücher gibt es nicht. Zweitens: Ich hätte ja alle Möglichkeiten, einen Pilcher-Roman zu schreiben und Millionen damit zu verdienen, müsste für jeden Autor gediegenen Handwerks und stilistischen Assimilationstalents eine Sache von zwei Wochen sein. Aber ich mache so etwas nicht, schreibe auch keine Drehbücher unter Pseudonym oder Ähnliches."*

**Einsamkeit und Sex und Mitleid** wird Krausser wahrscheinlich als Fingerübung angesehen haben, so wie Bodo Kirchhoff seinen **Schundroman**.

**Bodo Kirchhoff:**
**Schundroman** (2002). München: dtv, 2014; **Infanta** (2006). München: dtv, 2011; **Erinnerungen an meinen Porsche** (2009). München: dtv, 2012; **Widerfahrnis**. Frankfurt: FVA, 2016; **Dämmer und Aufruhr: Roman der frühen Jahre**. Frankfurt: FVA, 2018

„Ich finde beides außerordentlich gelungen. Und ich würde mir wünschen, dass beide in dieser Richtung mehr machen. Kraussers Herz liegt wohl eher bei seinem Buch **Melodien**. Mir wurde das auf Seite 300 ein bisschen öde. **Infanta** von Kirchhoff handelt von den sexuellen Verstrickungen dreier Geistlicher in einem fiktiven südamerikanischen Land, in dem gerade eine

Revolution stattfindet. **Erinnerungen an meinen Porsche** möchte ich noch hervorheben und **Widerfahrnis**, wofür Kirchhoff den Deutschen Buchpreis 2016 bekommen hat."

Helmut Kraussers Werk ist umfangreich und für Jürgen von der Lippe, so unterschiedlich die Bücher sein mögen, von großer Bedeutung. Die Zeit, die er mit ihnen verbracht hat, bereut er nicht, im Gegenteil.

„Krausser ist ein großer Musikkenner und ein großer Schachspieler dazu, mit einer Elo-Zahl um die 2000, die übrigens auch Arjen Robben vorweisen kann, der um Meisterschaften gespielt hat – vor seiner Fußball-Karriere. Diese Themen kehren bei Krausser immer wieder. Ich mag **Eros**, eine sehr originelle Geschichte von jemandem, der sich als Kind in eine Frau verliebt. Später, als er zu Geld gekommen ist, hält er seine schützende Hand über sie, ohne dass sie davon weiß. Und dann gibt es Kraussers **Tagebücher**. Monatsweise steht da, was er gerade gemacht hat, was er über andere denkt, was er über sich denkt; und dann, was man bei vielen Großschriftstellern findet – zum Beispiel Walter Kempowski, ein weiterer toller K-Autor –, dass er sich tragisch unterschätzt und schlecht behandelt fühlt. Das ist insgesamt alles sehr amüsant zu lesen. Das sind drei ganz verschiedene Sachen von ihm, die ich aber alle sehr mag. Und seine Theaterstücke sind zudem außerordentlich unanständig, was mir natürlich großartig gefällt. Kurz, das ist einer der tollsten Autoren, die wir haben."

**Ingomar von Kieseritzky:
Das Buch der Desaster.**
Stuttgart: Klett-Cotta, 1993;
**Traurige Therapeuten.**
München: C. H. Beck,
2012    Nur diese beiden Titel
sind lieferbar, alle anderen
Bücher sind derzeit nur
antiquarisch zu bekommen.

Und noch zwei K-Autoren, zunächst Ingomar von Kieseritzky (1944 – 2019).

„Ich mag dessen larmoyanten, selbstironischen Ton. Die Bücher bestechen nicht mit Wahnsinnsplots, aber ich kann zwei tolle Stunden mit ihnen haben. Und das finde ich schon viel. **Das Buch der Desaster** ist für mich sein Opus Magnum."

Der letzte hier vorgestellte Autor in Jürgen von der Lippes Bibliothek, dessen Nachname mit K beginnt, ist heute weitgehend unbekannt: Herbert Kranz (1891 – 1973), in den

1950er- und 1960er-Jahren einer der erfolgreichsten deutschen Jugendbuchautoren.

„Das Besondere an seiner Reihe **Ubique terrarum**: Die Bücher sind nicht nur sehr spannend, sondern man erfährt sehr viel über den jeweiligen Schauplatz. Eine Geschichte spielt zum Beispiel auf Sardinien, und man lernt etwas über die Tragik der Blutrache. Man kann das immer noch gut lesen – im Gegensatz zu Karl Mays ‚am deutschen Wesen muss die Welt genesen‘ – als Kind ging das, da hat man das ja nicht einordnen können. Das haut als Lesevergnügen heute nicht mehr hin."

Um sich über Herbert Kranz zu informieren bzw. mit seinen Erben Kontakt aufzunehmen, hilft das Internet. Mit analoger Verzögerung meldet sich Georg Kranz, der Enkel, der die Bücher ein halbes Jahrhundert nach ihrem ersten Erscheinen überarbeitet und neu herausgegeben hat. Irgendwann kommt ein Päckchen, Inhalt: Band 1 der Neuauflage, noch verschweißt, und die Erstausgabe des Romans **Die Insel der Verfolgten. Abenteuer auf Sardinien**. Etwas zerlesen, die Seiten wirtschaftswunderlich gebräunt. Im Begleitbrief heißt es: „Nach und nach habe ich die Bände digitalisiert, neu gesetzt und bei BoD herausgegeben. Auch ohne dass ich dafür in irgend einer Weise werbe, werden sie nach wie vor kontinuierlich verkauft. Es gibt offensichtlich eine treue Fangemeinde."

Herbert Kranz: Die Insel der Verfolgten. **Abenteuer auf Sardinien** (1956). Neuauflage Bonn: Eigenverlag Georg Kranz, 2009

Wir schweifen kurz etwas ab: Thomas Gottschalk soll als seine drei Lieblingsbücher einmal *Winnetou 1, 2 und 3* genannt haben, aber die Berliner Ausgabe der *Bild-Zeitung* berichtet, Hermann Hesse und Augustinus würden bei ihm auf dem Nachttisch liegen.

„Augustinus? Ich hätte Marc Aurel genommen. Der warf zwischen zwei Scharmützeln immer noch etwas Geistreiches ein."

Neben Germanistik und Linguistik hat Jürgen von der Lippe auch Philosophie studiert. Diese Fächerkombination, die an der Uni Aachen akzeptiert wurde, war in Berlin „unzulässig". Das Examen fiel aus, aber es war nicht alles umsonst.

„Epikur ist mein Leib- und Magen-Philosoph. Glück ist der Genuss des Habhaften – ein berühmtes Wort; und der Genuss des Einfachen. Dieses höher, schneller, weiter, mehr Kohle – das bringt's ja nicht. Aber unter einem Olivenbaum sitzen, mit einer frisch gerösteten Scheibe Bauernbrot, eingestrichen mit einer Knoblauchzehe, etwas Olivenöl, etwas Salz und ein einfacher Landwein dazu. Das ist es."

Natürlich sammelt Jürgen von der Lippe nicht nur Autoren mit dem Buchstaben K. Sein Faible gilt auch allem, was mit „nutzlosem" oder „unnützem" Wissen zu tun hat. Hanswilhelm Haefs (1935 – 2015), der vor allem als Übersetzer gearbeitet hat, war der Erste, der 1989 ein **Handbuch des nutzlosen Wissens** veröffentlichte. Weitere Bände folgten. **Schotts Sammelsurium** (2002) kam in Deutschland erstmals 2008 heraus. Hervorzuheben ist auch die Reihe **NEON – Unnützes Wissen** mit immer wieder neuen Buchausgaben und – nicht weniger erfolgreich – Abreißkalendern. Viele kuriose Fakten aus diesen Titeln schaffen es in Jürgen von der Lippes Bühnenprogramm.

Es geht ihm aber nicht bloß um verblüffende Komik. Er ist kaum in Gefahr, sich zu Tode amüsieren. Er sammelt auch gewissermaßen ernsthafte Bücher:

„Viel zur deutschen Sprache, zur Philosophie; das ist aber mehr eklektisch. Da les ich dann mal irgendwo rein. Und dann denke ich, das ist aber ein origineller Denker. Wenn ich philosophische Bücher kaufe, dann ist mir wichtig, dass die lesbar sind. Also nicht Habermas, das ist nicht lesbar; so wie Kant es auch nicht war. Heidegger: Davon hat niemand etwas. Dass man Philosophie für interessant halten konnte, fing für mich mit den **Platon-Dialogen** an. Die sind wunderbar. Und von den Neueren war der Erste Karl Popper (1902 – 1994). Der hatte ja Paul Feyerabend (1924 – 1994) als Assistenten. Die haben sich dann zerstritten – Paul Feyerabend ist ein

**Hanswilhelm Haefs: Handbuch des nutzlosen Wissens**. München: dtv, 1989. Neuausgabe 2011 – Kostprobe: „In den USA gibt es mehr Psychoanalytiker als Briefträger."

**Ben Schott: Schotts Sammelsurium** (Schott's Original Miscellany, 2002). Berlin: Berlin Verlag, 2008

**NEON – Unnützes Wissen 2019. 365 skurrile Fakten, die man nie mehr vergisst**. Abreißkalender. München: Heyne, 2018; **NEON – Unnützes Wissen: Die 90er. 555 skurrile Fakten, die man nie mehr vergisst**. München: Heyne, 2018; **NEON – Unnützes Wissen: Tiere. 1374 skurrile Fakten, die man nie mehr vergisst**. München: Heyne, 2014 – Kostprobe: „Fische können seekrank werden, der Orgasmus eines Schweins dauert 30 Minuten, ein Kaninchen macht 18 Nickerchen pro Tag, Kühe, denen ein Name gegeben wird, geben mehr Milch."

faszinierender Autor. Es macht großen Spaß, seine Autobiografie **Zeitverschwendung** zu lesen. Oder philosophische
Denksportaufgaben. Das liegt bei mir auf dem Klo, das ist
Klo-Literatur, was überhaupt nicht pejorativ gemeint ist, sondern es ist Literatur, bei der man immer nur ein, zwei Seiten
am Stück schafft, die einem aber etwas geben und unter Umständen viel Spaß machen können."

*Was liest du?* war ab 2003 ein Dauerbrenner im
WDR Fernsehen. Das Konzept war so einfach wie be-
stechend: Zusammen mit einem prominenten Gast las
Jürgen von der Lippe dem Publikum aus komischen
oder zumindest lustigen Büchern vor. Auch wenn die
Buchauswahl im Hinblick auf das Kriterium begrenzt
war, hat Jürgen von der Lippe mit dieser Sendung
ganz sicher mehr Menschen in die Buchhandlungen
gebracht als so manches TV-Quartett.

*Was liest du?* wurde 2010 abgesetzt und lebte nur
2014 („auf Wunsch zahlreicher Zuschauer") noch
einmal für zwei Sonderausgaben auf.

„Was soll ich mich beklagen? Ich will nicht weh-
leidig sein. Man kann sich als Fernsehschaffender
nicht hinstellen und sagen, ich habe aber – aufstampf, aufstampf – einen Anspruch darauf, die Sendung weiterzumachen. Die Tatsache, dass es nichts
Adäquates gibt, zeigt mir aber, dass es nicht so viele
Leute gibt, die eine Literatursendung machen können. Ich glaube, das Verdienst der Sendung bestand
darin, die Leute auf die Bücher zu stoßen. Das zeigten die Zuschriften, die zu einem sehr großen Teil
den Tenor hatten: Ich lese sonst nicht, aber du hast
mich drauf gebracht, ich habe mir die Bücher gekauft, sie haben mir viel Freude gemacht. Was will
man mehr?"

Seine Büchersendung, die einem ahnungslosen WDR-Re-
dakteur obsolet erschienen war („fürs Fernsehen gilt eine Bücher-
wand als sicherer Abschalter, gefolgt von klassischen Instrumen-
ten"), wanderte ins Internet und heißt jetzt *Lippes Leselust,* mit

**Paul Feyerabend:**
**Zeitverschwendung.**
Frankfurt: Suhrkamp,
1997 – „Mit seiner
aufmüpfigen Autobiographie
blickt der Protagonist des
*anything goes* auf die
Geschichte seines Lebens
zurück, das ihn vom vorlauten
Bücherwurm,
Gesangsstudenten und
Physiker zum
Wissenschaftstheoretiker,
philosophischen Dadaisten
und Guru des postmodernen
Pluralisten werden ließ."
(Alter, aber angemessener
Werbetext des Verlages)

*Lippes Leselust* im Internet:
https://www.youtube.com/
results?search_query=lippes+
leselust+-+staffel+2+-
+folge+4

**David Foster Wallace:
Unendlicher Spaß** (Infinite
Jest, 1996). Köln 2009;
Taschenbuchausgabe:
Reinbek: Rowohlt 2011
(1552 Seiten); als Einstieg
eignet sich auch Wallace'
Reportage einer kuriosen
Kreuzfahrt in der Karibik,
**Schrecklich amüsant –
aber in Zukunft ohne
mich** (A Supposedly Fun
Thing I'll Never Do Again,
1997). Köln: KiWi,
2015 – Kostprobe: „Ich habe
erwachsene US-Bürger
gehört, erfolgreiche
Geschäftsleute, die am
Info-Counter wissen wollten,
ob man beim Schnorcheln
nass wird, ob das
Tontaubenschießen im
Freien stattfindet, ob die
Crew an Bord schläft oder
um welche Zeit das
Midnight-Buffet eröffnet
wird."

*„Ich kaufe gerne auf
Verdacht und lasse
mich mit Vergnügen
inspirieren. Es
wäre doch schlimm,
ein Buch liegen zu
lassen, das einen
vielleicht sehr
bereichert hätte."*

Jochen Malmsheimer im groben Holzfällerhemd an
seiner Seite. Es gibt keine großen Unterschiede bei
den Kommentaren. Macht weiterhin großen Spaß
und gefällt den Leuten.

Wie wichtig sind Bücher generell für Jürgen von
der Lippe?

„Bücher und Lesen gehören in die Top 3 der
Dinge, die ich am liebsten tue. Ich lese natürlich
immer unter dem Aspekt, wie ich das beruflich ver-
werten kann. Ich streiche an, ich reiße raus. Aber
Bücher sind auch eine Obsession. In den Städten,
in denen ich auftrete, gehe ich regelmäßig in Buchhandlungen, am liebsten in kleine Läden mit persönlichen Leseempfehlungen des Buchhändlers oder der
Buchhändlerin. Ich kaufe gerne auf Verdacht und
lasse mich mit Vergnügen inspirieren. Es wäre doch
schlimm, ein Buch liegen zu lassen, das einen vielleicht sehr bereichert hätte. Meine Friseurin hat so eine Tauschbibliothek.
Die Leute können Bücher einstellen und mitnehmen. Ich freue
mich auf jeden Friseurbesuch, setze mich anschließend in ein

nettes Café und stöbere in den Beutestücken. Meist gehe ich voller Anregungen nach Hause. Mein Buch für die Insel wäre ein E-Book-Reader mit Aggregat, vollgepackt mit 100 Büchern. Und David Foster Wallace (1962 – 2008). Dann lese ich den endlich mal."

Als Jürgen von der Lippe Anfang 20 war, hatte er eine Verlobte, die aus einem erzkatholischen Bäckerhaushalt stammte. Der Vater war „Hardcore-Katholik" und begegnete dem Philosophiestudenten mit Misstrauen. Jürgen von der Lippe brauchte nicht bloß die besseren Argumente, sondern wappnete sich auch mit historischen Fakten. Dafür gab es ein brillantes Buch, das 1962 erstmals veröffentlicht wurde und zehn Jahre später eine ungemein erfolgreiche Karriere als Rowohlt-Taschenbuch hinlegte: **Abermals krähte der Hahn**, die kritische Kirchengeschichte von Karlheinz Deschner (1924 – 2014).

**Karlheinz Deschner: Abermals krähte der Hahn.** Stuttgart: Günther, 1962; Taschenbuchausgabe: Reinbek: Rowohlt, 1972, Neuausgabe Aschaffenburg: Alibri Verlag, 2015 – Einen Ehrenplatz in der Hölle hat sich Deschner mit seinem Hauptwerk, der **Kriminalgeschichte des Christentums**, verdient: Zehn Bände. Reinbek: Rowohlt, 1986 ff. Einige Bände sind seit 2014 als Taschenbuch erhältlich.

„Aachen war ja eine Hochburg, jeder katholische Junge war Messdiener. Das Gefühl, wenn man samstags aus der Beichte kam: Wenn du jetzt stirbst, kommste direkt in den Himmel. Es kann nichts passieren. – Es war mir eine kindliche Freude, den Bäcker mit Deschner zu ärgern. Das Buch habe ich regelrecht durchgearbeitet. Da sind ja unfassbare Sachen drin, von denen noch nie einer was gehört hatte. Aber Deschner galt immer als ausgesprochen korrekter Zitierer, alle Fakten stimmen bei ihm, was ihm auch seine Gegner attestieren. Deschner war meine Munitionsfabrik."

„Das Interesse an Büchern war schon früh da. Mein Vater war Barmixer in einer Stripteasebar, meine Mutter Köchin, die nicht nur Kochbücher las. Ich wollte auch unbedingt lesen lernen. Ich tat immer so, als könnte ich es, denn vom Vorlesen kannte ich die Geschichten auswendig. Ich war das Kind, das am letzten Schultag vor den Ferien in der letzten Schulstunde vorlas. Vorlesen habe ich geliebt. Da hat sich mit meinen Leseprogrammen nun ein Kreis geschlossen."

Johann Wolfgang Goethe:
**Die Leiden des jungen
Werthers**: Studienausgabe.
Paralleldruck der Fassungen
von 1774 und 1787.
Stuttgart: Reclam, 1999

**Dietmar Bittrich: Die
größten Weisheiten
der Welt und ihr noch
weiseres Gegenteil.**
München: dtv, 2017 –
Daraus ein Beispiel: „Was
die Raupe das Ende der
Welt nennt, nennt die
Welt einen Schmetterling."
(Laotse) / „Was der Mensch
für das Ende der Welt hält,
ist für das Universum eine
willkommene Erfrischung."
(Noam Chomsky)

**Thomas Mann:
Bekenntnisse des
Hochstaplers Felix Krull**
(1957). Frankfurt: Fischer,
1989

Obwohl er vier Hörbücher mit Texten von Kurt Tucholsky eingelesen hat, zwei gemeinsam mit Astrid Kohrs (erschienen in der Bell Hörbuch Edition, allerdings vergriffen und nur noch antiquarisch erhältlich), hält sich seine Begeisterung für diesen Autor in Grenzen.

„Tucholsky war ein ausgesprochener Vielschreiber und hat, wie ich finde, auch richtig viel Müll geschrieben. Weil er einen aufwändigen Lebensstil als Halodri führte! Da musste einfach Kohle ran, und das merkt man mitunter."

Es bleibt wohl eine ewige Wahrheit, dass einen die Klassiker in der Schule nicht wirklich erreichen. Sofern man nicht ganz großes Glück hat. Bei Jürgen von der Lippe ist zumindest eine Schullektüre nicht nur im Regal, sondern auch im Kopf präsent.

„Was ich mehrfach gelesen habe: den **Werther**. Der funktioniert auch heute noch."

Goethes eigene Inhaltsangabe seines Jugendwerks lautet:

*„Eine Geschichte, darin ich einen jungen Menschen darstelle, der, mit einer tiefen reinen Empfindung und wahrer Penetration begabt, sich in schwärmende Träume verliert, sich durch Spekulation untergräbt, bis er zuletzt durch dazutretende unglückliche Leidenschaften, besonders eine endlose Liebe zerrüttet, sich eine Kugel vor den Kopf schießt."*

„Besser habe ich einen besinnungslos Verliebten nie dargestellt bekommen. Das Tolle an Goethe ist: Er hat zu allem ein passendes Zitat hinterlassen – und dazu gleich das Gegenteil. Darüber gibt ist ein Buch von Dietmar Bittrich, der berühmte Zitate und das Gegenteil dazu gesammelt hat. Großartig, ganz großartig, ein wunderschönes Buch."

Wir sind wieder im 20. Jahrhundert. Jürgen von der Lippe ist auch ein Fan des Nobelpreisträgers Thomas Mann.

„**Felix Krull** ist natürlich das Amüsanteste, ich habe auch gern die **Erzählungen** und den **Zauberberg** gelesen. Die **Buddenbrooks** nicht, das hat mich nicht interessiert. Aber ich mag seinen Stil. Dann natürlich die **Tagebücher** mit seinen Aufzeichnungen übers Wichsen. Das fand ich schon sehr bemerkenswert. Heinrich Manns **Professor Unrat** finde ich unlesbar, vom Stil her. **Der Untertan** – schwierig. Was menschliche Abgründe betrifft, da sind die neueren Autoren einfach besser."

Ob Bücher heutzutage ein (Verkaufs-)Erfolg werden, hängt nicht nur oder immer weniger von der Qualität des jeweiligen Buches ab. Vor allem bei Belletristik hilft es, wenn das Thema eine größere Anzahl von Lesern interessiert oder gar bewegt und der Anlass aktuell ist. Die Verlage benötigen zunehmend ein glückliches Händchen beim Marketing, manchmal helfen auch die guten Bekannten in den Kultur-Redaktionen. Auch ein Pulitzer-Preis kann nicht schaden. Ist die erste Auflage verkauft, gibt es genügend Käufer für die zweite.

„Gerade habe ich **Underground Railroad** von Colson Whitehead (* 1969) gelesen, eine Sklavengeschichte. Bei **Onkel Toms Hütte** musste ich damals so weinen. Abraham Lincoln soll zu Harriet Beecher Stowe gesagt haben: Sie sind die Frau, die die Sklaverei abgeschafft hat. Das Buch hat wirklich etwas bewirkt. Whitehead dagegen hat, finde ich, eine solche Distanz zu seinen Figuren, dass ich niemanden, auch nicht Cora, die Heldin, liebgewinne. Ich nehme keinen Anteil. Dem Autor ist vor allem wichtig zu zeigen und zu sagen, wie verwerflich alles war und wahrscheinlich heute noch ist. Das ist alles richtig und gut und ehrenwert, aber ich kann mich des Eindrucks nicht erwehren, dass das Buch so hochgelobt wurde, weil es diese kritische Haltung hat. Schriftstellerisch finde ich es – aber das ist natürlich

Heinrich Mann: Professor Unrat (1905). Reinbek: Rowohlt, 1975. – Der Roman war die Vorlage für den Film *Der blaue Engel* (1930) mit Marlene Dietrich und Emil Jannings.

Heinrich Mann: Der Untertan (1918). Frankfurt: Fischer, 2012 – gleichnamiger Film (1951) von Wolfgang Staudte mit Werner Peters in der Titelrolle

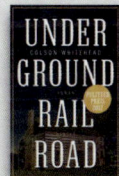

Colson Whitehead: Underground Railroad (2016). München: Carl Hanser, 2017 (Pulitzer Preis 2017)

Harriett Beecher Stowe: Onkel Toms Hütte (1852). München: dtv, 2011

Pedro Juan Gutiérrez:
Schmutzige Havanna-
Trilogie (1998). Die
deutsche Literaturkritik
äußerte vorwiegend Ekel
über diesen Roman, der –
wie auch das Hörbuch – nur
noch antiquarisch zu
bekommen ist.

Daniel Kehlmann: Die
Vermessung der Welt.
Reinbek: Rowohlt, 2008

Sven Regener: Wiener
Straße. Berlin: Galiani,
2017

Jim Holt: Kennen Sie den
schon? Geschichte und
Philosophie des Witzes.
Reinbek: Rowohlt, 2015

Geschmackssache – uninteressant, verglichen mit dem Klassiker, der so viel mit mir angerichtet hat. Übrigens auch Dickens' **Oliver Twist**. Das hat mich ebenfalls wahnsinnig mitgenommen."

Wir schauen, was sich in den Regalen an fremdsprachigen Büchern finden lässt:

„Proust, die Geschichte mit den Madeleines, die ist schon schön. Ich könnte mir vorstellen, dass ich's noch mal ganz lese, weil ich den Stil – es passiert ja nichts – schon toll finde.

Ich habe, was Dostojewski betrifft, die Empfehlung gelesen, als Einstieg sollte man vielleicht **Der Spieler** nehmen, das ist der Kürzeste seiner Romane. Habe ich auf Wiedervorlage liegen. Ich fürchte mich vor dem vielen Personal. Das hat mir auch Garcia Marquez verleidet. Am Ende wusste ich nicht mehr, wer wer ist. Ich find auch den Nobelpreisträger Vargas Llosa nicht gut. Das ist nicht spannend, das berührt mich nicht, entwickelt keinen Sog. Tut mir leid. Aus den südamerikanischen Autoren möchte ich dagegen Gutiérrez (* 1950) herausheben. Dessen **Havanna-Trilogie** ist natürlich ganz was anderes. Saftig, dreckig, spannend, gut geschrieben. Damit komme ich klar.

Von den Amerikanern bin ich Paul Auster lange gefolgt, ist mir dann über geworden. Auch Jonathan Franzen ist mir zuletzt unheimlich auf die Nerven gegangen, fand ich zunehmend redundant, es kam immer wieder dasselbe, immer wieder dieselben Dialoge, dieselben Charakterzüge. Das hatte man wirklich nach der Hälfte des Buches begriffen."

Bei den deutschsprachigen Zeitgenossen gibt es für Jürgen von der Lippe ein Lesen jenseits von Helmut Kraussers Büchern:

„Kehlmanns **Die Vermessung der Welt** – großartig. Sven Regener habe ich, glaub ich, sogar komplett. Als

Musiker finde ich ihn nicht so doll. Ich höre ja Musik selten wegen der Texte. Außer vielleicht bei Reinhard Mey."

Wir sprechen über den alltäglichen Nutzen der Philosophie in dieser merkwürdigen Zeit der Fake News, des wachsenden Nationalismus und jener Männer, die Frauen nicht gestatten wollen, ihnen zu widerstehen. Man könnte gewiss länger über Peter Sloterdijk reden – so kurz vor dem Schlafengehen seien seine Texte natürlich nicht genießbar, aber wenn der Tag hell ist, könne das doch von Nutzen sein. Man könnte ihn aber auch rechts liegenlassen.

Mit zwei Lesetipps aus dem Regal mit den heiteren Denkern, nämlich **Žižek's Jokes** und Jim Holts **Geschichte und Philosophie des Witzes**, beschließen wir dies Gebiet.

„Es gibt ein Wort, ich weiß nicht von wem, dass man die Geschichte der Philosophie in Witzen erzählen könnte. Da ist sehr viel dran."

Kein Gespräch mit Jürgen von der Lippe, in dem nicht der um sich greifende Quatsch vermeintlich politisch korrekter Sprache auf den Tisch kommt. Es dringe nicht in jeden Kopf, dass es zum Beispiel ein generisches Maskulinum gebe, das – verkürzt gesagt – männliche und weibliche Personen meine. Feministischer Übereifer habe dazu geführt, dass Studentenwerke in „Studierendenwerke" umbenannt worden seien. Wann kommt endlich das „Studierendenfutter"? – Er zitiert Max Goldt (* 1958), der folgendes Beispiel nach einem denkbaren Massaker an einer Universität gibt: „Die Bevölkerung beweint die sterbenden Studierenden." Niemand aber könne gleichzeitig sterben und studieren. Jürgen von der Lippe ergänzt:

„Nicht die Sprache, die Verhältnisse müssen wir ändern. Sonst führt das zu einer nicht sprechbaren Sprache."

Was steht auf seiner Leseliste der nächsten Zeit?

Slavoj Žižek: Žižek's Jokes. Treffen sich zwei Hegelianer ... Berlin: Suhrkamp, 2014. – Ein Beispiel: „Es gibt drei Gründe, warum wir sicher sein können, dass Jesus aus einer jüdischen Familie stammt: (1) Er übernahm den Beruf seines Vaters; (2) seine Mutter dachte, ihr Sohn wäre Gott, und (3) er konnte sich nicht vorstellen, dass seine Eltern Sex hatten."

Max Goldt: Lippen abwischen und lächeln: Die prachtvollsten Texte 2003 bis 2014 (und einige aus den Neunzigern). Berlin: Rowohlt, 2016

Max Goldt: Für Nächte am offenen Fenster: Die prachtvollsten Texte 1987 – 2002. Reinbek: Rowohlt, 2015

**Joachim Meyerhoff: Alle Toten fliegen hoch. Teil 1: Amerika.** Köln: Kiebenheuer & Witsch, 2013 / **Teil 2:** Wann wird es endlich wieder so, wie es nie war, 2015 / **Teil 3:** Ach, diese Lücke, diese entsetzliche Lücke, 2017 / **Teil 4:** Die Zweisamkeit der Einzelgänger, 2017

„Ich gestehe: Das Regal mit den ungelesenen Büchern, die ich auf Verdacht gekauft habe – da unten steht eine Kiste –, ist nur die Spitze des Eisbergs. Ich habe mir vorgenommen, großzügiger zu sein für das Regal meiner Friseurin."

Wie viel muss man lesen, um festzustellen, ob es lohnt, ein Buch zu Ende zu lesen? Jürgen von der Lippe erläutert es am Beispiel der Bestseller von Joachim Meyerhoff (* 1967).

„Ich bin großzügig und lese 100 Seiten. Meyerhoffs erste drei Bücher sind wundervoll. Meine Theorie: Da hatte er Stoff, nämlich sein Leben, seine Kindheitserinnerungen. Und diese großartigen Großeltern, die mittags schon anfingen, sich zu besaufen. Das war alles toll. Beim vierten Buch ist ihm der Stoff ausgegangen, er fängt an, über seine Liebesaffären zu schreiben, und da passiert nicht viel. Und auch die Anekdoten aus der Schauspielerei werden schwächer, die besten hat er wahrscheinlich schon verballert. Ich sagte mir: Warte wenigstens die zweite Freundin ab. Aber nach 100 Seiten, es ist dasselbe Mädchen – in Bielefeld –, ist jetzt Schluss. Aber ich bin nicht ganz allein mit meinem Urteil, habe ich festgestellt."

Meyerhoff ist offenbar auf dem Weg zur Friseurin.

# KAREN
# DUVE

geboren **1961** in Hamburg. Nach dem Abitur Ausbildung zur Steuerinspektorin, eine Karriere, die sie nach zwei Jahren anderen überließ. Danach 13 Jahre lang Taxifahrerin. Seit **1996** freie Schriftstellerin. Einige ihrer Bücher: **Regenroman** (1999), **Dies ist kein Liebeslied** (2002), **Taxi** (2008) – 2015 verfilmt, **Anständig essen** (2011), **Grrrimm** (2012), **Warum die Sache schiefgeht. Wie Egoisten, Hohlköpfe und Psychopathen uns um die Zukunft bringen** (2014), **Macht** (2016), **Fräulein Nettes kurzer Sommer** (2018). Hörbücher bei tacheles!/ROOF Music. Auszeichnungen u. a.: **2004**: Friedrich-Hebbel-Preis, **2008**: Longlist zum Deutschen Buchpreis mit *Taxi*, **2008**: Hubert-Fichte-Preis der Stadt Hamburg, **2011**: Nominierung für den Preis der Leipziger Buchmesse für **Anständig essen**, **2011**. Kasseler Literaturpreis für grotesken Humor **2017**. Carl-Amery-Literaturpreis, Solothurner und Düsseldorfer Literaturpreis, alle **2019**. Sie lebt seit **2009** in der Märkischen Schweiz (Brandenburg).

Um zu dieser Bibliothek im Bauernhaus zu gelangen, empfiehlt es sich, das Navigationsgerät zu überlisten. Man landet sonst am falschen Ort. Die Fahrt ins Brandenburgische ist (von Hamburg aus) schon lang genug. Aufgewachsen ist Karen Duve im Hamburger Stadtteil Lemsahl-Mellingstedt, doch die Einsamkeit der „Märkischen Schweiz" ist das, was Karen Duve als Arbeitsatmosphäre benötigt.

Filme, die in den 1950er-Jahren spielen sollen, ließen sich hier ohne nennenswerte Umbauten realisieren. Das Kopfsteinpflaster hat all die Jahrzehnte unversehrt überstanden. An diesem Ort funktioniert die Metapher vom Stillstehen der Zeit. Gewiss, nur auf den ersten Blick, aber der bleibt haften. Höfe in der Landschaft wie Schildkröten, die der Tierpräparator für die nächsten Generationen fixiert hat.

Karen Duve veröffentlicht seit beinahe drei Jahrzehnten Erzählungen, Romane und intensiv diskutierte Sachbücher. **Warum die Sache schiefgeht** erschien 2014. Die Redaktion von *Spiegel online* ließ einen wirren Zombie-Texter von der Leine, der fand, das Pamphlet sei antiaufklärerisch und ein „wirr zusammengehauener Zombie-Text". Auf Grundlage dieser Abrechnung mit „Egoisten, Hohlköpfen und Psychopathen" entstand 2016 der Roman **Macht**. Diesmal nutzte *Die Zeit* das grobe Besteck: „Was Karen Duve (...) entwirft, beleidigt Literatur und Verstand." Bei ihrem letzten Buch **Fräulein Nettes kurzer Sommer**, einer Geschichte aus dem Umfeld von Annette von Droste-Hülshoff, breiteten die Großkritiker dann wieder ihre wärmenden feuilletonistischen Arme aus, als wäre nichts gewesen.

Karen Duves Bauernhof ist fast ein Kuschelzoo. Einigen ihrer Tiere tritt man gewiss nicht zu nahe, wenn man ihre verbleibende Lebensspanne als überschaubar einschätzt. Aber es sind vorwiegend reizende Geschöpfe.

Ein großer Teil der Bücher steht im Arbeitszimmer, auf dem Schreibtisch einer dieser teuren Computer, die sonst durchweg bei Modeärzten – die mit dem „erhöhten Aufwand" – zu finden

Karen Duve: Warum die Sache schiefgeht. Wie Egoisten, Hohlköpfe und Psychopathen uns um die Zukunft bringen (2014). München: Goldmann, 2016

Karen Duve: Macht (2016): München: Goldmann, 2018

Karen Duve: Fräulein Nettes kurzer Sommer. Berlin: Galiani-Berlin, 2018

sind. Ein Hund hat sich in ein Körbchen gekringelt, als habe er der Welt nichts weiter mitzuteilen.

„Die meisten Bücher sind vom Flohmarkt, viele sind von einem Exfreund, einem Antiquar, der mir verordnet hat, dies und jenes müsse ich unbedingt lesen. Später ist von meinen Verlagen Etliches dazugekommen. Dass man dauernd etwas geschenkt bekommt, das ist mit das Schönste an dem Beruf Schriftstellerin. In letzter Zeit habe ich vor allem Bücher über das Zentrale Verzeichnis Antiquarischer Bücher (ZVAB) bestellt – weil ich ja so weit draußen sitze und nur sehr selten in Antiquariate gehen kann. Das sind dann Bücher für das, woran ich gerade schreibe. Das, was ich gelesen habe, sortiere ich aus, das steht eine Treppe höher. Was hier unten steht, muss alles noch durchgearbeitet werden. Bücher für Bücher sozusagen, an denen ich gerade arbeite, aber so extrem wie bei meinem letzten Buch war das noch nie.“

Für den Roman *Fräulein Nettes kurzer Sommer*, der im Herbst 2018 veröffentlicht wurde, vertiefte sich Karen Duves in die Lebensgeschichte und alle Verästelungen der Familie von Annette von Droste-Hülshoff (1797 – 1848). Die Schriftstellerin und Komponistin war eine der bedeutendsten deutschen Autorinnen. Die letzte 20-Mark-Schein zeigte ihr Porträt. Berühmt, allerdings auch als Schullektüre berüchtigt, ist ihre Novelle **Die Judenbuche. Ein Sittengemälde aus dem gebirgigten Westfalen** (1842).

**Annette von Droste-Hülshoff: Die Judenbuche** (1842). Textausgabe mit Kommentar und Materialien: Reclam XL – Text und Kontext. Stuttgart: Reclam, 2014

*„Ein Menschenschlag, unruhiger und unternehmender als alle seine Nachbarn, ließ in dem kleinen Staate, von dem wir reden, manches weit greller hervortreten als anderswo unter gleichen Umständen. Holz- und Jagdfrevel waren an der Tagesordnung, und bei den häufig vorfallenden Schlägereien hatte sich jeder selbst seines zerschlagenen Kopfes zu trösten. Da jedoch große und ergiebige Waldungen den Hauptreichtum des Landes ausmachten, ward allerdings scharf über die Forsten gewacht, aber weniger auf gesetzlichem Wege als in stets erneuten Versuchen, Gewalt und List mit gleichen Waffen zu überbieten.“*

Karen Duves Roman ist jedoch keine Biografie der Dichterin
aus dem Biedermeier. Er spielt in der Zeit nach Napoleons
Niederlage bei Waterloo; zwar war endlich Friede eingekehrt,
aber Kälte und Nässe ruinierten die Ernten, eine Hungersnot
stand bevor, und die Dichterin haderte mit ihrem Leben.

„Das Buch spielt zwischen 1817 und 1821. Annette von Droste-
Hülshoff erlebte damals ihre sogenannte Jugendkatastrophe.
Vielleicht hat sie zwei Männer innerhalb eines Jahres geküsst
oder sie ist in irgendeiner Weise liiert gewesen. Man weiß nicht
genau, was vorgefallen ist. Jedenfalls war sie danach mehr oder
weniger traumatisiert und wurde von der Familie gemobbt. Ich
habe also versucht herauszubekommen, was passiert ist, zumal
es darüber keinerlei Aufzeichnungen gibt, die entscheidenden
Briefe wurden verbrannt. Ich bin wie ein Profiler vorgegangen
und habe von allen Beteiligten ein Charakterbild erstellt. Jedes
Fitzelchen, jedes Mosaiksteinchen las ich auf und war überrascht, wie viel zusammenkam. Die Menschen in dieser Zeit
haben wahnsinnig viele Briefe geschrieben, nahezu jeder hat
Tagebuch geführt. Ich habe jetzt eine Vorstellung von den
kleinsten Nebenfiguren, von Mägden, Kammerdienern und
Mitstudenten. Ich wollte es historisch redlich machen."

Das Internet und seine fast unendlichen Möglichkeiten
nutzt Karen Duve mit wachsender Freude. Sie geht sogar noch
einen Schritt weiter:

„Ohne das Internet hätte ich das Buch so nicht schreiben
können. Selbst zu den ungewöhnlichsten Stichwörtern wie
‚Altdeutsche Tracht' oder ‚Biedermeier und Sexualität' findet
man übers Internet ohne Probleme entsprechende Spezial-
literatur. Das ist ein völlig anderes Arbeiten als bei all meinen
Büchern zuvor. So entstand ein klares Bild, wie die Leute ge-
handelt haben in der Zeit um 1820, ich lernte, wie all deren
überschwängliche Briefe einzuordnen sind. Man könnte denken, die Hälfte der Frauen war lesbisch, so dermaßen leiden-
schaftliche Liebesbriefe schrieben sie sich. Die Männer zum
Teil auch. Da braucht man erst mal entsprechende Kenntnisse,
um einordnen zu können, ob da jemand verliebt ist oder lediglich Floskeln ausgetauscht werden. Man muss sozusagen erst

mal eine Übersetzung anfertigen. Um zu wissen, wie der westfälische Adel um Annette von Droste-Hülshoff funktioniert hat, habe ich ein Buch über den Adel gelesen, ich habe über das Accouchierhaus in Göttingen recherchiert, ein Haus für ledige oder bedürftige Mütter. Zu jedem abseitigen Thema las ich etwas. Bei meinen Recherchen entdeckte ich *Die Wünschelrute*, herausgegeben von einer Studentengruppe, die in meinem Buch eine Rolle spielt. Auflage 300 Stück. Die Zeitung lag zweimal wöchentlich in Göttinger Buchhandlungen aus. Die Brüder Grimm haben daran mitgearbeitet. Im Internet entdeckte ich ein Exemplar davon. Jemand hatte die Zeitschrift gesammelt und sie binden lassen. Das alles fand ich übers Internet – war auch nur deshalb bezahlbar, weil es nicht ganz vollständig ist. Für mich ist dieser *Wünschelruten*-Sammelband ein Fetisch. Ich bin mit den Figuren in meinem Buch so vertraut und habe die alle so liebgewonnen, dass es mir viel bedeutet, etwas Echtes von ihnen in der Hand zu halten, deren echte Zeitung, auf die sie so stolz waren."

Ein Blick in die andere Seite des Bücherregals offenbart: Es gab für Karen Duve ein Leseleben vor der Droste.

„Hier stehen die Hardcover nach ABC, meist Belletristik, aber manchmal habe ich die Fachbücher gleich dazu gepackt – so wie hier beim *Nibelungenlied*. Und die größeren Bücher, die da nicht reinpassten, in die beiden anderen Regale gestopft. Dann gibt es mehrere Regale mit Tierbüchern, die ich für **Anständig essen** brauchte. Dafür habe ich ebenfalls sehr viel recherchiert."

Karen Duve beschreibt in diesem Buch einen Selbstversuch in vier Phasen: sich jeweils zwei Monate ausschließlich mit Bio-Waren, vegetarisch, vegan und frutarisch zu ernähren. Es ging ihr um die Frage, ob man eigentlich Tiere essen darf, und auch ganz grundsätzlich um die Frage der Kosten unseres Lebensstils:

*„Wenn der Skandal alltäglich ist, ist es verführerisch zu denken, man bräuchte ihn deshalb nicht zu beachten. In Wirklichkeit*

**Karen Duve: Anständig essen. Ein Selbstversuch** (2010). München: Goldmann, 2012. – Hörbuch (gelesen von der Autorin) bei tacheles/ Roof Music 2012 – „Die Autorin nutzt (...) eine Fähigkeit, die der Mensch den Tieren voraushat. Sie übernimmt Verantwortung für das, was sie weiß und wählt. Es ist der erste Schritt, um ein System zu ändern." (Karen Krüger in der FAZ)

# „Einige meiner besten Freunde sind Bücher.“

*heißt das aber, dass unser Alltag ein Skandal ist und dass etwas grundsätzlich falsch ist an der Art, wie wir leben.“*

„Einige meiner besten Freunde sind Bücher. Ich habe einen ganzen Bereich feministische Literatur, ich habe sehr viele historische Bücher und Märchenbücher. In einem Regal steht ‚das Böse schlechthin‘: Bücher über Serientäter und Psychopathen. Und das Dritte Reich. Ich habe sehr viele Pferdebücher – übers Reiten, die Reitkunst, die Geschichte des Pferdes. Die stehen standesgemäß in der Sattelkammer – ja, es gibt hier im Haus eine Sattelkammer. Mein liebstes ist ein Faksimile *Schule der Reitkunst* aus dem 18. Jahrhundert. Manche Bücher kaufe ich nach dem Umschlag. Oft behandeln die Bücher, die ich kaufe, ähnliche Themen: Frauen, Tiere, Religion und Märchen.“

Das Internet hat auch Karen Duves Kaufverhalten verändert:

„Ich kaufe mehr denn je, weil es leichter geht und weil ich auch leichter finde, wonach ich suche. Mein erstes Pixi-Buch *Puffi, die schwarze Lokomotive* zum Beispiel, inzwischen wieder aufgelegt, aber davor jahrelang unauffindbar, lediglich eine völlig zerfledderte Flohmarktausgabe konnte ich erstehen. Dann, zack, ein Klick – sieben Angebote, eins davon im perfekten Zustand. Noch ein Klick – bestellt. Das ist ein bisschen wie Zauberei.“

Hat Karen Duve ein Lieblingsbuch, oder gibt es so etwas für sie gar nicht mehr?

„Ich habe mich in meiner Lesejugend nicht von Buch zu Buch, sondern mehr von Autor zu Autor gehangelt. Klar, ich hatte die üblichen Kinderbücher, aber danach war ich ratlos, wusste nicht, was ich lesen sollte. Irgendwann stieß ich auf Jack London, ich glaube, per Zufall. Von meinem knappen Taschengeld kaufte ich diese unglaublich hässlichen dtv-Taschenbücher aus den 1960er- und 1970er-Jahren.“

Hässlich? Trotz der berühmten Grafiken von Celestino Piatti? Doch Karen Duve ist von ihrem Urteil nicht abzubringen und droht mit der Zwangsansicht eines Regals ausschließlich mit alten weißen dtv-Taschenbüchern – was mich nicht schreckt, denn die stehen ja auch bei mir zu Hause.

„Und die Folie blättert mit der Zeit ab."

Da hat sie freilich recht.

„Ich habe alles von Jack London gelesen, wirklich alles – bis auf die Bücher, die erst nach meiner Jack-London-Phase ins Deutsche übersetzt worden sind. "

Jack London (1876 – 1916) war zu seinen Lebzeiten der weltweit erfolgreichste Autor. Er veröffentlichte über 50 Bücher, darunter so berühmte Titel wie **Ruf der Wildnis** (1903), **Der Seewolf** (1904), **Wolfsblut** (1906), **Martin Eden** (1909), **Lockruf des Goldes** (1910).

Charles Bukowski: Das Schlimmste kommt noch oder Fast eine Jugend (1983). München: dtv, 2007

Charles Bukowski: Der Mann mit der Ledertasche (Post Office 1974). Köln: KiWi, 2004 – Die exzellente Hörbuchausgabe, gelesen von Matthias Brandt, erschien 2011 bei Kunstmann in München, ist aber leider vergriffen

„Mein nächster Autor – die hässlichen dtv-Bände werden von den noch abscheulicheren rosa rororo-Bänden überboten – war Charles Bukowski."

Der Titel von Bukowskis autobiografischem Buch **Das Schlimmste kommt noch**, einem seiner eindringlichsten Bücher, könnte das Lebensmotto von Karen Duve sein. Charles Bukowski (1920 – 1994), geboren als Sohn einer Deutschen und eines US-Soldaten in Andernach, studierte Journalismus, begann eine lebenslange Liebe zum Alkohol, schrieb erste Gedichte – und sortierte als Postzusteller elf Jahre lang Briefe. Daraus machte er seinen ersten Roman **Der Mann mit der Ledertasche** (Post Office, 1974). Georg Stefan Troller drehte 1982 in seiner legendären Reihe *Lebensbeschreibung* für das ZDF einen Film über den Alltag des Autors unter dem Titel *Portrait des Künstlers als alter Hund*. Der Spielfilm *Barfly* mit Mickey Rourke machte Bukowski zum „wenn nicht berühmtesten, so doch in Buchläden meistgeklauten Autor" (*Der Spiegel*, 2006).

Karen Duve hat sehr eigenwillige, den Buchhandel stark unterstützende Auffassungen zum Erwerb von Büchern:

**Wolfgang Behringer:
Tambora und das Jahr
ohne Sommer. Wie ein
Vulkan die Welt in die
Krise stürzte.** München: C.
H. Beck, 2017 – Der
Ausbruch des Tambora,
gelegen im heutigen
Indonesien, war der größte
Vulkanausbruch in der
Geschichte der Menschheit.
Die Folgen in der nördlichen
Hemisphäre waren
verheerend: extrem kalte
Winter, Überschwemmungen
und Dauerregen, der Himmel
verdunkelte sich für Tage. Am
Genter See entstand 1816
Mary Shelleys **Frankenstein
oder Der moderne
Prometheus.** Der Sommer
war dort nicht weniger düster,
unwirtlich und lud nicht dazu
ein, nach draußen zu gehen.
Also erfand sie gemeinsam
mit Lord Byron und Percy
Shelley Schauergeschichten.
Frankensteins Monster wäre
ohne den Tambora vielleicht
nie (oder unter ganz anderen
Umständen) entstanden.

„Nach dem Taschenbuch kaufe ich manchmal nachträglich das Hardcover. Eigentlich habe ich jedes Buch, das mir gefällt, zweimal, weil ich ein furchtbarer Kaputt-Leser bin. Mein Antiquar-Ex hat mir mal **American Psycho** von Bret Easton Ellis mitgebracht, die deutsche Erstausgabe und also etwas wert. Aber nachdem ich es gelesen hatte, eben nicht mehr. Das Gute am Bücherregal ist, dass dort alles eng zusammengepresst wird; man sieht nicht, ob in die Bücher reingeschmiert wurde oder Seiten umgeknickt sind."

Sie nennt als Beispiel das Buch **Tambora und das Jahr ohne Sommer** von Wolfgang Behringer, das sie für ihren Droste-Roman gelesen hat. Es beschreibt das Jahr 1816 und seine Folgen.

„In dieser Zeit brach ein Vulkan aus. Es folgten zwei Jahre mit Dauerregen. Das erklärt, warum die immer Schwierigkeiten mit ihren Kutschen hatten. Ich dachte, der übertreibt, wenn Wilhelm Grimm erzählt, dass er sich zweimal mit der Kutsche überschlagen habe. Westfalen hatte die schlimmsten Straßen der Welt. Dann las ich Behringer, und immer, wenn ich auf einer Seite eine spannende Passage entdeckte, dachte ich, ich will da nicht reinschmieren, will besser mit dem Buch umgehen, und knickte ein kleines Eselsohr. Am Ende war es ein völlig verknicktes Ohrenbuch. Es gibt sehr viele dieser Ohrenbücher.

Aber wenn mir ein Buch besonders viel bedeutet, kaufe ich es eben noch ein zweites Mal – als Haben-Buch. Obwohl es ja eigentlich Quatsch ist."

Und eigentlich waren wir bei Charles Bukowski.

„Manchmal habe ich Bücher zur falschen Zeit gelesen. Die musste ich später noch einmal lesen, um festzustellen, wie toll sie sind. Ich hatte früher eine Aufmerksamkeitsdefizitstörung und große Schwierigkeiten, mich zu konzentrieren. Daher brauchte ich Bücher, die einen Nerv trafen. Zum Beispiel Bukowski – ich war 14 –, bei dem es um Sexualität und Tabubruch ging, ganz schmutzig und schlimm, das durfte meine Mutter gar nicht wissen. Dass ich Bukowski dann auch später treu geblieben bin, liegt an seiner Traurigkeit und Weltklugheit. Einer der Gründe, warum ich immer noch einen Videorecorder habe, sind die Bukowski-Tapes. Bukowski ist für mich einer der ganz Großen, ganz Klugen – er ist sicherlich kein Feminist, da wird er nicht an vorderster Front mit dabei sein. Aber er ist auch kein fieser Typ. Sondern eben sehr traurig und er hat viel Mitgefühl für andere Menschen. Wenn er Frauen beschreibt, tut er das stets mit Empathie. Außerdem hatte er Buchtipps für Leser, auf die man mit 14 nicht unbedingt kommt, zum Beispiel Dostojewski.“

Zwischen Charles Bukowski zu Elfriede Jelinek (* 1946) ist nicht nur zeitlich, sondern auch inhaltlich eine ziemliche Distanz, bei Karen Duve problemlos vereinbar:

„Die Anfänge ihrer Bücher sind immer großartig, ebenso die Titel: **Michael: Ein Jugendbuch für die Infantilgesellschaft.** Der erste Satz lautet: ,Hallo, meine kleinen Freunde.‘ Das ist schon sehr gelungen. Ich finde Jelinek sehr komisch. Komplett habe ich sie nicht gelesen. Und Frau Jelinek ist ja immer noch fleißig dabei.“

Eine andere radikal-feministische Autorin, Valerie Solanas (1936 – 1988), war für Karen Duves Entwicklung sehr wichtig. Das **Manifest der Gesellschaft zur Vernichtung der Männer SCUM** stammt von ihr. Und manche werden sich an Solanas erinnern, weil sie auf Andy Warhol geschossen hat.

„Dafür kennt man sie eher als für das, was sie geschrieben hat. SCUM ist ein sehr wütendes Pamphlet, in dem gnadenlos über Männer gehetzt wird; es ist unheimlich komisch in seiner Wut, in einem herrlichen Pöbelton verfasst.

Wenn du so etwas schreibst, dann musst du damit zurechtkommen, gehasst zu werden. Dann musst du Abschied nehmen

Die Charles-Bukowski-Tapes sind eine Sammlung von kurzen Interviews mit dem Autor, gefilmt und zusammengestellt von Barbet Schroeder (* 1941), veröffentlicht 1987 in den USA. Die vierstündige Videodokumentation gilt inzwischen als Kultfilm

Elfriede Jelinek: Michael: Ein Jugendbuch für die Infantilgesellschaft (1972). Reinbek: Rowohlt, 1987

von deinen Bedürfnissen, geliebt, gelobt und nett behandelt zu werden. Das ist aber auch eine Art von Freiheit. Das Buch ist dünn, runtergerotzt, sehr aggressiv und sehr klug. Solanas ist in einem Armenhaus gestorben, das war der Preis. Aber wenn man gegen die Männer kämpft, muss man ja auch nicht unbedingt mit Andy Warhol anfangen. Das war wirklich etwas irre."

Drei Schüsse auf Andy Warhol, der Künstler wurde, weil er mit Reklame nicht reich und berühmt werden konnte – und der reich und berühmt wurde, weil er Reklame künstlerisch verpackte. Einer der Schüsse traf seine Lunge, er überlebte nur sehr knapp. Mithilfe einer Massage am offenen Herzen während der Notoperation. Im Prozess sagte Valerie Solanas: „Es geschieht nicht oft, dass ich jemanden erschieße (...) Lest mein Manifest, das erklärt euch, wer ich bin." Hier ein Auszug:

Valerie Solanas: Manifest der Gesellschaft zur Vernichtung der Männer SCUM. Berlin: März Verlag, 1969 – knallgelb mit roter Schrift

*„Das Leben in dieser Gesellschaft ist ein einziger Stumpfsinn, kein Aspekt der Gesellschaft vermag die Frau zu interessieren, daher bleibt den aufgeklärten, verantwortungsbewussten und sensationsgierigen Frauen nichts anderes übrig, als die Regierung zu stürzen, das Geldsystem abzuschaffen, die umfassende Automation einzuführen und das männliche Geschlecht zu vernichten."*

Wir verlassen die feministische Abteilung, die Waffen schweigen. Im Regal mit dem bürgerlichen Ambiente geht es friedlicher zu.

„Thomas Mann ist dabei. Ansonsten bin ich ja die voll besetzte Bildungslücke. Eben 1970er-Jahre-Gymnasium. Ein bisschen Goethe war zwar dabei – der **Werther** hat mich sogar geradezu hingerissen, aber anscheinend dann doch nicht so sehr, dass ich das Gefühl gehabt hätte, ich müsste Goethe jetzt von vorne bis hinten lesen. Durch den Antiquar, mit dem ich zusammen war, las ich eher abgelegene Sachen, diese schrecklichen Frauenfeinde wie Otto Weininger, wirklich furchtbar, oder Arthur Schopenhauer (1788 – 1860), dem ich das ein bisschen nachsehe, weil der, glaube ich, unter seiner Mutter echt gelitten hat. Außerdem ist er sehr anrührend, wenn er über Tiere schreibt."

Zum Beispiel im Kapitel *Über Religion* aus dem zweiten Band von **Parerga und Paralipomena**:

*„Dagegen sehe man die himmelschreiende Ruchlosigkeit, mit welcher unser christlicher Pöbel gegen die Tiere verfährt, sie völlig zwecklos und lachend tötet, oder verstümmelt, oder martert, und selbst die von ihnen, welche unmittelbar seine Ernährer sind, seine Pferde, im Alter, auf das Äußerste anstrengt, um das letzte Mark aus ihren armen Knochen zu arbeiten, bis sie unter seinen Streichen erliegen. Man möchte wahrlich sagen: die Menschen sind die Teufel der Erde, und die Tiere die geplagten Seelen."*

Wir sind bei jenen Fiktionen angekommen, die sich „echte Männer" ausgedacht haben. In der ersten Reihe: Ernest Hemingway (1899 – 1961), der auch als Kriegsberichterstatter arbeitete und vom Stierkampf fasziniert war.

„Er schrieb, man solle beim Stierkampf nicht darauf kucken, wie das Pferd aufgeschlitzt wird. Bleib bei dem Stier, kuck, wie der boxt mit den Hörnern, rechter Haken, linker Haken. Diese Weigerung, fremdes Leid zur Kenntnis zu nehmen, verdirbt mir jedes Vergnügen an seinen Büchern. Dabei hatte ich mir solche Mühe gegeben, die gut zu finden, weil sie mir doch von kompetenter Seite empfohlen worden waren. Männerliteratur: furchtbar bedrückend, wenn man nur solche Bücher liest."

Thomas und Heinrich Mann zählen für sie nicht zu dieser Art von Literatur.

„Obwohl Feridun Zaimoglu mal gesagt hat, Thomas Mann zu lesen, wäre wie durch eine ganze

**Arthur Schopenhauer: Parerga und Paralipomena: kleine philosophische Schriften** (1851, 2 Bände). Sämtliche Werke in fünf Bänden, Bd. 4 und 5, Frankfurt: Suhrkamp, 1986

**Ernest Hemingway: Gesammelte Werke.** 10 Bände in Kassette. Reinbek: Rowohlt, 2003

Für seine kubanische Novelle *Der alte Mann und das Meer* (1951) erhielt Hemingway 1953 den Pulitzer-Preis; 1954 wurde ihm der Literaturnobelpreis verliehen. Andere wichtige Titel: *Fiesta* (1926), *In einem anderen Land* (1929), *Schnee auf dem Kilimandscharo* (1936), *Haben und Nichthaben* (1937), *Wem die Stunde schlägt* (1940), *Paris – Ein Fest fürs Leben* (posthum 1962)

**Heinrich Mann: Der Untertan** (1918). Frankfurt: Fischer, 2012

38

**Thomas Mann: Der Zauberberg** (1924).
Frankfurt: Fischer, 1991

**Peter Matić: Ich sag's halt.**
Erinnerungen aufgezeichnet
von Norbert Mayer. Wien:
Amalthea 2016

**Arno Schmidt: Bargfelder Ausgabe.** Studienausgabe
der Werkgruppe I: Romane,
Erzählungen, Gedichte,
Juvenilia: 4 in 8 Teilbänden in
Kassette. Berlin: Suhrkamp,
2013

Horde von Feuerquallen zu schwimmen – ich mag ihn schon ganz gern, auch dies Elegante, Zickige, mir gefällt das gut. Bruder Heinrich ist bestimmt der interessantere und nettere Mensch, **Der Untertan** ist ein großartiges Buch, aber ich bin Thomas-Mann-Anhänger. Wie er im **Zauberberg** Hans Castorp beschreibt, der immer Vorwände sucht, um über Madame Chauchat zu sprechen. Castorp macht immer so komische kleine Witze, es wird ganz unangenehm, aber man versteht trotzdem genau, was in ihm vorgeht und warum er das macht. Wie er über diese unangenehme, ekelige Art versucht, Nähe herzustellen. Diese Beschreibung hat so eine Raffinesse und zeugt von tiefem Wissen über die menschliche Erbärmlichkeit."

Etwas verhaltener äußert sich Karen Duve über Marcel Proust (1871 – 1922) und Arno Schmidt (1914 – 1979).

„Arno Schmidt schreibt entzückende Sachen, aber er macht's einem so schwer. Ich liebe seine Kurzgeschichten, aber seine Typoskripte sind für mich männliches Leistungslesen. Bei Proust dachte ich das auch, weil der ja hauptsächlich von Männern gelesen wird. Dann fing ich an und stellte fest: ganz nett, liest sich ja so runter. Aber mitten in Band 1 hörte ich doch wieder auf und hatte nicht das Gefühl, unbedingt weiterlesen zu müssen. Dabei bin ich eigentlich ein Arbeitsleser. Als Kind habe ich ganze Nächte lang durchgelesen, weil ich das Buch schaffen wollte. Ich las rasend schnell, weil es mir nicht darum ging, in einem Buch zu versinken – das kam erst später als Jugendliche –, sondern eine Leistung zu erbringen."

*Die Welt* schrieb einmal über Prousts **Auf der Suche nach der verlorenen Zeit**: „Der beste, der einzige Roman, der je geschrieben wurde." Das ist leicht übertrieben, aber gut gemeint. Das Hörbuch – gelesen von Peter Matić (1937 – 2019), der bis zuletzt als Burgschauspieler und Synchronstimme von Ben Kingsley gearbeitet hat – wäre durchaus eine Alternative zum Selberlesen, jedenfalls hält Karen Duve diesen Vorschlag für bedenkenswert. Peter Matić, der überraschend im Juni 2019 gestorben ist, war einer der ganz großen Schauspieler, den in Wien fast jedes Kind kannte. Ein feiner liebenswerter Herr, in dunkleren Jahreszeiten stets mit Hut, Mantel und Handschuhen unterwegs, wirkte er ein wenig wie aus einem früheren Jahrhundert. Die Wiener Theatergänger lagen ihm jahrzehntelang zu Füßen. Der Anhänger von Karl Kraus hat eine wunderbare Autobiografie veröffentlicht.

Man kann sich auch von der Proust-Lektüre eines kongenialen Autors leiten lassen: Jochen Schmidt. Sein Selbsterfahrungsbericht **Schmidt liest Proust. Quadratur der Krise** erschien zunächst als Blog.

Hörbücher sind nicht unbedingt das bevorzugte Medium von Karen Duve. Einmal gelang es ihr allerdings, sich selbst zu verblüffen. Sie hatte Christine Brückners **Jauche und Levkojen** entdeckt, gelesen von Eva Mattes; jahrelang hatte Karen Duve ihre Mutter, die das Buch mochte, dafür gehänselt, nun musste sie feststellen, dass sie Christine Brückner (1921 – 1996) maßlos unterschätzt hatte. Das Gleiche galt für **Nirgendwo ist Poenichen**.

Und die deutschsprachigen Zeitgenossen?

„Die stehen hier beisammen. Sven Regener ist ja auch in meinem Verlag, so dass ich den immer frisch aus dem Ofen bekomme. Könnte mir aber vorstellen, dass ich ihn auch so gekauft hätte. Zu Daniel Kehlmann fällt mir ein: Bei ‚Literatur unter der Spree‘ las er aus **Die Vermessung der Welt**, und ich dachte: ‚Oh, oh, oh‘ und war nachher ganz erstaunt, dass das so erfolgreich wurde. Aber als ich das Buch dann selbst las, war ich entzückt und verzieh ihm den Erfolg.“

Karen Duves Haltung zu den Kollegen ist überhaupt freundlich und zugewandt:

**Marcel Proust: Auf der Suche nach der verlorenen Zeit** (1919 – 1927, vorwiegend posthum). Gesamtausgabe in acht Bänden, übersetzt von Bernd-Jürgen Fischer. Reclam: Stuttgart 2017 – Bei Suhrkamp (Berlin) erschien im gleichen Jahr eine Ausgabe in drei Bänden, im Münchener Hörverlag 2010 eine von Peter Matic eingelesene CD- und MP3-Version.

**Jochen Schmidt: Schmidt liest Proust. Quadratur der Krise** (2008). München: btb, 2010

**Christine Brückner: Die Poenichen-Trilogie: Jauche und Levkojen, Nirgendwo ist Poenichen, Die Quints** (1975, 1977, 1985). München: C. Bertelsmann, 1990. – Das Hörbuch ist erschienen bei Random House Audio 2007, gelesen von Eva Mattes.

„Das macht diesen Beruf doch so schön. Bei aller Konkurrenz wünscht man sich nichts mehr, als dass es haufenweise Bücher gibt, die besser sind als alles, was man selbst schreibt. Denn es wäre doch schrecklich, wenn man der beste Autor oder die beste Autorin wäre. Wie arm wäre man dann dran. **Die Korrekturen** von Jonathan Franzen (* 1959) hätte ich nie hingekriegt, ich bin so dankbar, dass es das Buch gibt. Wenn ich Leute kennenlerne, die unangenehm sind, oder ich mag jemanden nicht, aber dann schreibt der ein Buch, das mich berührt, dann steigt er oder sie in meinem Ansehen sofort. Andersherum ist es viel schlimmer: Wenn man jemanden klasse findet und dann sein oder ihr Buch liest, und es gefällt einem gar nicht."

**Jonathan Franzen:**
**Die Korrekturen** (The Corrections, 2001). Reinbek: Rowohlt, 2003. – Hörbuch gelesen von Sascha Rothermund. München: Hörverlag, 2014

*„Ich glaube, Bücher können glücklich machen; und sie können sehr traurig machen – und deswegen glücklich machen."*

Ein bewegendes Buch zu schreiben – das zählt für Karen Duve weit mehr als persönliche Vorlieben oder Konkurrenzgedanken.

„Ich glaube, Bücher können glücklich machen; und sie können sehr traurig machen – und deswegen glücklich machen. Gewisse Bücher können eine so große Bedeutung bekommen, dass sie wichtiger werden als das eigene Werk. Bei aller Konkurrenz, die es unter Schriftstellern gibt, sind wir uns doch in einem ähnlich. Wir gehen einem Beruf nach, den nicht jeder ausüben könnte, in dem man sich in Isolationshaft begibt, freiwillig gegen eine Wand arbeitet, über lange Zeit mit wenig Austausch, manchmal über Jahre. Und deswegen freut man sich auch so darüber, wenn einen ein Buch berührt."

Krimis interessieren sie nicht, Fantasy-Geschichten haben sie ebenfalls kalt gelassen:

„Bis ich auf *Game of Thrones* stieß. Das hatte mit der Verfilmung von **Taxi** zu tun. Wir wollten Peter Dinklage für die Hauptrolle. Die Serie lief in Deutschland damals noch nicht, ich konnte sie also nicht kucken, aber ich wollte wissen, was für eine Rolle Dinklage in der Fantasy-Serie spielt. Also habe ich mir die Vorlage besorgt: **Das Lied von Eis und Feuer**, alle zehn Bände, jeweils 600 bis 1000 Seiten lang. Tatsächlich Fantasy. Und ich habe sie alle innerhalb eines Jahres gelesen. Das war eine Leseerfahrung wie damals als Jugendliche, als ich eintauchte in Salingers (1919 – 2010) **Fänger im Roggen**, und zwar vollständig; ein Verschwinden im Buch; nicht Inspiration oder Bildung oder Berührt-Werden, nein, Verschwinden und in eine andere Welt Diffundieren, darin Aufgehen. Das war für mich als Jugendliche der Grund, warum ich gelesen habe. Lesen als Fluchtmöglichkeit, um der Welt zu entkommen."

Peter Dinklage konnte für *Taxi – nach dem Roman von Karen Duve* gewonnen werden, aber obwohl der Film angenehm unaufgeregt in die frühen 1980er-Jahre in Hamburg eintaucht, ist er kein Erfolg geworden. Immerhin gibt es ihn als DVD und Blu-ray.

**Karen Duve: Taxi** (2008) München: Goldmann, 2015. – Verfilmung: *Taxi – nach dem Roman von Karen Duve* (2015), Lighthouse Home Entertainment

**George R. R. Martin: Das Lied von Eis und Feuer** (A Song of Ice and Fire, fünf Bände, 1996 – 2011). Die deutsche Übersetzung ist in zehn Bände aufgeteilt. München: Blanvalet, 2010 – 2012. – Die darauf basierende HBO-Serie *Game of Thrones* erschien in acht Staffeln seit 2011. Vorläufiges Ende: Mai 2019.

**Jerome D. Salinger: Der Fänger im Roggen** (The Catcher in the Rye, 1951). Neu übersetzt von Eike Schönfeld, Reinbek: Rowohlt, 2010

# NORBERT BLÜM

geboren 1935 – Publizist und Politiker. Ab 1949 lernte er Werkzeugmacher bei Opel in Rüsselsheim, mit 15 wurde er Mitglied der CDU. Von 1987 bis 1999 war er Landesvorsitzender der CDU Nordrhein-Westfalen. Der Katholik gehörte dem Bundestag von 1972 bis 1981 sowie von 1983 bis 2002 an. Von 1982 bis 1998 war Blüm Bundesminister für Arbeit und Sozialordnung. Er hat die üblichen Preise und Auszeichnungen erhalten, darunter zweimal das Große Bundesverdienstkreuz. 1984 wurde er „Pfeifenraucher des Jahres" (ein Preis, der in den letzten Jahren schwächelt). Einige seiner Bücher und Veröffentlichungen: **Gerechtigkeit. Eine Kritik des Homo oeconomicus** (2006); **Ehrliche Arbeit. Ein Angriff auf den Finanzkapitalismus und seine Raffgier** (2011); mit Peter Henkel: **Streit über Gott. Ein Gespräch unter Gegnern** (2012); **Einspruch! Wider die Willkür an deutschen Gerichten** (2014); **Aufschrei! Wider die erbarmungslose Gesellschaft** (2016); **Verändert die Welt, aber zerstört sie nicht. Einsichten eines linken Konservativen** (2017).

44

© Friedel Bott

**Bertolt Brecht:**
**Die Gedichte.** Hrsg. Jan
Knopf. Frankfurt: Suhrkamp,
2007

Draußen an der Klingel des Wohnhauses in Bonn ist zu lesen: „Hier war Goethe" – und ganz klein: „nie". Drei Stufen, und man steht im Flur mit Klavier zur Rechten und zwei großen Regalen auf beiden Seiten. Auffällig dabei besonders die Edition Suhrkamp in allen Farben des Regenbogens, vielleicht nicht komplett, aber doch sehr umfangreich. Darüber Taschenbücher mit gelbem Rücken: meterweise Rowohlt aktuell. Eine zentrale Reihe vor allem in den 1960er- und 1970er-Jahren, die sich der politischen Bildung verschrieben hatte. Warum ist die Reihe eigentlich in den 1990er-Jahren verschwunden? Möglicherweise ist die politische Bildung erfolgreich abgeschlossen. Den Rest an Bildung erledigt dann wohl „Quelle Internet".

Als ich das Haus betrete, fallen mir die Fragen eines lesenden Arbeiters ein, die Bertolt Brecht (1898 – 1956) im Jahr 1935 stellte und die – so scheint es – noch längst nicht alle Historiker erreicht haben.

### *Fragen eines lesenden Arbeiters*

*Wer baute das siebentorige Theben?*
*In den Büchern stehen die Namen von Königen.*
*(...)*
*Der junge Alexander eroberte Indien.*
*Er allein?*

*Cäsar schlug die Gallier.*
*Hatte er nicht wenigstens einen Koch bei sich?*
*Philipp von Spanien weinte, als seine Flotte*
*Untergegangen war. Weinte sonst niemand?*
*Friedrich der Zweite siegte im Siebenjährigen Krieg. Wer*
*Siegte außer ihm?*

*Jede Seite ein Sieg.*
*Wer kochte den Siegesschmaus?*

*Alle zehn Jahre ein großer Mann.*
*Wer bezahlte die Spesen?*

*So viele Berichte,*
*So viele Fragen.*

Norbert Blüm, der nach der Volksschule eine Lehre als Werkzeugmacher bei Opel in Rüsselsheim absolvierte, hatte ähnliche Fragen. Kann sein, dass er dafür erst ein Studium der Philosophie, Germanistik, Geschichte und Theologie als Dr. phil. abschließen musste.

Er ist ein freundlicher Gastgeber und sieht aus wie immer, was natürlich Unsinn ist. Denn als er Arbeitsminister war, konnte man ihn für 50 halten, vielleicht 60. Vielleicht war er alterslos wie so viele Politikergesichter nicht nur damals in Bonn, sondern auch heute noch in Berlin. Obwohl sie für gewöhnlich schneller altern als die von Menschen in anderen Berufen. Es gibt dazu einen erschütternden Bildband von Herlinde Koelbl. Inzwischen ist er Mitte 80, aber er wirkt munter, geradezu quirlig wie eh und je. Wäre dieser Text ein Comic, könnte man hier wahrscheinlich eine Sprechblase lesen, in der „Die Rente ist sicher" steht.

**Herlinde Koelbl:**
**Spuren der Macht.**
Die Verwandlung des Menschen durch das Amt. Eine Langzeitstudie.
München: Knesebeck, 2002

Das Arbeitszimmer, die Buchzentrale, mit vier riesigen, die Wände füllenden Regalen, ist angemessen groß und lässt Luft zum Atmen. Die Büchersammlung sei nicht systematisch entstanden oder geplant.

„Sie ist gewachsen wie in einem Garten Pflanzen wachsen. Und so ist sie auch nicht absolut geordnet. Insofern ist der Anspruch ‚Bibliothek' übertrieben, denn Bibliothek verbinde ich mit Karteikarten, solider Ordnung, während ich weiß, wo alles steht. Ich finde alles wieder. Manches muss ich suchen. Aber ich weiß: Da steht Geschichte, da Theologie, hinter mir die Philosophie; unten im Flur steht die schöne Literatur, die Belletristik, und zwar quer durch den Gemüsegarten. Im Wohnzimmer die Klassiker, das, was man den klassischen Kanon nennt, also Goethe, Schiller, Thomas Mann, Kafka, Gerhart Hauptmann,

Heinrich Böll. Und daneben noch philosophische Gesamtausgaben: Marx, Hegel, Kant, Nietzsche. Das ist dem hohen
Wohnzimmer vorbehalten, während das hier die Werkstatt ist."
Schnell wird deutlich, dass Norbert Blüm ein enges Verhältnis zu seinen Büchern hat.

„Jeder Bereich hat seine eigene Atmosphäre. Und in jedem
Bereich gehören die Bücher zum Leben. Sie sind im Wohnzimmer, im Hausflur, in meinem Arbeitszimmer. Sie begleiten
mich wie gute Kameraden."

In acht Jahrzehnten Leben findet ein Leser, der sich über jedes
einzelne Buch zu freuen scheint, wohl nicht nur Kameraden, sondern auch Freunde und vielleicht die eine oder andere Liebschaft?

„Es sind keine Ausstellungstücke. Ich meine, ich habe sie hier
nicht aufgereiht, um Bücherparaden zu veranstalten. Es gibt ja

**Theodor Fontane:**
**Effi Briest** (1894).
Berlin: Insel 2011

Bücherwände, die dienen vor allem dem Prestige von
Bildung und Kultur und was alles damit verbunden
ist. Mein schlechtes Gewissen besteht einzig und allein darin, dass ich nicht alle Bücher lesen kann, die
hier stehen. Aber ich tröste mich damit, dass ich sie
noch alle lesen werde."

Während ich diesem freundlichen Leser zuhöre,
überlege ich, in welchem literarischen Jahrhundert
er sich am wohlsten fühlen könnte. Im 18. Jahrhundert, Aufklärung? Zu wenig Religion für Norbert
Blüm. Vermutlich doch eher das 19. Jahrhundert, das in weiten
Teilen gemütlicher und bürgerlicher war.

„Was das Schöne ist: Ich lese die Bücher nicht, wie man
einen Auftrag erfüllt, sondern ich lese sie nach Lust und Laune.
Und so kommt es, dass ich manche fünfmal lese, manche nur
einmal und manche eben gar nicht. Und das Überraschende ist,
dass ich die, die ich mehrmals lese, immer wieder anders lese.
**Effi Briest** von Theodor Fontane (1819 – 1898) könnte ich hundert Mal lesen. Bei jeder Lektüre war es ein ganz anderes Buch,
einmal ein bürgerlicher Roman, in dem es darum ging, diese
bürgerliche Welt mit ihren kleinen und großen Tragödien zu
schildern, ein anderes Mal Zeitgeschichte, dann wieder ein großer, herzzerreißender Liebesroman. Es war jedes Mal anders."

Norbert Blüm lässt sich bei der scheinbar wahllosen Auswahl seiner Lektüre durch die Jahrhunderte von seinen Stimmungen leiten.

„Ich habe viele Favoriten und möchte mich auf keinen Autor und keine Autorin festlegen. Was ich lese, hängt auch davon ab, in welcher Stimmung ich bin. Ich mag den Heinrich Böll (1917 – 1985) – allerdings nicht immer. Wenn die Welt etwas grauer, eintöniger wird, dann steht mir der Kafka mit seiner ganzen grausamen Kälte näher als Böll mit seinem rheinischen Katholizismus und seiner Erzählfreude. Was Goethe betrifft, steht mir der Lyriker näher als der Autor der Romane." Zum Beispiel:

**Wandrers Nachtlied**

*Über allen Gipfeln*
*Ist Ruh,*
*Über allen Wipfeln*
*Spürest du*
*Kaum einen Hauch,*
*Die Vögelein schweigen im Walde.*
*Warte nur! Balde ruhest du auch.*

„Das ist die Nachricht einer kosmischen Geborgenheit. Wenn ich das in die moderne digitale Welt übersetzen würde, hieße das wahrscheinlich: ‚Windstille. Vögel stumm. Du bald tot.' In den Gedichten ist mehr drin als Information; diese Spannung zwischen dem Informationsgehalt und dem, was das Gedicht aussagt, das bringst du auf keine digitale Formel. Das geht nicht nach Schwarz-Weiß-Schema."

In einem modernen – richtig guten – Gedicht, wende ich ein, stünde vielleicht nicht der böse Satz: „Du bald tot", sondern: „Du nicht alle Bücher lesen."

„Ja, das ist auch eine Form von Tod, aber nur in dem Sinne, dass es uns daran erinnert: unser Leben ist endlich Aber darin kann ich nicht nur Schrecken erkennen. Wenn unser Leben unendlich, wenn man unsterblich wäre, dann würde ich von all den Büchern, die hier in dem Raum stehen, wahrscheinlich

# *„Die Zeitbeschränkung, dass ich nicht alle Bücher lesen kann, verführt mich dazu, die Bücher, die ich lese, mit großer Intensität zu lesen, weil ich weiß: Irgendwann ist das Lesen zu Ende."*

keines lesen. Wenn ich sie heute nicht lese, kann ich sie auch in zwei Millionen Jahren lesen. Ich lese die Bücher doch unter dem Diktum: Das Leben ist kurz, du musst sie jetzt lesen. Das ist wie mit der Liebe. Ich glaube, dass es im Schlaraffenland keine Liebe gibt. Wieso soll jemand ‚Die oder keine' oder ‚Jetzt oder nie' sagen? Zeit spielt doch keine Rolle. Also die Zeitbeschränkung, dass ich nicht alle Bücher lesen kann, verführt mich dazu, die Bücher, die ich lese, mit großer Intensität zu lesen, weil ich weiß: Irgendwann ist das Lesen zu Ende. Also muss ich die Chance jetzt nutzen."

Es gibt wahrscheinlich nicht viele Autoren der Weltliteratur, die es zu einem eigenen Adjektiv gebracht haben, so wie Franz Kafka (1883 – 1924) mit „kafkaesk". Bei dem Stichwort „grausame Kälte" erinnere ich mich an einen Abschnitt aus dessen Biografie von Max Brod (1884 – 1968) – Freund, Nachlassverwalter und überhaupt verantwortlich dafür, dass Kafkas Romane nicht vernichtet worden sind, wie deren Autor es testamentarisch verfügt hatte. Brod schreibt in **Franz Kafka: Eine Biographie** (S. 217):

*„Wenn Kafka selbst vorlas, wurde dieser Humor besonders deutlich. So zum Beispiel lachten wir Freunde ganz unbändig, als er uns das erste Kapitel des Prozeß zu Gehör brachte. Und er selbst*

*lachte so sehr, daß er weilchenweise nicht weiterlesen konnte. – Erstaunlich genug, wenn man den fürchterlichen Ernst dieses Kapitels bedenkt. / Aber es war so. / Gewiß, es war kein durchaus gutes behagliches Lachen. Aber eine Komponente guten Lachens war mit dabei, – neben den hundert Komponenten der Unheimlichkeit, die ich nicht verkleinern will. Ich weise nur auch auf das hin, was man sonst bei Betrachtung Kafkas leicht vergißt: den Einschlag von Welt- und Lebensfreude."*

Ob er sich Kafka als Vortragskünstler mit heiteren Zügen vorstellen könne?

„Nein, mir bleibt das Lachen im Halse stecken, wenn ich Kafka lese. **Der Prozess**, die Anonymität einer Herrschaft, die nicht greifbar ist. Oder der Samsa, der Mensch, der in einen Käfer verwandelt wird. Was soll daran lustig sein? Das ist für mich eine Mahnung daran, wie bedroht unsere Existenz ist. Ich glaube gerne, dass er gelacht hat. Aber Lachen und Weinen sind ja auch sehr enge Verwandte. Lachen wie Weinen, das haben klügere Leute als ich entdeckt, sind Kapitulationsreflexe. Wenn du nicht mehr weiterkannst, wenn der Verstand mit Antworten aufhört, dann gibt es zwei Möglichkeiten, nämlich das Lachen und das Weinen. Bei Kafka kommt der Verstand an sein Ende, jedenfalls mein herkömmlicher Verstand. Da verstumme ich und gerate ins Grübeln. Wenn Kafka die Antwort Lachen hat – vielleicht haben andere die Antwort Weinen."

Max Brod: Franz Kafka. Eine Biographie. Berlin & Frankfurt: S. Fischer, 1954 (erweiterte Ausgabe von 1937)

Für Leser, die Gregor Samsas Geschichte noch nicht kennen, hier der Anfang von **Die Verwandlung**:

*„Als Gregor Samsa eines Morgens aus unruhigen Träumen erwachte, fand er sich in seinem Bett zu einem ungeheueren Ungeziefer verwandelt. Er lag auf seinem panzerartig harten Rücken und sah, wenn er den Kopf ein wenig hob, seinen gewölbten, braunen, von bogenförmigen Versteifungen geteilten Bauch, auf dessen Höhe sich die Bettdecke, zum gänzlichen Niedergleiten bereit, kaum noch erhalten konnte. Seine vielen, im Vergleich*

*zu seinem sonstigen Umfang kläglich dünnen Beine flimmerten ihm hilflos vor den Augen.*
*»Was ist mit mir geschehen?« dachte er. Es war kein Traum.*"

Norbert Blüms Verwandlung nach seiner politischen Laufbahn war weniger dramatisch – er ist als Publizist und Vortragsredner tätig. Auch zu Interviews oder in Talkshows wird er gern eingeladen. Und er hat eine Reihe streitbarer Bücher geschrieben. Die Grundlagen für all das stehen in seinem Haus. Was ich nirgendwo entdecke, sind **Die Kohl-Protokolle**. Darin wird er von seinem früheren Vorgesetzten als „Verräter" und als „Wackelpeter" bezeichnet.

**Franz Kafka: Die Verwandlung** (1916). Textausgabe mit Kommentar und Materialien: Reclam XL – Text und Kontext. Stuttgart: Reclam, 2013

**Franz Kafka: Der Prozess** (*Der Proceß*, 1925). München: dtv, 1998 – Im Audio Verlag ist erschienen: Franz Kafka: Der Prozess. Ungekürzte Lesung mit Peter Matić (1 mp3-CD)

**Heribert Schwan/Tilman Jens: Vermächtnis. Die Kohl-Protokolle**. München: Wilhelm Heyne Verlag 2014

„In dem Bereich draußen steht die Sozialpolitik. Da gibt es die Schwerpunkte Renten-, Gesundheits- und Arbeitsmarktpolitik. In der Geschichte wechseln meine Schwerpunkte. Ich hatte Zeiten, in denen ich das Mittelalter für das spannendste Zeitalter hielt. Und ich hatte Zeiten, Sie sehen, ich bin ein unzuverlässiger Liebhaber, da war die neuere Geschichte das Spannendste für mich."

Ein echter Büchermensch sitzt vor mir an seinem Schreibtisch im Arbeitszimmer und kommt immer mehr in Fahrt.

## „Ich kann mir nicht vorstellen, ohne Bücher zu leben."

„Es hört sich vielleicht ein bisschen dramatisch an, aber ich muss sagen: Ich kann mir nicht vorstellen, ohne Bücher zu leben. Es gibt ja die berühmte Frage an Brecht, was würdest du mitnehmen, wenn du auf eine Insel musst. Und darauf antwortet Brecht: ‚Sie werden lachen, die Bibel.' Ich würde ebenfalls

die Bibel mitnehmen. Die enthält alles, was Literatur zu bieten hat: Erbauungsliteratur, Romane, Tragödien, Lyrik; grausame Apokalypsen und himmlische Paradiese. Was willst du noch mehr?"

Hat sich Norbert Blüms Umgang mit Büchern durch das Internet in irgendeiner Weise verändert?

„Ich bin ein Internet-Muffel, was ich eher bedauere. Ich arbeite immer noch lieber mit dem Lexikon. Dabei erliege ich oft der großen Versuchung, auf dem Weg zu einem Artikel noch zehn andere zu lesen, die mir zufällig beim Blättern in die Quere kommen. Das passiert mir beim Internet nicht. Da bin ich sofort bei der Lösung. Ich habe sie da draußen stehen. Ich habe dieses *Zeit*-Lexikon, dann eins für moderne Literatur, den Duden in allen Ausgaben, das Harenberg-, das Herder-Staatslexikon, den **Brockhaus**. Oben habe ich das Grimmsche Wörterbuch."

**Grimm, Jacob und Wilhelm: Deutsches Wörterbuch**. München: dtv, 1984

Es war eine komplett andere Buchzeit, als der Deutsche Taschenbuch Verlag 1984 das **Deutsche Wörterbuch** der Brüder Grimm mit 38.824 Seiten auf den Markt brachte. Eine relativ kostengünstige Sensation für Forscher und Bücherfreunde. Heute ist es bestenfalls antiquarisch zu bekommen, für viele hundert Euro. Anderseits ist es kostenlos im Netz verfügbar, und das bereits seit 2002 (http://dwb.uni-trier.de/de/die-digitale-version/online-version/). Wenn Sie dort, um ein zufälliges Beispiel zu nennen, das Wort „vögeln" suchen, finden Sie unter anderem ein Goethe-Zitat:

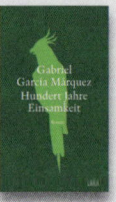

**Thomas Mann: Der Zauberberg** (1924). Berlin: Fischer, 1991

**Gabriel Garcia Márquez: Hundert Jahre Einsamkeit** (Cien años de soledad, 1967). Köln: Kiepenheuer & Witsch, 2017; als ungekürztes Hörbuch, gelesen von Ulrich Noethen, erschienen bei Hörbuch Hamburg

*und hinten drein komm ich bey nacht*
*und vögle sie, das alles kracht*

Die deutsche Sprache hat sich stetig verändert und weiterentwickelt, seit 1961 der letzte Band dieses fulminanten Lexikons erschienen ist. 123 Jahre hatten die Forscher um Jacob und Wilhelm Grimm für die 32 Bände benötigt, wobei sich Jacob bereits nach dem ersten, Wilhelm nach dem sechsten Band in die germanistische Ewigkeit verabschiedete.

Norbert Blüm schrieb 2015 in der *FAZ*, er sei „nie in der Gefahr, Mitglied des Angela-Merkel-Fanklubs zu werden". Was das Internet als Neuland betrifft, sind sie allerdings ziemlich beste Freunde.

„Es ist ein weißer Fleck auf meiner Landkarte. Und es gehört zu meinen aktuellen Vorsätzen, mich damit mehr auseinanderzusetzen. Weil ich glaube, dass, wer in dieser Welt lebt, auch wissen muss, was die Menschen interessiert. Es treibt mich aber innerlich nicht dazu. Ich bleibe Liebhaber des Buches."

Ein stetiger Leser wie Norbert Blüm hat gewiss eine ganze Reihe von Lieblingsbüchern und Empfehlungen.

„Das wechselt, nicht nur mit dem Lebensalter, sondern ich habe montags andere Lieblingsbücher als freitags. Als junger Erwachsener war **Der Zauberberg** von Thomas Mann mein Lieblingsbuch. Ich habe mit Schauern immer gerne Hauptmanns

**Die Weber** gelesen. Gabriel García Márquez mag ich, der das pralle Leben schildert. Dostojewski – ich kenne keinen größeren, tiefer bohrenden Psychologen. Das Gespräch zwischen dem **Großinquisitor** und dem Erlöser, das Gespräch, bei dem Jesus kein einziges Wort sagt, aber die ganze verzweifelte Tragödie des Inquisitors zur Sprache bringt. Dessen Vorwurf an Jesus: Warum verbindest du den Glauben mit Freiheit? Du hättest doch Wunder wirken können? Du hättest die Steine in Brot verwandeln können, die ganze Welt hätte dir geglaubt. Warum verlangst du von den Menschen, dass sie dir aus Freiheit glauben? Du mutest ihnen zu viel zu. Gib ihnen zuerst Brot, und dann kannst du ihnen auch Freiheit erlauben. Der Großinquisitor, dieser grausame Mensch, und seine Verzweiflung über seine Grausamkeit, von der er aber glaubt, dass sie das Leben rettet und dass die Freiheit für die Menschen ein zu hoher Anspruch ist. Das wäre im Moment mein Lieblingsbuch. Aber wie gesagt, das wechselt, ändert sich. Ich habe den Frisch (1911 – 1991) gern gelesen. **Homo Faber** ging mir unter die Haut. Ein Liebesroman ganz eigener Art, die Liebe zwischen einem Vater und seiner Tochter, von der der Vater nicht weiß, dass sie seine Tochter ist, bis im Tod die Wahrheit ans Licht kommt."

In Norbert Blüms Werkstatt entstand zuletzt das Buch **Aufschrei!** mit zehn Kapiteln „wider die erbarmungslose Geldgesellschaft". Gewidmet ist es Angela Merkel, die sich jedoch weder bedankt noch sonst irgendwie reagiert hat. Aber man weiß ja, wie viel die Frau zu tun hat. Blüm beklagt darin u.a. den „Waffenhandel – ein Bombengeschäft" und die „Heucheleien der Mächtigen".

So engagiert der „linke Konservative" sich in die Gegenwart einmischt und auch ein Publikum dafür findet, so neugierig ist Norbert Blüm auf die Zukunft.

„Was mich elektrisiert hat, ist **Homo Deus** von Yuval Noah Harari (* 1976). Ich teile dessen Sympathie für den digitalen

Fjodor Dostojewski: Der Großinquisitor (1879). Köln: Anaconda, 2007

Fjodor Dostojewski: Die Brüder Karamasow (1880). Köln: Anaconda, 2010

Max Frisch: Homo Faber (1957). Frankfurt: Suhrkamp, 1977

Norbert Blüm: Aufschrei! Wider die erbarmungslose Gesellschaft. Frankfurt: Westend, 2016

und biologischen Fortschritt allerdings nicht, seine Meinung, dass Mutter und Vater eigentlich überflüssig seien, wir keine Eltern mehr bräuchten. Oder Ray Kurzweil (* 1948), der sagt, wir können den Menschen unsterblich machen. Und dann dazu die Algorithmen, die mehr wissen, als ich selbst weiß. Da wird es mir unheimlich."

**Norbert Blüm: Verändert die Welt, aber zerstört sie nicht: Einsichten eines linken Konservativen.** Freiburg im Breisgau: Herder, 2017

Norbert Blüms Leserbiografie beginnt bei Opel in Rüsselsheim. Er war jugendliche 14 und begann eine Lehre als Werkzeugmacher.

„Da gab es eine Werksbibliothek, deren regelmäßiger Besucher ich war, wie viele andere auch. Da konnte man kostenlos Bücher ausleihen. Zu der Zeit habe ich eigentlich mehr technische Bücher gelesen. Erfindungen haben mich sehr interessiert: die Dampfmaschine, das Atomzeitalter, Robert Jungk (1913 – 1994) mit seinen Zukunftsvisionen. Belletristik kam erst auf dem Abendgymnasium hinzu, wo die großen Klassiker Pflichtlektüre waren. Ich las sie bald mit Begeisterung. Ich bedaure, dass meine Kinder in ihrer Gymnasialzeit so wenig Klassiker lesen mussten. Die haben die *Bild-Zeitung* analysiert und Sprachstudien gemacht, aber nie ein Gedicht auswendig gelernt. Zu meinem Verständnis von deutscher Kultur gehören die großen Gedichte unbedingt dazu – zum Beispiel von Eduard Mörike (1804 – 1875): ‚Gelassen stieg die Nacht ans Land …‘"

**Yuval Noah Harari: Homo Deus. Eine Geschichte von Morgen.** München: C. H. Beck, 2018

**Ray Kurzweil: Die Intelligenz der Evolution. Wenn Menschen und Computer verschmelzen.** Köln: KiWi, 2016

**Eduard Mörike: Sämtliche Gedichte in einem Band.** Frankfurt: Insel, 2001

### Um Mitternacht

*Gelassen stieg die Nacht ans Land,*
*Lehnt träumend an der Berge Wand,*
*Ihr Auge sieht die goldne Waage nun*
*Der Zeit in gleichen Schalen stille ruhn;*
   *Und kecker rauschen die Quellen hervor,*
   *Sie singen der Mutter, der Nacht, ins Ohr*
     *Vom Tage,*

*Vom heute gewesenen Tage.*

*Das uralt alte Schlummerlied,*
*Sie achtet's nicht, sie ist es müd;*
*Ihr klingt des Himmels Bläue süßer noch,*
*Der flüchtgen Stunden gleichgeschwungnes Joch.*
*Doch immer behalten die Quellen das Wort,*
*Es singen die Wasser im Schlafe noch fort*
*Vom Tage,*
*Vom heute gewesenen Tage.*

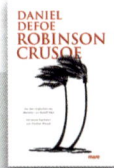

**Daniel Defoe: Robinson Crusoe** (1719). Hamburg: mare 2019 – Dies ist nach beinahe 50 Jahren wieder eine ungekürzte Ausgabe, die zudem ausgezeichnet von Rudolf Mast übersetzt worden ist. Ein reines Lesevergnügen.

Welche Bücher waren für Norbert Blüms Entwicklung und auch für den Zugang zur Literatur darüber hinaus wichtig?

„Das große Lieblingsbuch meiner Jugend war **Robinson Crusoe** von Daniel Defoe (1660 – 1731). Es ist deshalb entscheidend gewesen, weil es meine Fantasie und über Jahrzehnte meine nächtlichen Träume gefüttert hat, wie man auf einer einsamen Insel leben würde, wie man sich einrichten würde, was man mit dem Freitag macht, wenn man mit einem zusammen ist. Dieser Roman hat eine ganze Bibliothek in meinem Kopf eingerichtet. Und vor allen Dingen: Ich habe mir die Welt vorstellen müssen. Ich habe das Kino im Kopf veranstalten müssen und nicht auf der Mattscheibe eines Fernsehers. Also insofern glaube ich, sind Kindheitsbücher so wichtig – zum Beispiel auch **Der Struwwelpeter** von Heinrich Hoffmann (1809 – 1894); das Buch mag ja grausam sein, hat aber meinen inneren Bedarf nach Dramen, Tragödien und Komödien früh gereizt. Und später, wie gesagt, da war ich über lange Jahre ein Böll-Liebhaber, weil er den rheinischen Katholizismus in all seiner Schönheit und seiner Traurigkeit schildert. Der Clown, der auf dem Bonner Bahnhof sitzt und weint. Oder **Die Physiker** von Friedrich Dürrenmatt (1921 – 1990). Alles, was

**Heinrich Hoffmann: Der Struwwelpeter** (1845). Köln: Schwager und Steinling, 2013

**Heinrich Böll: Ansichten eines Clowns** (1963). München: dtv, 1967

**Friedrich Dürrenmatt: Die Physiker. Eine Komödie in zwei Akten** (1962/1980). Zürich: Diogenes, 1998

**John Updike: Landleben**
(Villages, 2004). Reinbek:
Rowohlt, 2007

**Philip Roth: Portnoys
Beschwerden** (Portnoy's
Complaint, 1969). Reinbek:
Rowohlt, 2011

**Albert Camus: Der
Mythos des Sisyphos. Ein
Versuch über das Absurde**
(Le mythe de Sisyphe,
1942). Reinbek: Rowohlt,
2000

einem an Zeitbedrohung unter die Haut gegangen ist, das hat Dürrenmatt zu einem großen Drama verarbeitet. Das sind, ich würde nicht sagen Lieblinge, sondern Meilensteine."

Von Balzac gibt es die Anekdote, dass er, wenn er mit einer Frau geschlafen hatte, hinterher gesagt habe: „Schon wieder ein Roman im Eimer."

„Mir fehlt dazu zwar die ausführliche Fantasie, aber ich ahne, dass damit eine Lebensweisheit verbunden sein könnte. Ich glaube, dass ein guter Schreiber ein guter Liebhaber sein muss, Liebhaber in dem Sinne, dass er die Menschen lieben oder zumindest die Sehnsucht danach kennenlernen muss. Das ist auch eine Form von Liebe. Ich glaube, einer, der an Menschen nicht interessiert ist, kann eigentlich nicht gut schreiben."

Norbert Blüms Pubertät fand in den 1950er-Jahren statt, als alles noch in schwarz-weiß war. Nur das magische Auge am Radioempfänger war grün. Das erklärt vielleicht seine Sicht auf einige US-amerikanische Autoren.

„John Updike (1932 – 2009) und Philip Roth (1933 – 2018) sind ein bisschen Schweinigler. Ich will sie nicht als Pornographen oder Sex-Schriftsteller bezeichnen. Da würde man ihnen völlig Unrecht tun. Sondern sie beziehen ihre Spannung und ihr Material aus dem Bereich, den das Bürgertum sehr verdrängt hat. Insofern ist darin auch ein antibürgerlicher Protest enthalten."

Bei den Franzosen des 20. Jahrhunderts, bei denen Erotik eine große Rolle spielt, ist ihm „zu viel Kopf". Vor allem bei Albert Camus (1913 – 1960) mit dem **Mythos des Sisyphos.**

„Dass Sisyphos ein glücklicher Mensch gewesen sei, wie Camus sagt, könnte ich mir nur vorstellen, wenn er mit dem Stein, den er noch oben gewuchtet hat, ein Haus gebaut hätte. Aber glücklich darüber zu sein, dass man die Absurdität des Steinehochrollens annimmt, geht über meine Begriffe.

Sartre finde ich noch verkopfter. Außerdem ist da die Botschaft immer schon nach drei Sätzen erkennbar, vor allem in seinen Theaterstücken."

1964 war Jean-Paul Sartre (1905 – 1980) der Literaturnobelpreis zuerkannt worden – ausschlaggebend seine autobiografische Schrift **Die Wörter**, die voller Ironie ist. Er lehnte ab, gilt aber, weil so etwas in den Statuten nicht vorgesehen ist, als Preisträger. Einem Gerücht zufolge bat er später doch um das Preisgeld, was aber nicht mehr möglich war. 1974 besuchte der berühmte Schriftsteller den Terroristen Andreas Baader (1943 – 1977) in der Haft in Stuttgart-Stammheim. Vor allem die Rechte in der Bundesrepublik echauffierte sich. Dabei war Sartre durchaus kein Sympathisant und blieb auf Distanz, was die „politischen Gefangenen" sich ganz anders vorgestellt hatten. Könnte es sein, dass Norbert Blüm seine Vorbehalte hat, weil Sartre sich damals in die bundesrepublikanische Geschichte eingemischt hat?

„Ich sehe in ihm den engagierten Schriftsteller, der nicht im Elfenbeinturm bleibt, sondern hinaus ins Leben geht. Dafür hätte ich ihn eher bewundert: Weil er sich dem Risiko ausgesetzt hat, missverstanden zu werden, etwas Falsches zu machen. Von dieser Art engagierter Literatur waren der Böll und der Grass ja auch, die wollten die Welt verändern, die wollten sie nicht nur beschreiben."

Klingt so, als würde Norbert Blüm zumindest einen Satz der **Thesen über Feuerbach** von Karl Marx vorbehaltlos unterschreiben: „Die Philosophen haben die Welt nur verschieden interpretiert; es kommt aber darauf an, sie zu verändern."

„Sartres Philosophie bleibt mir fremd, nämlich dass der Mensch ein unbeschriebenes Blatt sei und sich selbst konstituiere. Dagegen sage ich: Ich bin leider oder Gott sei Dank nicht das Ergebnis meiner Wahl. Wenn er es quantifiziert haben will: Höchstens 20 Prozent bin ich das, was ich bin, aus eigenen Kräften. Der überwiegende Teil dessen, was mein Leben ausmacht,

**Karl Marx/Friedrich Engels: Die deutsche Ideologie.** Eine Auswahl. Stuttgart: Reclam 2018; darin auch die **Thesen über Feuerbach** (1888)

**Jean-Paul Sartre: Die Wörter** (Les mots, 1963). Reinbek: Rowohlt 1975

war und ist Gnade, Schicksal, Zufall. Ich habe mir weder die Eltern ausgesucht noch die Zeit. Ich gebe allerdings zu, es gab entscheidende Wegkreuzungen, an denen ich mich so oder so entscheiden musste. Aber dass ich mich konstruiere, empfinde ich als Überforderung und Selbstüberschätzung. Wenn wir die Biotechnologie einbeziehen, dann hat Sartre noch weniger Recht. Dann werden künftig die Gentechniker bestimmen, was der Mensch ist. Die Möglichkeiten, dass der Mensch seine eigene Wahl ist, nehmen immer mehr ab."

**Simone de Beauvoir: Alle Menschen sind sterblich** (Tous les hommes sont mortels, 1946). Reinbek: Rowohlt, 1975

**Simone de Beauvoir: Das andere Geschlecht** (Le deuxième sexe, 1949). Reinbek: Rowohlt, 2000

Bei Sartre liegt es nahe, endlich mal eine Frau zu erwähnen: Simone de Beauvoir (1908 – 1986), seine sehr eigenständige Lebensgefährtin. Und ich frage durchaus mit Ironie, ob die ihn zum Feministen gemacht habe.

„Nein, die hat mich aber sehr berührt mit einem Thema, über das wir vorhin schon gesprochen haben: **Alle Menschen sind sterblich** – ein bemerkenswerter Roman, in dem Fosca mit seinem Freund einen großen Dialog führt. Der eine von beiden ist unsterblich, der andere ist sterblich. Und der Sterbliche beneidet den Unsterblichen darum, denn dann würde er endlich die Durchfahrt durch die Beringstraße finden. Nichts würdest du finden, entgegnet der Freund, das wird dich nämlich alles nicht mehr interessieren. Dieser Roman zeigt für mich exemplarisch, dass das Schlaraffenland nicht erstrebenswert ist. Dieses Buch hat meine Sicht auf die Welt verändert."

**Michel Houellebecq: Unterwerfung** (Soumission, 2015). Köln: Dumont, 2018

An einem lebenden Franzosen, der in Deutschland wohl nicht sonderlich populär, aber bekannt und erfolgreich ist, kommt man derzeit kaum vorbei, spätestens seit seinem Roman **Unterwerfung**, der die Dystopie einer islamistischen Regierung durchspielt: Michel Houellebecq (* 1956).

„Ja, auch ein großes Schwein. Aber ein nicht nur intelligentes, sondern eines mit Metaphysik begabtes. Also insofern muss ich den Begriff Schwein interpretieren. Ich meine ihn als Kompliment, dass er die Welt nicht darstellt unter dem Licht der Einheit, der Vernunft; ich glaube, er hat ein hohes Sensorium für Entwicklungen. Also der gehört zu den Prognostikern, die nicht die Futurologie zu Hilfe nehmen, um die Zukunft zu beschreiben, sondern der eine Ahnung hat, was sein könnte. Ein Roman, der die Zukunft Frankreichs am Schicksal eines Menschen deutlich macht, der am Schluss zum Islam übergeht, zeigt ja eine Konstellation, die in Europa nicht ohne Brisanz ist. Nämlich wie treffen große Weltreligionen aufeinander? Uns geht es gar nicht um das Zusammenleben, sondern um die Dominanz der einen über die andere. Und da zeigt uns sein Roman, dass die westliche Welt saft- und kraftlos geworden sein könnte, ohne es zu merken; und dabei in eine Welt transformiert wird, die nicht mehr christlich geprägt ist. Die Idee, dass du über dein Leben Rechenschaft ablegen musst, ist eine Idee, die die Freiheit befördert. Du kannst dich nicht berufen auf Privilegien, Ämter, Intelligenz oder Reichtum. Du musst dein Leben verantworten."

Dass Norbert Blüm ein „engagierter Katholik" ist, wie er sich selbst nennt, prägt seinen Lebenslauf. Dennoch ist er in Glaubensdingen einigermaßen entspannt und hält auch Atheisten für Menschen.

„Menschlichkeit ist nicht von einer Ideologie abhängig. Ich verachte Menschen, die andere Menschen verachten. Ich verachte Menschen, die meinen, sie müssen ihre Ideen mit Gewalt durchsetzen. Ich achte auch die, die eine andere Meinung haben als ich, denn ich glaube, dass die Wahrheit immer größer ist, als wir sie uns denken können. Und dass wir uns der Wahrheit sowieso nur perspektivisch nähern können. Insofern hat der Atheist den Gläubigen etwas zu fragen, allerdings ich umgekehrt auch den Atheisten. Und das vertragen manche Atheisten nicht sehr. Ich glaube, dass wir uns wechselseitig infrage stellen, in Schranken halten müssen. Der Atheismus bewahrt uns davor, zu selbstgewiss in unserem Glauben zu werden, zu zweifellos, was aus meiner Sicht fast eine Verachtung Gottes ist, denn der ist größer, als ich ihn fassen könnte."

Norbert Blüm hat sich in den vergangenen drei Jahrzehnten immer weiter von seiner Partei, der CDU, entfernt, vor allem in sozialen Belangen. Im Juli 2018 hat er sich erneut in die Flüchtlingsdiskussion eingemischt. In der *Süddeutschen Zeitung* formulierte er seinen Ekel vor einigen Parteifreunden. Europa, das sich vor den Problemen drücke, stehe vor einer „moralischen Insolvenz". Unerschütterlich dabei, wie es scheint, ist allerdings sein Glaube.

„Ich habe ein Buch geschrieben zusammen mit Peter Henkel (* 1942), der, anders als ich, nicht an Gott glaubt, **Streit über Gott**. Da hat mich im Nachhinein sehr gestört, wie sicher der Ungläubige war. Denn so sicher bin ich nicht. Und wenn ich mir die großen Heiligen ansehe – das sind alles Zweifler gewesen. Von Augustinus bis Thomas von Aquin, der am Schluss gar nicht mehr gesprochen hat. Auch Jesus' Frage ‚Warum hast du mich verlassen?' ist ein Ausdruck des Zweifels. – Bei jedem wissenschaftlichen Fortschritt, durch den wir tiefer in das All eindringen, entstehen mehr Fragen als Antworten. Deshalb bitte ein bisschen mehr Bescheidenheit auf beiden Seiten. Es hilft erstens dem Zusammenleben, zweitens entspricht es auch unserer gemeinsamen Sehnsucht, die Wahrheit zu finden."

**Norbert Blüm & Peter Henkel: Streit über Gott. Ein Gespräch unter Gegnern.** Freiburg im Breisgau: Herder, 2012

**Blüm & Sodann: Heimatabend.** Audio-CD: SPV 2007

Auch mit dem gleichaltrigen Schauspieler Peter Sodann (* 1936), der für die Partei Die Linke zur Bundespräsidentenwahl 2009 antrat, hat sich Norbert Blüm über Gott und die Welt auseinandergesetzt, jedoch vorwiegend kabarettistisch:

„Wir beide sind exakt 1,65 Meter groß – beste Voraussetzung also, um sich auf Augenhöhe zu begegnen. Peter Sodann gehört ebenfalls zu denen, die nicht meiner Meinung sind. Trotzdem habe ich großen Respekt vor ihm, weil er ein selbstbewusstes Leben führt. Und im Unterschied zu so manchem nichtkommunistischen Weichei ist der Kommunist Sodann ins Gefängnis gegangen für seine Überzeugung in DDR-Zeiten. Also von Anpassung im Sinne von Unterwürfigkeit keine Spur. Dass er ein großer Schauspieler ist, kommt noch dazu."

Liest Norbert Blüm die Bücher seiner politischen Gegner? Denn sie haben ja alle geschrieben: Gerhard Schröder, Joschka Fischer, Jutta Ditfurth und all die anderen. Interessiert ihn das? Reibt er sich an ihnen?

„Streng vertraulich: Nein. Höchstens mal blättere ich in diesen Büchern. Ich sage das mit einer gewissen Arroganz, weil ich selbst solche Bücher schreibe und niemals beleidigt wäre, wenn andere dasselbe über meine Bücher sagten. Was ich nie tun werde: eine Autobiografie schreiben. Ich kenne keine, die ehrlich ist. Jeder versucht sein Leben irgendwie zu rechtfertigen. Und deshalb sind solche Selbstbeschreibungen immer ganz nah bei der Lebenslüge. Es gibt eine, die ich gut fand. Das waren die **Erinnerungen** von Konrad Adenauer. Die waren allerdings weniger Lebensbiografie, sondern ein trockenes Protokoll seines Lebens. Das ist mehr ein Geschichtsbuch."

Franz-Josef Strauß (1915 – 1988), verantwortlich für einige der größten Skandale in der alten Bundesrepublik, hat Norbert Blüm, Katholik und Kämpfer für soziale Gerechtigkeit, einmal „Herz-Jesu-Marxist" genannt. War er schon immer ein Linker in der falschen Partei?

**Konrad Adenauer: Erinnerungen.** Erschienen in mehreren Bänden bei DVA, München 1965 ff.

„Da müssten wir uns erstmal über den Begriff ‚Linker' einig werden. Ich kenne viele Linke, die ich für Rechte halte. Ich kenne Linke, die an staatlichen Ämtern und Obrigkeit sehr großen Gefallen gefunden haben. Das sind gar keine Linken für mich. Das habe ich auch versucht, in meinem Buch **Verändert die Welt, aber zerstört sie nicht** darzustellen: links und konservativ sind für mich keine Gegensätze. Es sind zwei Vorfahrtsregeln, die der Linken heißt: im Zweifel für den Schwächeren. Die der Konservativen: Vorfahrt für das Bestehende. Das Neue hat die Beweislast, dass es besser ist. Ich gebe das Alte nicht auf, wenn das Neue nicht bewiesen hat, dass es besser ist. Der Spatz in der Hand ist mir lieber als die Taube auf dem Dach. Das ist das Programm einer großen Behutsamkeit. Und ich glaube heute mehr denn je an Erhaltungsliebe. Unsere Welt muss erhalten werden gegen so Wildgewordene wie den Trump. Der Trump muss nicht von links, der muss

konservativ gestoppt werden. Wir müssen unsere Welt erhalten. Wir müssen fortschrittsmisstrauischer werden. Veränderung muss sein, aber die Beweislast muss sich umkehren. Wir können die Welt zugrunde richten, wir können den Menschen abschaffen, ohne dass er es merkt. Wir können uns alle zu Idioten machen. Und da gilt es, die Würde des Menschen zu konservieren."

Norbert Blüm, ein Weltverbesserer, seit er die aktive Politik verlassen hat?

„Nein, ich wollte immer die Welt verbessern. Ich hatte immer den Ehrgeiz zu verändern, zugunsten der Schwächeren. Das hört sich großartiger an, als ich es meine. Aber ich bekenne mich dazu, dass der Schwächere die Unterstützung braucht."

Ist die Zukunft der Bücher heute so sicher wie die Rente 1986?

„Wir müssen über Bücher reden und den Jungen sagen, dass Lesen schön ist und Spaß macht. Man sollte Bücher nicht aus Pflicht lesen, um die Kultur zu erhalten, sondern um die Welt besser kennenzulernen, weil man nur ein Leben hat und die anderen in den Büchern leben kann. Wer mehr leben will, mit sich nicht zufrieden ist, der verschaffe sich mehr Leben, indem er Romane, Theaterstücke und Gedichte liest.

Ganz in der Nähe gibt es eine kleine Buchhandlung, die vor ein paar Jahren einen Preis bekommen hat. Man muss solche kleinen Buchhändler unterstützen, nämlich die, die noch ein Buch lieben, die noch wissen, was in den Büchern steht.

**Renate Jostmann (Hrsg.): Norbert Blüms gesammelte Sprüche.** Stuttgart: Engelhorn, 1996 – vergriffen

Zum guten Schluss die Frage: Gilt sein Zitat noch, gefunden in einem von Renate Jostmann herausgegebenen Büchlein aus dem letzten Jahrtausend, **Norbert Blüms gesammelte Sprüche**: „Das Stadion in Dortmund, so stelle ich mir den Himmel vor."

„Ja, das ist eine Beschreibung der Seligkeit, in die ein Fußballstadion seine Zuschauer verwandelt. Leider dauert das nur 90 Minuten."

Das ist allerdings auch schon länger nicht mehr sicher.

# NINA
# PETRI

geboren **1963** – Abitur in Hamburg, **1983** bis **1987** Ausbildung an der West-fälischen Schauspielschule in Bochum. Sie ist in zahlreichen großen TV- und Kinofilmen zu sehen (u. a. *Allein unter Frauen, Die tödliche Maria, Lola rennt, Am Tag als Bobby Ewing starb, Das Leben ist nichts für Feiglinge*) und hat zahlreiche Hörbücher eingelesen. Auszeichnungen u. a. Bayerischer Filmpreis und Deut-scher Filmpreis.

© Friedel Bott

Es gibt Hamburger, die sich etwas darauf einbilden, auf „der richtigen Seite" der Hansestadt zu wohnen. „Richtig" meint all die vornehmen (und sehr teuren) Stadtteile westlich der Alster – von Harvestehude bis Blankenese – und nicht „die falschen" wie z. B. Bramfeld, wo gerade dieser Text entsteht. Nina Petri lebt irgendwie dazwischen, in Hamburg-Altona, bis 1938 eine selbstständige Stadt. Sie lebt dort schon ewig.

Jean-Paul Sartre (1905 – 1980) hat ein Stück geschrieben, das in Altona spielt und düster ist, von Joachim Ringelnatz (1883 – 1934) gibt es ein Altona-Gedicht, das auf beiden Seiten der Alster und wohl darüber hinaus uneingeschränktes Entzücken verursacht:

**Joachim Ringelnatz: Ich bin so knallvergnügt erwacht. Die besten Gedichte.** Wiesbaden: marixverlag, 2016

**Jean-Paul Sartre: Die Eingeschlossenen von Altona** (Les séquestrés d'Altona, 1959). Reinbek: Rowohlt, 1962

### Die Ameisen

*In Hamburg lebten zwei Ameisen,*
*Die wollten nach Australien reisen.*
*Bei Altona auf der Chaussee*
*Da taten ihnen die Beine weh,*
*Und da verzichteten sie weise*
*Dann auf den letzten Teil der Reise.*

*So will man oft und kann doch nicht*
*Und leistet dann recht gern Verzicht.*

Ringelnatz lebte und arbeitete zu Beginn des 20. Jahrhunderts auf St. Pauli, etwas abseits vom Rotlichtviertel auf dem Hamburger Dom (der bekanntlich ein Jahrmarkt und keine Kirche ist) als Aushilfe in „Malferteiners Schlangenbude". Sein Job bestand darin, die Riesenschlangen zu tragen. Wir werden wieder auf ihn zu sprechen kommen.

Zunächst erläutert Nina Petri, wie ihre Büchersammlung entstanden ist.

„Wie man deutlich sieht, bin ich aus der Generation, die ihre Bücher noch im Wohnzimmer ausgestellt hat. Es gibt sogar so eine Art Ordnung: eine Kunstabteilung, Bildbände, Biografien über Künstler, ob das nun Maler sind, Regisseure oder Schauspieler. Dann gibt es die Abteilung ‚nicht so wichtiges Buch'. Dann Kinder- und Erwachsenenbücher, alte Kinderbücher plus Bücher, die für Erwachsene und für Kinder sind. Ferner die Abteilung fremde Länder, fremde Sitten, sozusagen, also Seefahrt und Piraten, eines meiner Lieblingsthemen. Außerdem allgemeine Biografien und Bücher, die mir besonders wichtig sind, Belletristik, eine kleine Esoterik-Abteilung. Und eine erotische Abteilung gibt es auch."

Mich interessiert die Abteilung „Nicht wichtiges Buch".

„Das sind die Bücher, die man in der Regel nur einmal liest. Krimis zum Beispiel."

Offen spricht Nina Petri über ihre Erotik-Abteilung.

„Da stehen de Sades **Die Philosophie im Boudoir**, eine Menge erotische Gedichte, Anaïs Nin und Sophie Andresky (* 1973), die Porno-Bücher geschrieben hat, eins trägt den Titel **Vögelfrei**. Ich habe den kompletten Casanova. Eine Zeit lang habe ich mich intensiv mit erotischer Literatur beschäftigt und ein Hörbuch mit erotischen Texten eingelesen, veröffentlicht beim Verlag Tonkombinat. Den gibt es ja schon länger nicht mehr, aber ich habe noch ein paar Exemplare. Wenn ich alt bin und ganz arm, kann ich die mit Autogramm verkaufen."

Die jahrzehntelang der Zensur unterliegenden Schriften des französischen Adeligen Marquis de Sade (1740 – 1814) sind längst Klassiker der erotischen Weltliteratur, während die in **Delta der Venus** versammelten Erzählungen der amerikanischen Schriftstellerin Anaïs Nin (1903 – 1977) zwar schon Anfang der 1940er-Jahre entstanden, von der Autorin aber erst kurz vor ihrem Tod zur Veröffentlichung freigegeben worden sind. In Deutschland wurden sie noch 1983 als „pornographisch und jugendgefährdend" beschlagnahmt. Inzwischen hat

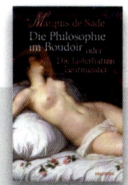

**Marquis de Sade: Die Philosophie im Boudoir oder Die lasterhaften Lehrmeister**. Köln: Anaconda, 2010. – Es gibt auch ein exzellentes Hörbuch dieses Titels, eine inszenierte Lesung, erschienen im Münchener Hörverlag 2014, u. a. mit Dagmar Manzel und Ulrich Noethen.

**Sophie Andresky: Vögelfrei**. München: Heyne Hardcore, 2009 / **Sex-Circus**. München: Heyne Hardcore, 2018

**Anaïs Nin: Das Delta der Venus. Erotische Erzählungen** (Delta of Venus, 1977). Frankfurt: Fischer 2013 – Ein ungekürztes Hörbuch wurde 2006 im argon-Verlag veröffentlicht, gelesen von Angela Winkler; es ist leider vergriffen.

sich die Aufregung gelegt. Die *New York Times* fand: „Dies ist das schönste und direkteste Buch, das je von einer Frau geschrieben wurde. Was es zum doppelten Genuss macht, ist seine Sprache: delikat und geschmeidig, direkt und sinnlich."

Der Name des Venezianers Giacomo Girolamo Casanova (1725 – 1798) ist Legende und Klischee zugleich. Das in Französisch abgefasste Manuskript seines bekanntesten Werkes, **Die Geschichte meines Lebens**, boten die Erben fast ein Vierteljahrhundert nach seinem Tod dem Brockhaus-Verlag in Leipzig an, der es nach einem Jahr Bedenkzeit kaufte. So wurde dieses durchaus erotische Werk der Weltliteratur tatsächlich zuerst 1821 – 1826 auf Deutsch veröffentlicht. In die Muttersprache des berühmtesten italienischen Liebhabers gelangte es erst viel später. Inzwischen liegt es in immerhin 20 Sprachen vor, nur wer es sich auf Deutsch zulegen möchte, nimmt verwirrt die Lesebrille ab: 1964 – 1967 kam eine akzeptable Gesamtausgabe auf den Markt, die – dem damaligen sittlichen Grundgesetz entsprechend – ausschließlich an Käufer abgegeben wurde, die ihre Volljährigkeit nachweisen konnten (bis 1974: 21 Jahre). Dafür gab es kleine orangefarbene Kärtchen, wie sie zum Beispiel auch den Romanen Henry Millers beilagen. In den 1980er-Jahren erschien erneut eine Gesamtausgabe; 2019 sind die Memoiren unauffindbar, sind sogar die Antiquariate leergefegt. Dabei gilt auch heute noch, was Hermann Kesten (1900 – 1996) über Casanova geschrieben hat: „Das ganze 18. Jahrhundert tummelt sich in seinen Memoiren und lacht, und räsoniert, und hurt, in keinem anderen Buch ist es so lebendig, so deutlich, so zum Riechen, Fühlen, Schmecken nah."

Zurück zum Stichwort „alt und ganz arm". Das Klischee einer Schauspielerin in der Öffentlichkeit ist schnell entworfen: Ruhm, zumindest ein bescheidener, Geld, in jedem Fall mehr als ausreichend, und immer ein Grund, strahlend zu lächeln. Im November 2013 legte Nina Petri einen Gegenentwurf vor. In der ZDF-Sendung *37 Grad* wurde auch an ihrem Beispiel

Giacomo Girolamo **Casanova: Geschichte meines Lebens. Band I-XII.** Herausgegeben und eingeleitet von Erich Loos. Erstmals nach der Urfassung ins Deutsche übersetzt von Heinz von Sauter. Berlin & Frankfurt/M: Propyläen, 1965ff – nur antiquarisch zu bekommen

# „Ich liebe Gedichte, und ich liebe Dichter. Eine meiner Lieblingsdichterinnen ist Anne Sexton."

klar, dass lediglich fünf Prozent der Schauspieler in Deutschland von ihren Engagements leben können. Sie warten mitunter verzagt auf eine neue Rolle, die ihnen die Freiheit gibt, die Schauspielerei nicht auch noch im täglichen Leben ausüben zu müssen.

„Natürlich überlegt man, woran es liegt – zu alt, zu groß, nicht blond, oder fehlt der Glamourfaktor?"

Die Sendung brach mit einem Tabu und hat vielleicht dazu beigetragen zu erkennen, dass Schauspieler, die auf Mattscheibe und Leinwand zu Hause sind, nur ganz selten so hoch entlohnt werden, dass sie kriminelle Energie entwickeln, um den Ertrag auf fernen Konten zu verstecken.

Wie in jeder Bibliothek finden sich bei Nina Petri ein paar Ladenhüter („Bücher über Regisseure oder Schauspieltheorie; wenn ich ehrlich bin, habe ich da fast nie reingeguckt"), aber auch eine Abteilung, die ihr besonders am Herzen liegt: die Gedichte.

„Ich liebe Gedichte, und ich liebe Dichter. Eine meiner Lieblingsdichterinnen ist Anne Sexton (1928 – 1974). Ihre Art der abstrakten Dichtung, bei der sich der Sinn nicht sofort erschließt, weil das zuallererst auch ein Klangwerk ist, mag ich sehr gern."

Wir sind in den 1950ern: Elvis ist mit *Teddy Bear* und *Blue Suede Shoes* einsamer Höhepunkt vorstädtischer Erotik. Anne Sexton führt ein quälendes Leben als Ehefrau und Mutter, mit 27 wird sie ein Fall für die Psychiatrie.

**Anne Sexton: Werkedition in vier Bänden.** Zweisprachige Ausgabe, hrsg. und mit einem Vorwort von Elisabeth Bronfen. Aus dem Amerikanischen von Silvia Morawetz. Frankfurt: S. Fischer, **Bd. 1: Liebesgedichte. Verwandlungen. Gedichte** (Love Poems), 1995 (derzeit nur antiquarisch erhältlich); **Bd. 2: Alle meine Lieben/ Lebe oder stirb. Gedichte** (All My Pretty Ones/Live or Die, 1962/1966), 1996; **Bd. 3: Selbstportrait in Briefen,** 1997; **Bd. 4: Buch der Torheit/Das ehrfürchtige Rudern hin zu Gott** (The Book of Folly/ The Awful Rowing Toward God, 1972/1975), 1998

Schreiben und Sich-literarisch-Weiterbilden werden zur Therapie. Am Ende ist sie „Amerikas berühmteste Dichterin, eine Bestseller-Autorin, die bei Lesungen bis zu 2000 Dollar verlangte und manchmal 3000 Zuhörer anzog" (*Der Spiegel*, 1995). Dennoch nahm sie sich am 4. Oktober 1974 das Leben. Ein Auszug aus Anne Sextons *Selbstportrait im Jahre 1958*:

*Was ist Wirklichkeit?*
*Ich bin eine Gipspuppe; ich gebärde mich*
*Mit Augen, die aufklappen, ohne daß Land oder Nacht in Sicht ist,*
*als gelackte, zähnebleckende Person,*
*sich öffnende Augen, blau, stählern und nah.*

**Robert Gernhardt:**
**Gesammelte Gedichte:**
1954 – 2006. Frankfurt: S. Fischer, 2008

Ich frage nach weiteren Dichtern, deren Werke ihr Herz erwärmen können. Sofort fällt der Name Robert Gernhardt (1937 – 2006), der mir freundlicherweise den schamlosen Kragenbären in eines seiner Bücher gezeichnet hat („Der Kragenbär / der holt sich munter / einen nach dem anderen runter"). Von ihm stammt ein grundlegender Sechszeiler, der lange in meinem Büro hing:

*Klage*

*Ein Uhr und noch nichts geschafft*
*Zwei Uhr und noch nichts gerafft*
*Drei Uhr und noch nichts gemacht*
*Vier Uhr und noch nichts gedacht*
*Fünf Uhr und noch nichts getan —*
*Und um sechs fängt doch schon das Trinken an!*

Wir kommen auf Joachim Ringelnatz zurück, dessen erschöpfte Ameisen auf der Altonaer Chaussee uns eingangs begegnet sind.
„Von ihm ist eines der schönsten Liebesgedichte überhaupt."

Und Nina Petri zitiert die erste Strophe von *Ich habe dich so lieb!*:

*Ich habe dich so lieb!*
*Ich würde dir ohne Bedenken*
*Eine Kachel aus meinem Ofen*
*Schenken.*

Der Klatschreporter in mir fragt (wir haben alle unsere dunklen Seiten), ob es viele Männer gab, die für sie Kacheln aus den Öfen geholt haben. Die Antwort ist kurz und angemessen: „Nee."
Man kann das Gedicht ohne Weiteres googlen. Das Internet hat den Umgang mit Büchern verändert. Recherchen, um das große Wort zu verwenden, sind schneller, aber oberflächlicher geworden. Die Echokammern bei Facebook & Co. sind Räume, aus denen kaum noch ein Blick in die Wirklichkeit möglich ist. Gedruckte Bücher haben deutlich an Wert verloren und müssen sich den Markt mit Netflix, Amazon Prime und E-Books teilen.
„Mir sind Bücher immer noch so wichtig, dass ich mir welche kaufe. Ich habe jetzt zwar einen *Tolino*, also ein Lesegerät für E-Books. Und ich finde das wirklich praktisch, wenn man unterwegs ist. Aber manche Bücher muss ich haben. Ich brauche sie, dieses Haptische, das Papier. Mein Umgang mit Büchern hat sich eher dadurch verändert, dass ich zwischenzeitlich intensiv Mutter war und berufstätig und nur wenig Zeit zum Lesen hatte. Es gibt heute wieder Phasen, in denen ich ein Buch nach dem anderen lesen kann, aber sie sind leider immer noch viel zu selten."
Ich frage nach einem Lieblingsbuch oder Lieblingsbüchern, und wir sind erneut bei der vierbändigen Werkausgabe von Anne Sexton, der „paranoiden Hausfrau, die sich mit den Beatles verglich" (*Der Spiegel*, 1995).
„Außerdem bin ich ein großer Houellebecq-Fan."
Michel Houellebecq (* 1956), dieser französische Autor, der immer so wirkt, als plane er eine weitere Karriere als Clochard oder doch wenigstens Gauloises-Testraucher, ist auch besessen von Erotik. Oder doch nur von Sex?

„Das ist eigentlich überhaupt nicht erotisch, was der schreibt. Das ist eher pornografisch. Ich finde seine Intellektualität faszinierend. Wie er einen mit Sprache in seinen Bann zieht, wie er Regeln verletzt und einen auf Fährten lockt, auf die man von selbst, vielleicht aus moralischen Gründen, gar nicht gekommen wäre. Durch ihn komme ich auf ganz neue Weise ins Nachdenken. Besonders toll fand ich den Roman **Karte und Gebiet**, in dem es um eine Künstler-Existenz ging, sowie **Unterwerfung**. Gruselig eigentlich, viel gruseliger als manch ein Krimi."

Außerdem nennt Nina Petri das Buch eines deutschsprachigen Autors, das sie immer wieder gern in die Hand nimmt, einen Bestseller, der entstand, als das sperrige Wort „Entschleunigung" noch nicht erfunden war.

„**Die Entdeckung der Langsamkeit** von Sten Nadolny (* 1942) ist eines meiner absoluten Lieblingsbücher. Ich bin dadurch auf John Franklin (1786 – 1847) gestoßen und habe mich ganz lang und intensiv mit dem Thema John Franklin und seiner Expedition ins Ewige Eis beschäftigt."

Auch Dan Simmons' Roman **Terror** hat diese berühmte Entdeckerfahrt, John Franklins Suche nach der Nord-West-Passage, zum Thema. Die Expedition scheiterte, und man suchte jahrelang vergeblich nach Spuren der zwei Schiffe und der 130 Männer.

„Nadolnys Buch bedeutet mir viel, weil ich sehr schnell begriffen habe: So wie mein Vater war, so ist auch dieser John Franklin. Und diese Entdeckung der Langsamkeit war für mich ein Schlüsselgedanke, also dass Langsamkeit etwas sein kann, das eine Qualität hat, und nicht etwas, das den Laden aufhält. Ich hatte das eigentlich auch so gelernt. Mein Vater war ein solch langsamer Mensch. Aber plötzlich habe ich das verstanden und konnte mich mit ihm viel besser verständigen. Das Buch hat mir die Augen geöffnet. Ich habe es meinem Vater geschenkt,

Michel Houellebecq: **Karte und Gebiet** (La carte et le territoire, 2010). Köln: Dumont, 2016

Michel Houellebecq: **Unterwerfung** (Soumission, 2015). Köln: Dumont, 2018

Sten Nadolny: **Die Entdeckung der Langsamkeit** (1983). München: Piper, 47. Auflage 2012. – Eine ungekürzte Autorenlesung (11 CDs – 773 Minuten) erschien 2012 bei Hörbuch Hamburg (eine der ganz seltenen gelungenen Autorenlesungen)

**Dan Simmons: Terror** (2007). München: Heyne, 2008

und wir sind dadurch in ein ganz tolles Gespräch gekommen."

Auch weitere Zeitgenossen, die oft in den Bestsellerlisten zu finden sind, weiß Nina Petri durchaus zu schätzen.

„Kehlmann: **Die Vermessung der Welt** habe ich gern gelesen. Es hat mir als halbgebildetem Menschen Alexander von Humboldt (1769 –1859) nähergebracht, was dessen Abenteuer und Reisen eigentlich bedeutet haben. Er war damals der berühmteste Mensch der Welt.

Wolfgang Herrndorf (1965 – 2013): **Tschick** finde ich einen tollen Jugendroman, der auch Erwachsenen gefällt. **Herr Lehmann** von Sven Regener (* 1961) war sehr komisch."

Bestsellerlisten oder besondere Auszeichnungen wie der Literaturnobelpreis dienen Nina Petri dabei manchmal zur Orientierung. Aber genauso gern macht sie ihre eigenen Entdeckungen.

„Aktuell lese ich Marion Poschmann (* 1969): **Die Kieferninseln.** Das stand mal auf der Shortlist zum Deutschen Buchpreis, eine Rezension hat mich neugierig gemacht. Aber das Buch steht, glaube ich, nicht auf der Bestsellerliste. Steven Uhly (* 1964): **Glückskind** finde ich sensationell. Ich mag es, wenn es ein bisschen absurd und schräg ist. Ein vielschichtiges Buch über die Fehler, die man im Leben macht. Ein zweiter Uhly ist **Mein Leben in Aspik** – auch ein super Buch. Er jongliert mit der Wahrheit, trickst mit Täuschungen – wunderbar verwirrend."

Nina Petri hat dann noch einen echten Geheimtipp: „Mela Hartwig, eine Expressionistin. Tolle Autorin. Aus **Das Verbrechen** habe ich sehr gerne vorgelesen."

Die in Wien geborene Schriftstellerin Mela Hartwig (1893 – 1967), Tochter des jüdischstämmigen freidenkerischen Philosophen Theodor Hartwig (Herzl), ist auch unter dem Namen Mela Spira

**Daniel Kehlmann: Die Vermessung der Welt** (2005). Reinbek: Rowohlt, 2008

**Wolfgang Herrndorf: Tschick** (2010). Reinbek: Rowohlt, 2012

**Sven Regener: Herr Lehmann** (2001). München: Goldmann, 2003

**Marion Poschmann: Die Kieferninseln.** Berlin: Suhrkamp, 2017

**Steven Uhly: Glückskind.** 2012. München: btb, 2014/ **Mein Leben in Aspik.** 2010. München: btb, 2012

**Mela Hartwig: Das Verbrechen. Novellen und Erzählungen.** Mit einem Vorwort von Margit Schreiner. Graz: Droschl, 2004 – Dieser Band enthält erstmals sämtliche Erzählungen und Novellen.

**Mela Hartwig: Inferno.
Roman**. Mit einem Nachwort
von Vojin Saša Vukadinović.
Graz: Droschl, 2018

**Julya Rabinowich: In
zerbrochenen Spiegeln –
Über Mela Hartwig**. Wien:
Mandelbaum, 2017

**Karin Slaughter: Die
letzte Witwe**. Hamburg:
HarperCollins, 2019 –
Hörbuch mit Nina Petri
zeitgleich bei Hamburg/Köln:
HarperCollins bei Lübbe
Audio

**Camilla Läckberg:
Meerjungfrau**: 5 CDs
(Ein Falck-Hedström-
Krimi, Band 6). München:
List, 2012 – Gekürzte
Hörbuchausgabe, gelesen
von Nina Petri und Gustav
Peter Wöhler, bei Hörbuch
Hamburg, 2011

**Patricia Cornwell:
Totenstarre**. (Kay
Scarpetta 24). Hamburg:
HarperCollins 2019 –
Ungekürztes Hörbuch,
MP3-Audio. Hamburg/Köln:
HarperCollins bei Lübbe
Audio, 2017

bekannt, da sie 1921 den Anwalt Robert Spira heiratete. Ihre Debüterzählung *Das Verbrechen*, 1927 von der renommierten *Literarischen Welt* prämiert, seziert ein missbräuchliches Verhältnis zwischen der 15-jährigen Agnes und ihrem Vater, einem Psychoanalytiker. Ein Auszug:

*„Ich bin aufrichtiger als du, sage ich, und gestehe es mir und dir ohne konventionelle Scham zu, daß ich jederzeit bereit wäre, dein Liebhaber zu sein, wenn ich nicht gerade unglückseligerweise dein Vater wäre.“*

Auf Vermittlung von Stefan Zweig und Alfred Döblin konnte Mela Hartwig 1928 ihre erste Novellensammlung *Ekstasen* veröffentlichen. Das Buch verursachte einen Skandal, weil ihre Stoffe als „außerordentlich quälend und unerfreulich" wahrgenommen wurden; es seien Texte eines „durch die Psychoanalyse verjauchten Gehirns". Gemeinsam mit ihrem jüdischen Mann emigrierte die Autorin nach dem „Anschluss" Österreichs 1938 nach London. Dort begann sie erfolgreich zu malen, verstummte aber literarisch: Niemand wollte sie verlegen. Ihr Roman **Inferno** über eine junge Frau zwischen Opportunismus und Widerstand im Nationalsozialismus ist erstmals im August 2018 gedruckt worden. Hilfreich als erste Orientierung über die Autorin: Julya Rabinowich, **In zerbrochenen Spiegeln – Über Mela Hartwig**.

Nina Petri wird regelmäßig von Hörbuchverlagen engagiert, wenn es darum geht, Kriminalromane einzulesen, darunter diejenigen von Karin Slaughter (* 1971), Camilla Läckberg (* 1974) und Patricia Cornwell (* 1956).

„Karin Slaughter hat starke Charaktere. Sie ist sehr brutal, sehr feministisch. Das gefällt mir natürlich auch gut. Und es bringt einen Heidenspaß, ihre Texte zu sprechen."

Man könnte daher vermuten, dass Krimis auch Teil ihrer privaten Lektüre geworden sind.

„Tatsächlich bin ich durch meine Arbeit, durchs Hörbuchmachen, zum Krimi gekommen. Ich mache Krimi-Hörbücher inzwischen ganz gern und habe Spaß daran, den Leuten Angst einzujagen. Am Anfang war es schwer, diese Brutalität sozusagen in den Mund zu nehmen. Aber man gewöhnt sich dran."

Einen Krimiautor gibt es, den Nina Petri wegen seiner literarischen Fähigkeiten ganz besonders schätzt.

„Wolf Haas (* 1960) kann man zweimal lesen. Oder einmal selbst lesen und einmal sich vorlesen lassen." Sogar vom Autor selbst, hier der Beginn von **Brennerova**:

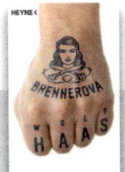

**Wolf Haas: Brennerova** (2014). München: Heyne, 2016 – Hörbuch bei Hoffmann & Campe, Hamburg 2014, gelesen vom Autor

*„Früher hat man gesagt, die Russinnen. Die sind groß und muskulös wie Hammerwerfer, die arbeiten beim Straßenbau, und unter den Achseln haben sie so viele Haare, dass sich noch ein Toupet für ihren Mann ausgehen würde und ein zweites für den ersten Parteisekretär. Da hat man gesagt, Russinnen sind Mannweiber, und wenn sie ihren Diskus werfen, musst du in Deckung gehen, weil Kraft wie ein Traktor aus Minsk oder einer aus Krasnodar oder sogar ein Kirovets aus Leningrad. Dann hat es auf einmal geheißen, die Russinnen, das sind die dünnsten Fotomodelle, die teuersten Nutten, da musst du als Mann schon ein Hochhaus haben, damit sich so eine überhaupt von dir scheiden lässt, am besten mit einem Privatzoo, weil Beine wie eine Giraffe, Taille wie eine Wespe, Augen wie die Biene Maja."*

**Flannery O'Connor: Keiner Menschenseele kann man noch trauen.** Aus dem amerikanischen Englisch neu übersetzt von Anna Leube und Dietrich Leube. Zürich und Hamburg: Arche, 2018 – Hörbuch, ungekürzt gelesen von Nina Petri (4 CDs)

Neben zahllosen, durchaus guten und mittelguten Krimis hat Nina Petri auch große Literatur zu Hörbüchern gemacht, etwa Flannery O'Connor (1925 – 1964): **Keiner Menschenseele kann man noch trauen.** Seit den 1960er-Jahren sind ihre beiden Romane und 31 Kurzgeschichten auch auf Deutsch erschienen.

Viele Menschen begnügen sich heute mit einer Schlagzeile im Internet, um sich zu informieren, oder online mit einem Spiegel-Artikel. Für gut recherchierte Sachbücher nimmt sich, wie es scheint, kaum noch jemand Zeit. „Ich bin weniger eine *Spiegel*-, als vielmehr eine *Zeit*-Leserin. Allein die durchzulesen, ist allerdings schon eine Leistung. Ansonsten höre ich viel Radio. Eine Sachbuchleserin bin ich eigentlich überhaupt nicht."

In Nina Petris Bibliothek finden sich viele signierte Bücher, die meisten sind auf Lesereisen mit Autogramm versehen worden: Verlage engagieren die Schauspielerin, die eine der besten Vorleserinnen ist, um dem neuen Buch eine deutsche Stimme zu geben.

„Immer, wenn ich mit Autorinnen und Autoren unterwegs bin, lasse ich mir ihre Bücher signieren. Die meisten sind von meiner Vorleserei so beeindruckt, dass sie mich am liebsten heiraten würden, jedenfalls schreiben sie die tollsten Komplimente rein. Das freut mich immer sehr."

# HENNING VENSKE

geboren **1939** – Schauspieler, Kabarettist, Moderator, Regisseur und Schriftsteller. Er hat bei mehreren öffentlich-rechtlichen Sendern im Hörfunk und im Fernsehen gearbeitet und sammelte Haus- und Sendeverbote; er war Chefredakteur der humoristisch-satirischen Zeitschrift *pardon*. Bekannt wurde er vor allem als Darsteller in der Sesamstraße sowie als Kabarettist auf sämtlichen deutschsprachigen Bühnen. Einige seiner Bücher: **Ich war der Märchenprinz** (Pseudonym: Arne Piewitz) (1983); **Klüngel, Filz & Korruption** (mit Günter Handlögten) (1993); **Spätlese Trocken. Ein Kabarett mit Parodien, Traktaten und Schmonzetten** (2006); **Lallbacken. Das wird man ja wohl noch sagen dürfen** (2011); **Es war mir ein Vergnügen. Eine Biografie** (2014); **Die Termiten. Eine wahre Kriminalgeschichte** (mit Günter Handlögten) (2015); **Satire ist nur ein Affe im Hirn** (2015); **Summa Summarum: Ultimative satirische Abrechnungen, gemein aber nicht unhöflich** (2019)

© Friedel Bott

Von Hamburg wird gern behauptet, wie liberal die Stadt sei –
auch früher schon. Was so leider überhaupt nicht stimmt.
Der NDR an der Rothenbaumchaussee galt mitunter sogar
als „links"; natürlich gab es ein paar aufrechte Demokraten –
bei *Panorama* zum Beispiel. Da zitterten in den 1960er- und
1970er-Jahren die Politiker schon bei einer Anmoderation
Gert von Paczenskys (1925 – 2014) oder von Gerhard Bott
(1930 – 2018). Das ist verdammt lange her. Selbst Skandale
von der Größe der *Spiegel*-Affäre versickern heute in den Echokammern der Republik. Die Radiomoderatorinnen und -mo-
deratoren des NDR – oder heißt es mittlerweile die Moderie-
renden? – waren für gewöhnlich nicht investigativ tätig. Es gab
die Langweiler, die Duckmäuser, und es gab Henning Venske,
der sich für CDU-Wortspiele beim CDU-Abteilungsleiter verantworten musste; oder beim SPD-Vorgesetzten, was
seinerzeit kaum einen Unterschied machte. „Aus-
gewogenheit" war das Zauberwort. Henning Venske
war einer, der den Mund auf- und sich lustig machte.
Wo heute diese ewige gute Laune, die an das Lächeln
der Eloi aus H. G. Wells' (1866 – 1946) Klassiker **Die
Zeitmaschine** erinnert, Depressionen fördert, machten früher Menschen wie er, die die Arbeit am Mikrofon beherrschten, Mut und Hoffnung.

**H. G. Wells: Die
Zeitmaschine** (The Time
Machine, 1895). München:
dtv, 2017

Henning Venskes Bibliothek in seinem Haus in
Hamburg-Hohenfelde war schon mal wesentlich größer. Nur:
Will er Lenin wirklich noch mal lesen? Eher nicht. Und deshalb
hat Henning Venske eine nennenswerte Zahl von Büchern in
den letzten Jahren verschenkt oder gespendet; alles eben, was
sich für ihn im Lauf der Jahre erledigt hatte. Wobei zwei, drei
Meter **Brockhaus**, die sich auf dem obersten Brett immer noch
breitmachen, schon lange obsolet geworden sind. Vielleicht
könnte man noch eine Handvoll geografischer Einträge finden, die weiterhin gültig sind. Aber all die Staaten, die es nicht
mehr gibt oder die doch oft den Namen gewechselt haben? Im
Wikipedia-Zeitalter will niemand mehr ein unveränderliches
Lexikon, das zudem, wenn nur einer der Bände herunter-
fallen sollte, gravierende Verletzungen hervorrufen könnte. Der

*Brockhaus* und andere Nachschlagewerke haben bis vor gar nicht allzu langer Zeit zahlreiche Redaktionen, Hunderte von Familien und mehrere Verlage finanziert. Nun ist er auf einer Art Gnadenbrett angekommen. Und es ist eine Mischung aus Anstand und Höflichkeit, die diesen halbledernen Bänden ein vorläufiges Bleiberecht ermöglicht.

In Henning Venskes Bibliothek stehen rundum schlichte dunkle Regale, keine maßgefertigten Möbel, aber eben auch keine schwedische Presspappe. Zu Festtagen lässt sich der Hausherr gern mit Büchern beschenken. Je dicker, desto lieber. Die meisten Bücher stammen aus der Buchhandlung Dr. Robert Wohlers & Co. in der Langen Reihe im bunten Stadtteil St. Georg.

„Das Gespräch gehört zum Buch. Ich möchte nicht, dass diese kleinen Buchhandlungen verschwinden. Was Wohlers mir empfiehlt, das hat er gelesen. Da ergibt sich auch immer ein Gespräch. Ich glaube nicht, dass man sich mit Amazon unterhalten kann."

Bei Wohlers gibt es auch eine antiquarische Abteilung. Von dort hat Henning Venske kürzlich zwei große Oktavbände mit der **Geschichte des Gil Blas von Santillana** nach Hause geschafft, ein französischer Klassiker von Alain-René Lesage (1668 – 1747). Entstanden ein Jahrhundert nach Cervantes und Shakespeare, ist dies eine satirische – auch heute noch gut lesbare – Beschreibung seiner Zeit. Wegen ihres unhandlichen Formats haben die beiden Bände in dieser Bibliothek voraussichtlich eine liegende Zukunft vor sich. Oder wandern sie möglicherweise ganz nach oben neben den *Brockhaus?* Ihr Inhalt soll eine Bildungslücke füllen.

Ich fliege durch die Regale: Eine klare Reihen- oder Rangfolge will sich nicht erschließen.

„Geordnet? Schön wär's. Sie sind ein bisschen geordnet. Links oben stehen Seumes **Spaziergang nach Syrakus** und die

**Alain-René Lesage: Geschichte des Gil Blas von Santillana** (Histoire de Gil Blas de Santillane, 1715 – 1735). Es gibt keine empfehlenswerte deutsche Ausgabe des Klassikers; eine Winkler-Dünndruckausgabe von 1988 ist nur antiquarisch zu bekommen. 2017 erschien ein Nachdruck bei Hansebooks, der scheint aber ebenfalls bereits vergriffen zu sein. Es gibt – kleiner Trost – diesen bedeutenden Text im Netz in der deutschen Übersetzung von G. Fink, hier in einer Ausgabe von 1843, zur Verfügung gestellt von der Bayerischen Staatsbibliothek (https://reader.digitale-sammlungen.de/resolve/display/bsb11089865.html).

**Johann Gottfried Seume:
Spaziergang nach Syrakus
im Jahre 1802** (1803).
Frankfurt: Insel, 2010

**Fritz J. Raddatz:
Tagebücher 1982 – 2001
(2010).** Reinbek: Rowohlt,
2012 / **Tagebücher
2002 – 2012.** Reinbek:
Rowohlt, 2015

**Dashiell Hammett: Der
Malteser Falke** (The
Maltese Falcon, 1930).
Zürich: Diogenes, 2004

**Patricia Highsmith: Der
talentierte Mister Ripley**
(The Talented Mister Ripley,
1955). Zürich: Diogenes
2002 – 1979 erschien bei
Rowohlt eine deutsche
Übersetzung unter dem Titel
„Nur die Sonne war Zeuge“.
Unter diesem Titel wurde das
Buch mit Alain Delon 1960
verfilmt.

deutsche Klassik bis zu den **Tagebüchern** von Fritz J. Raddatz (1931 – 2015), die Satiriker, Russen – darunter die DDR. Und rechts davon die Amerikaner, Franzosen, Engländer. Sachbuchabteilung, philosophisches Zeugs.“

Fritz J. Raddatz, legendärer Feuilletonchef der *Zeit* von 1977 bis 1985, war ein bisweilen brillanter, aber eben auch unleidlicher und schwieriger Autor, mit einer Neigung zum Bloßstellen menschlicher Fehler und Fehlleistungen. Band 1 seiner Tagebücher wurde „zur gierig gelesenen und empört diskutierten Sensation“. Um Beleidigungsklagen zu vermeiden, gibt es auch im zweiten Band zahlreiche Striche – „der unzensierte Raddatz lagert gleichsam mit Zeitzünder in Marbacher Archivkellern.“ (Die Zeit, 2014) Indiskret auch für sein eigenes Leben: 20 Frauen, circa 1.000 Männer, darunter Klaus Mann.

In der Regel finde er alles wieder, betont der Herr der Bücher. Der Spätaufklärer Johann Gottfried Seume (1763 – 1810) ist übrigens schon länger ein vergessener Klassiker. Weithin bekannt ist aber sein Vers: „Wo man singt, da lass' dich ruhig nieder, böse Menschen haben keine Lieder.“ Von Seume stammt zudem einer der schönsten und intelligentesten Sätze der Weltliteratur, den auch Henning Venske sofort unterschreibt: „Viel gelebt und wenig geschrieben. Besser als umgekehrt.“

Ganz unten im Regal, mit schnellem Zugriff von seinem Lesesessel aus, stehen auf vielleicht anderthalb Metern Kriminalromane, darunter Dashiell Hammett, Patricia Highsmith und besonders Eric Ambler. Dass Intellektuelle zu sogenannter Trivialliteratur greifen, ist ja schon lange nicht mehr ehrenrührig.

Dashiell Hammett (1894 – 1961), der u. a. den exzellenten **Malteser Falken** verfasste, wurde in der McCarthy-Ära verfolgt und zu Gefängnis verurteilt.

Seine Tantiemen wurden beschlagnahmt. Er lebte von 131 Dollar Pension im Monat und starb verarmt an Lungenkrebs.

Patricia Highsmith (1921 – 1995) führte ein obsessives Leben, hatte lesbische Affären und züchtete Schnecken. Sie begann bereits in ganz jungen Jahren zu rauchen und zu trinken. Sie litt unter zahlreichen Krankheiten und schweren Depressionen. **Der talentierte Mister Ripley** ist ihr bekanntester Roman. 1991 war sie Kandidatin für den Literatur-Nobelpreis.

Eric Ambler (1909 – 1998) begründete mit dem Roman **Die Maske des Dimitrios** das Genre Thriller. Sein bekanntester Roman ist **Topkapi** (1962), verfilmt mit Peter Ustinov, der für seine Darstellung einen Oscar erhielt. Ambler machte auch Filme und schrieb zahlreiche Drehbücher.

Ganz besonders schätzt Henning Venske ein schwedisches Autoren-Paar, das zwischen 1965 und 1975 den Krimi auf eine neue sozialkritische Stufe gehoben und die 68er-Bewegung mitgeprägt hat: Maj Sjöwall (* 1935) und Per Wahlöö (1926 – 1975).

„Wenn man die kennt – es sind insgesamt zehn Krimis, der beste ist für mich **Die Terroristen** –, braucht man Henning Mankell (1948 – 2015) nicht zu lesen. Und die ganze Schweden- und Skandinavien-Schwemme bleibt für mich dahinter zurück. Ausnahme: Stieg Larsson (1954 – 2004). Der kann neben Sjöwall/Wahlöö bestehen. Seine drei Bücher, die **Millennium-Trilogie**, schätze ich auch sehr."

Henning Venske und Maj Sjöwall sind einmal bei einer Krimitagung in Schwerte zusammengetroffen. Intensivste Erinnerung an den Abend: Die Autorin vertrug „große Mengen Weißwein". Die Fälle von Kommissar Martin Beck sind fürs Fernsehen verfilmt worden, zuletzt allerdings nur noch „nach Motiven

Eric Ambler: Die Maske des Dimitrios (The Mask of Dimitrios, 1939). Hamburg: Atlantik, 2018

Eric Ambler: Topkapi (1962). Hamburg: Hoffmann & Campe, 2017

Stieg Larsson: Verblendung/ Verdammnis/Vergebung – Millennium-Trilogie (2005 – 2007). München: Heyne, 2015

Mai Sjöwall /Per Wahlöö: Die Tote im Götakanal. Ein Kommissar-Beck-Roman (Martin Beck ermittelt, Band 1) (1965). Reinbek: Rowohlt, 2008. – Auch die folgenden neun Bände sind in Neuübersetzungen bei Rowohlt lieferbar. Bemerkenswert sind auch die Hörspiele, produziert in den 1970er-Jahren vom HR, SWF, WDR und NDR. Das war kompliziert, weil die Autoren die Rechte an die DDR vergeben hatten. Einer der Regisseure war Henning Venske. Sprecher waren u. a. Charles Wirths, Christian Brückner und Traugott Buhre. Die große Kommissar-Beck-Box gibt es beim Berliner Audio Verlag.

von Sjöwall/Wahlöö". Es ist ein bisschen wie bei James Bond, denn neue Bücher von Ian Fleming (1908 – 1964) sind seit seinem Tod nicht mehr zu erwarten. Daher ist man in beiden Fällen immer öfter eher geschüttelt als gerührt.

Obwohl Henning Venske kein Fan von Sciencefiction ist, hat doch ein Klassiker Unterschlupf auf dem Krimibrett gefunden: **Der Planet der Habenichtse** von Ursula K. LeGuin, die Geschichte von Anarchisten, die die Erde verlassen und auf einen anderen Planeten übersiedeln. 2017 erschien eine Neuübersetzung mit verändertem Titel.

Einmal angenommen, man würde ihm die Regale leerräumen. Ein Leben ohne Bücher?

„Das würde mich umbringen. Bücher sind mein Zuhause. Ich lebe mit Büchern, ich lebe in Büchern. Das könnte ich mir nicht vorstellen."

Hat er schon einmal Bücher weggeworfen? Es gibt ja auch richtig schlechte.

„Bücher kann man nicht wegwerfen. Wegwerfen ist genauso schlimm wie anzünden."

Bücher, so scheint es, sind heute nichts mehr wert. Wenn der Haushaltsauflöser eine Bibliothek betritt, entsteht ganz schnell ganz schlechte Laune, sobald er die Regale entlang kalkuliert: *Ein Euro, ein Euro, ein Euro* ... Taschenbücher bringen den gleichen Erlös wie Erstausgaben. Ein Antiquariat zu betreiben, scheint inzwischen ein Zuschussgeschäft zu sein.

*„Der Wert von Büchern lässt sich nicht in Euro bemessen. Die Währung ist Wertschätzung."*

„Der Wert von Büchern lässt sich nicht in Euro bemessen. Die Währung ist Wertschätzung."

Es gibt Bücher, die man immer wieder zur Hand nimmt: Lieblingsbücher – Gedichte, Aphorismen, Erzählungen zum Beispiel. Welche gehören für Henning Venske dazu? „Romane lese ich nicht ein zweites Mal. Da reizt mich mehr die Neuanschaffung. Wo ich öfter mal wieder reinschaue, und was mich auf meinen Tourneen begleitet, ist Erich Mühsam. Mit dem wäre ich gern befreundet gewesen. Den hätte ich gerne beschützt – vor den Nazis. Mit dem wäre ich aber auch gern um die Häuser gezogen. Das ist ein Mann, dessen Art zu denken mich trifft. Er hat eine Art, die Welt zu sehen, die mir sehr zusagt. Den verehre, um nicht zu sagen: liebe ich."

Der 1874 geborene Anarchist und Pazifist Erich Mühsam wurde zu jahrelanger Festungshaft verurteilt, weil er an der Ausrufung der Münchener Räterepublik beteiligt war. Er schrieb Stücke, Manifeste, Satiren, Gedichte und anderes. 1934 wurde er von SS-Männern im KZ Oranienburg ermordet. Hier ein Gedicht des aufrechten Freigeistes:

Erich Mühsam: Das seid ihr Hunde wert! Ein Lesebuch. Berlin: Verbrecher, 2014

Erich Mühsam: Trotz allem Mensch sein. Gedichte und Aufsätze. Stuttgart: Reclam, 1998

Markus Liske: Sechs Tage im April: Erich Mühsams Räterepublik, Berlin: Verbrecher, 2019. Hörbuchausgabe bei speak low, Berlin 2019

### Lebensregel

*An allen Früchten unbedenklich lecken;*
*vor Gott und Teufel nie die Waffen strecken;*
*Künftiges mißachten, Früheres nicht bereuen;*
*den Augenblick nicht deuten und nicht scheuen;*
*dem Leben zuschaun; andrer Glück nicht neiden;*
*stets Spielkind sein, neugierig noch im Leiden;*
*am eigenen Schicksal unbeteiligt sein –*
*das heißt genießen und geheiligt sein.*

Als Kabarettist, als Satiriker, aber auch schon als jugendlicher Moderator beim NDR, wo er zur Legende wurde, weil er provozierte, ungerecht und frech war, hat Henning Venske früh ein kritisches Verhältnis zu diesem Land entwickelt. Er erläutert dies an einem Beispiel.

„Theodor Heuss (1884 – 1963), der erste Bundespräsident, der dem Ermächtigungsgesetz zugestimmt hatte, äußert sich nach dem Krieg zu Straßennamen. Er halte es für unsinnig und völlig verkehrt, Straßen zu benennen nach Leuten wie Mühsam und Carl von Ossietzky. Der erste Bundespräsident der Bundesrepublik Deutschland äußerte sich so über Leute, die von Nazis umgebracht wurden."

In Hamburg sind keine Straßen nach ihnen benannt. Immerhin gibt es einen Ossietzky-*Platz*, ein Marktplatz, nicht weit von Henning Venskes Buchhandlung. Und auch die Staats- und Universitätsbibliothek Hamburg ist nach Carl von Ossietzky benannt. Viele politisch links stehende Persönlichkeiten haben bislang keinen Erinnerungsort in der Hansestadt gefunden; auch nicht Karl Marx (1818 – 1883), der 1867 bei seinem Verleger Otto Meißner an der Binnenalster persönlich das Manuskript seines epochalen Werks *Das Kapital* abgab. Er übernachtete dort, wo heute die Deutsche Bank residiert.

Horst Köhler (* 1943), ein anderer Präsident dieses Landes, sei stolz darauf gewesen, in seinem ganzen Leben keinen Roman gelesen zu haben. Da Theodor Heuss über eine Straße in Hamburg verfügt, muss dereinst auch mit einer Horst-Köhler-Straße gerechnet werden.

Dem Lesesessel gegenüber gibt es ein Regal mit großformatigen Büchern – Kunst- und zahlreichen Bildbänden. Da bleibe er öfter mal hängen: **Zintstoff** mit großartigen Fotos des Hamburger Fotografen Günter Zint (* 1941), Bilder, die die politische Geschichte der Bundesrepublik erzählen und dokumentieren. Oder ein Buch von Heinz Schubert (1925 – 1999), dem wunderbaren Schauspieler, der als *Ekel Alfred* Fernsehgeschichte schrieb. **Theater im Schaufenster** lautet der Titel. „Schubi" sei gern in der Nacht durch die Stadt gezogen und

**Jürgen Bönig: Karl Marx in Hamburg: Der Produktionsprozess des „Kapital".** Hamburg: VSA, 2017

**Günter Zint: Zintstoff. 50 Jahre deutsche Geschichte** (2007). Neuauflage vorgesehen

**Heinz Schubert: Theater im Schaufenster.** München: Mahnert-Lueg, 1979. – Das Buch ist leider vergriffen, antiquarisch aber problemlos zu bekommen.

habe Schaufenster fotografiert. Oder die genialen satirischen Zeichnungen von Manfred Deix (1949 – 2016). Viele hätten eine frappierende Ähnlichkeit mit seinem Freund, dem Schauspieler Gert Haucke (1929 – 2008), gehabt, was er ihm gesagt und worüber dieser immer herzhaft gelacht habe, obwohl man eigentlich lieber nicht aussehen möchte wie von Deix gemalt.

Nicht ganz so platzgreifend sind die Bücher von Leonardo Padura (* 1955). Diesen kubanischen Autor, der kritisch zur Staatsführung steht, hat Henning Venske erst spät für sich entdeckt. Gleich daneben stehen einige Titel von Gabriel García Márquez, einem Freund Fidel Castros. Sein Roman **Hundert Jahre Einsamkeit** kam 1967 heraus, fast zeitgleich mit einem anderen Meilenstein: *Sgt. Pepper* von den Beatles. **Cien años de soledad** ist neu übersetzt worden von Dagmar Ploetz, die zuletzt alle seine Bücher ins Deutsche übertragen hatte; bei Henning Venske steht die alte Übersetzung von Curt Meyer-Clason, die gelegentlich etwas blumig, in weiten Teilen drastischer und damit vielfach treffender ist.

„Garcia Márquez hat unser Bild von Südamerika geprägt und großen politischen Einfluss ausgeübt."

Als der Nobelpreisträger 2014 starb, nannte ihn Staatspräsident Juan Manuel Santos (* 1951) den größten Kolumbianer aller Zeiten. Inzwischen heißt der Präsident Iván Duque (* 1976), dem so etwas nie einfallen würde. Dafür liest er zu wenig.

Henning Venskes Jugendbücher sind im aktuellen Bestand nicht mehr vorhanden, aber er hält sie in freundlicher Erinnerung, etwa Bücher von Karl May (1842 – 1912) oder den Klassiker **Onkel Toms Hütte** von Harriet Beecher Stowe (1811 – 1896), den man früher von Patenonkeln zur Konfirmation bekam. Viele andere klassische Autoren jedoch sind anwesend: die Romane von John Steinbeck

**Gabriel García Márquez: Hundert Jahre Einsamkeit** (Cien años de soledad, 1967). Köln: Kiepenheuer & Witsch, 2017 (Übersetzung von Dagmar Ploetz)

**Simone de Beauvoir: Das andere Geschlecht** (Le Deuxième Sexe, 1949. Reinbek: Rowohlt, 2000 – „Die Gesellschaft ist immer männlich gewesen, die politische Macht lag immer in den Händen der Männer."

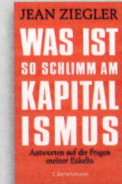

**Jean Ziegler: Wir lassen sie verhungern. Die Massenvernichtung in der Dritten Welt.** München: C. Bertelsmann 2012; **Ändere die Welt! Warum wir die kannibalische Weltordnung stürzen müssen.** München: Penguin 2016; **Was ist so schlimm am Kapitalismus? Antworten auf die Fragen meiner Enkelin.** München: C. Bertelsmann, 2019. – Der Schweizer Soziologe und Politiker ist ein vehementer Globalisierungskritiker.

(1902 – 1968), die Bücher von Albert Camus (1913 – 1960) und Jean-Paul Sartre (1905 – 1980). Wobei Venske es eher mit Camus gehalten hat, weil der sich gegen die Todesstrafe engagierte. Und auch Simone de Beauvoir (1908 – 1986), ohne die er kein Feminist geworden wäre. Ihr sozialgeschichtliches und philosophisches Buch **Das andere Geschlecht** ist ein zentrales Werk des Feminismus.

Auch Bände mit klassischer und moderner Lyrik könnte man in dieser Bibliothek vermuten.

„Heine, Brecht, Kästner – klar. Mühsam sowieso, Wilhelm Busch – ja. Aber moderne Gedichte sind mir in etwa so unerklärlich wie Ballett."

Zum Abschluss des sehr kurzen Poesie-Kapitels ein Stammbuchvers von Wilhelm Busch (1832–1908):

*Es ist halt schön,*
*Wenn wir die Freunde kommen sehn.*
*Schön ist es ferner, wenn sie bleiben*
*Und sich mit uns die Zeit vertreiben.*
*Doch wenn sie schließlich wieder gehn,*
*Ist's auch recht schön.*

Auch Sachbücher haben bei Henning Venske ihren Platz.

„Von Jean Ziegler (* 1934) habe ich zwei oder drei, und wenn Jutta Ditfurth (* 1951) etwas Neues schreibt, kaufe ich mir das sofort und lese es auch gleich. Und dann gibt es noch Daniele Ganser (* 1972), den viele für einen Verschwörungstheoretiker halten."

Es gibt ein weiteres beachtliches Regal mit Mitschnitten von Kabarettprogrammen, u. a. der *Münchener Lach- und Schießgesellschaft.* Dem Ensemble gehörte Henning Venske von 1985 bis 1993 an. Vor allem aber sind dort Hörbücher eingeordnet, die er selbst im Lauf der Jahre eingesprochen oder inszeniert hat, darunter Michael Köhlmeiers (* 1949) **Shakespeare neu erzählt** oder **Die Nibelungen neu erzählt.** Für ein Hörspiel, das Henning

**Jutta Ditfurth: Zeit des Zorns. Warum wir uns vom Kapitalismus befreien müssen.** Frankfurt: Westend, 2012. – **Haltung und Widerstand: Eine epische Schlacht um Werte und Weltbilder.** Hamburg: Hoffmann & Campe, 2019 – Die Sozialwissenschaftlerin, Politikerin und Feministin Jutta Ditfurth ist Mitbegründerin der Grünen.

**Daniele Ganser** ist Schweizer Historiker und Publizist mit umstrittenen Thesen; Ehrungen: Der Verein Mensa in Deutschland verlieh Ganser 2015 den Deutschen IQ-Preis in der Kategorie ‚Intelligente Vermittlung von Wissen' und nannte als Grund, dass Ganser ‚durch seine kritischen und teils kontroversen Veröffentlichungen die breite Öffentlichkeit dazu anregt, die Welt um sich herum zu hinterfragen'.

Venske selbst geschrieben hat und auf dem ebenfalls seine Stimme zu hören ist, erhielt er 1977 den Deutschen Schallplattenpreis: *Als die Autos rückwärts fuhren.*

Und obwohl er kein ausgewiesener Hörbuch-Fan ist, hat er 1976 einen Titel eingelesen, der ebenfalls lange schon als Kult gilt: **Hilfe, die Herdmanns kommen**, eine Geschichte über furchtbare Kinder, die rauchen, lügen, randalieren und den Erwachsenen auf dem Kopf rumtanzen. Seit 1990 läuft die Lesung von Henning Venske an jedem Heiligabend im NDR Hörfunk.

**Michael Köhlmeier: Die Nibelungen. Gelesen von Hennings Venske.** Hamburg: Audiolino, 2005; **Michael Köhlmeier: Shakespeare. Gelesen von Henning Venske: König Lear / Romeo und Julia / Wie es euch gefällt.** Hamburg: Audiolino, 2007

Am Ende blättern wir in einem gefährlich dicken und schwerwiegenden Buch, das manches besser weiß: **1001 Bücher, die Sie lesen sollten, bevor das Leben vorbei ist.** Es enthält viele Titel, von denen wir beide noch nie etwas gehört haben.

„In Afrika hat man Lücken. Ich müsste mit dieser Schwarte mal zu meinem Buchhändler gehen."

Am 25. November 2018 hatte Henning Venske seine Dernière in *Alma Hoppes Lustspielhaus* in Hamburg-Winterhude. Ausverkauft wie eigentlich immer. Freude, Begeisterung, aber auch Ungläubigkeit: Wirklich der letzte Vorhang? Im März 2019 hat er ein neues Buch veröffentlicht und bei einer Lesung mit Musik in Hamburg vorgestellt: **Summa Summarum.** Das Buch enthält seine besten Satiren aus 30 Jahren. Darin gibt es einen schönen Text über die Buchmacher, gemeint hier natürlich die Macher von Büchern. Folgenden Ausschnitt sollten Sie zur Kenntnis nehmen:

**Peter Boxall (Hrsg.): 1001 Bücher, die Sie lesen sollten, bevor das Leben vorbei ist.** Ausgewählt und vorgestellt von 157 internationalen Rezensenten. Edition Olms, 2017

*„Der Vorteil eines Buches ist: Man benötigt keinen Telefonanschluss und keine Akkus. Und verglichen mit einem Notebook ist ein Buch lachhaft billig. Deswegen passen sich die Hersteller von Büchern den Marktgegebenheiten an: Suhrkamp geht immer mehr von Leinen auf Pappe und wird gleichzeitig teurer. Bald geniert man sich, so was ins Regal zu stellen. Diogenes: Hardcover geklebt. Werfen Sie einen Band von*

**Henning Venske: Summa Summarum: Ultimative satirische Abrechnungen, gemein aber nicht unhöflich.** Frankfurt: Westend, 2019; Hörbuch-Ausgabe, gelesen vom Autor, bei GoyaLit Hamburg 2019

*Donna Leon nach Ihrem Hund, und Commissario Brunetti löst sich in seine Bestandteile auf. Die bei Fischer erschienene Kassette von Bert Brecht zerbröselt schon, wenn Sie nur einen Blick drauf werfen. Bei anderen Verlagen gibt es Bücher – wenn Sie die mal aufgeschlagen liegen lassen, müssen Sie die Seiten hinterher mit Büroklammern aneinanderheften. Und die schlechtesten Bücher macht Rowohlt – die krümeln schon im Lektorat."*

Nach seinem 80. Geburtstag am 3. April 2019 packte Henning Venske sein sauber gebundenes Buch ein und fuhr nach Frankfurt am Main, um es dort zu präsentieren. Von wegen Final Curtain. Henning bleibt.

# MECHTHILD
# GROSSMANN

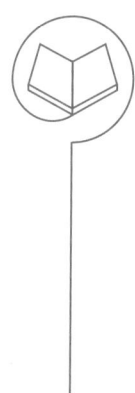

geboren **1948** in Münster, aufgewachsen im dortigen Kreuzviertel. Als Kind hatte sie Ballettunterricht. Ihre Schauspielausbildung erhielt sie in Hamburg, ihr erstes Engagement **1969** im Bremer Theater am Goetheplatz. **1973** ging sie für zwei Jahre zum Staatstheater Stuttgart, **1977/78** spielte sie im Bochumer Schauspielhaus. Von **1976** bis **2017** war sie Mitglied des Tanztheaters von Pina Bausch und wurde als Schauspielerin und Texterin schnell unentbehrlich. Eine ihrer ersten Filmrollen hatte sie **1979** in Rainer Werner Fassbinders TV-14-Teiler *Berlin Alexanderplatz*. Es folgten zahlreiche Auftritte in Theater, Film und Fernsehen, ebenso Lesungen und Hörbücher. Von **1989** bis **1994** war sie Dozentin an der Folkwang Universität. Seit **2002** spielt sie die Staatsanwältin Wilhelmine Klemm im *Tatort Münster*, der erfolgreichsten deutschen TV-Reihe.

© Steven Haberland

Mechthild Großmann hat jahrzehntelang mit der legendären Pina Bausch (1940 – 2009) zusammengearbeitet. Wuppertal war das Zentrum nicht nur des *deutschen* Tanztheaters. Die Kompanie feiert nach dem Neuaufbau inzwischen wieder große Erfolge, wie zu lesen ist. Auch künftig wird also nicht bloß von der Schwebebahn gesprochen, wenn von Wuppertal die Rede ist. Bei Mechthild Großmann denken die meisten ohnehin eher an Münster, zufällig ihr Geburtsort, vor allem aber Schauplatz der beliebtesten deutschen Krimireihe, dem *Tatort Münster*. Seit der ersten Folge 2002 ist dort auch Staatsanwältin Wilhelmine Klemm kettenrauchend zu erleben. Und seitdem erkennt man sie auf der Straße.

„In der Regel ist das sehr nett, und man freut sich ja auch. Es gibt inzwischen allerdings immer mehr Übergriffigkeiten. In den Ferien habe ich mich mit Hannelore Hoger im Hotel getroffen. Die Leute können gerne guten Morgen sagen. Wobei, das war ein Hotel mit 500 Leuten, da sagt nicht jeder jedem guten Morgen. Noch vor fünf, sechs Jahren bekam man ein höfliches Kompliment, sagte Dankeschön, und das war's. Jetzt wird man gern mal angefasst, oft sogar handgreiflich Neulich kam jemand auf mich zu, legte ungefragt den Arm um mich und sagte: ‚Na, meine Staatsanwältin.'"

Mechthild Großmanns Bücher sind über die gesamte weiträumige Wohnung in Uhlenhorst verteilt, einem nobel-gemütlichen Hamburger Stadtteil nahe der Außenalster. „Ich besitze keine Gesamtausgaben, sondern immer einzelne Werke. Bis auf die Lexika habe ich die Bücher alle gelesen. Wobei, auch in den Lexika habe ich viel gelesen. Ich habe bereits etliches aussortiert, von dem ich weiß, dass ich es nie mehr nutzen werde. Ich bekomme immer mehr Bücher zugeschickt, weil ich so viele Hörbücher lese."

Es gibt auch eine Ordnung in dieser Bibliothek, die aber niemand außer ihr selbst versteht. „Englische Geschichte, französische, griechische Geschichte, Ägypten, also meine ganzen Historienbücher. Und dann ganz, ganz viele Biografien. Ich muss gestehen, dass ich gar nicht so viele Romane lese, sondern eher eine, wie ein Freund es mal formulierte, Biografienfresserin bin.

# „Ich kann über manche Figuren der Geschichte gar nicht genug Biografien lesen. Ich bin eine Biografienfresserin."

Ich kann über manche Figuren der Geschichte gar nicht genug Biografien lesen. Bereits vor 30 Jahren etwa, als Elisabeth I. noch nicht so in Mode war wie heute, hatte ich bereits einen Meter Bücher über sie."

Man erwartet hier Theater- oder Filmliteratur, und man wird nicht enttäuscht. Lektüre ist umfangreich vorhanden. „Natürlich habe ich eine Shakespeare-Ausgabe – also doch eine Gesamtausgabe –, aber meistens bekomme ich ja extra Rollenbücher."

Und unter den klassischen Biografen hat sich bei ihr besonders einer gehalten, der verlagstechnisch eher aus der Mode gekommen ist: Stefan Zweig (1881 – 1942), dessen **Schachnovelle** ein herausragendes Stück Prosa ist, übrigens auch beeindruckend verfilmt (1960), u.a. mit Curd Jürgens und Mario Adorf.

„Stefan Zweig ist ein wunderbarer Biografienschreiber. Allein schon die Titel: **Marie Antoinette. Bildnis eines mittleren Charakters**. Und seine Bücher sind sehr gut recherchiert, über die Biografierten ist danach nicht viel Neues rausgekommen, scheint mir. Ich begreife Geschichte ja vor allem als Tratschgeschichte. Zum Beispiel kenne ich alle Liebesaffären von Napoleon. Ja, so was kann ich immer lesen. Vor allem abends im Bett, bevor ich einschlafe. Große Literatur schaffe ich dann nicht. Gewisse Bücher liegen immer auf meinem Nachttisch, etwa Herodot. Ich wollte ja mal Archäologie

**Stefan Zweig: Marie Antoinette. Bildnis eines mittleren Charakters** (1932). Frankfurt: Fischer, 2011

**Stefan Zweig: Joseph Fouché: Bildnis eines politischen Menschen** (1929). Frankfurt; Fischer, 2011

**Stefan Zweig: Schachnovelle** (1942). Text und Kommentar. Frankfurt: Suhrkamp, 2013

studieren. Herodot habe ich wiederholt gelesen und kann ihn egal wo aufschlagen. Ich lese regelmäßig Bücher, die ich schon kenne. Manchmal stehe ich vor meinem Regal und überlege, in dieses oder jenes Buch mal wieder reinzulesen. Kürzlich habe ich ein bisschen renoviert und im Zuge dessen auch die Bücher entstaubt. Bei der Gelegenheit sind mir gleich mehrere in die Hände geraten, die ich wieder lesen will."

**Ulrich Weinzierl: Stefan Zweigs brennendes Geheimnis.** Wien: Zsolnay-Verlag, 2015

Ulrich Weinzierl (* 1954) hat in seiner Biografie aus dem Jahr 2015 die – auf eine gewisse Weise – zentrale Tratschgeschichte Stefan Zweigs, über die länger spekuliert worden war, belegen können: Der weltberühmte Autor war Exhibitionist. „Stefan Zweig hatte nicht nur eine Neigung, das wäre verharmlosend, das war ein Zwang", schreibt der Autor: „Exhibitionismus betreibt man nicht aus Jux und Tollerei – sondern man kann nicht anders." Es gab eine Reihe von Zeitgenossen, auch Weggefährten, die ihn deshalb gnadenlos ablehnten und ihm aus dem Weg gingen. Thomas Mann (1875 – 1955), der ja kaum weniger brennende Geheimnisse zu koordinieren hatte, wählte die andere bürgerliche Variante. Er „hat das wirklich gehört und gewusst. Und da ist auch (…) nach außen hin eine höfliche, kollegiale Beziehung gewesen – man hat sich gegenseitig Autografen geschenkt, man hat höflich miteinander korrespondiert – aber in Wirklichkeit hat er ihn auch verachtet."

**Annie Ernaux: Die Jahre** (Les Années, 2008). Berlin: Suhrkamp, 2017

Auch wenn Mechthild Großmann eine Vorliebe für Biografien hat, fallen ihr mitunter Romane in die Hände. Und es gibt die Verlage, die ihr Bücher zuschicken und um eine Lesung bitten. Aus einigen davon liest sie dann in stets ausverkauften Literaturhäusern oder anderen Kulturinstitutionen.

„Es gibt einen kleinen, nicht sehr umfangreichen Roman, der mir kürzlich viel Freude bereitet hat, obwohl ich ihn zunächst gar nicht richtig verstanden habe. Annie Ernaux (* 1940) heißt die Autorin, das Buch **Die Jahre**. Man fängt das an zu lesen und denkt, was ist das bloß für eine Aufzählung? Die Autorin zählt tatsächlich alles Mögliche auf. Aber das kann sie ja nicht bis Ende des Buches tun? Doch, tut sie. Annie Ernaux ist Französin, ein paar Jahre älter als ich, und im Gegensatz zu mir war sie verheiratet, hat zwei Kinder. Aber, und das ist das Verrückte, diese Aufzählung all dessen, woran sie sich über die Jahre erinnert, das ist wie eine gemeinsame Biografie einer bestimmten Generation. Ich konnte mich überall wiedererkennen und bin ins Nachdenken gekommen. Wie war das denn bei mir? Was habe ich in diesem Jahr gemacht, zum Beispiel 1968? Welche Probleme hatte sie da? Das Buch hat mich tief beeindruckt. Auf einmal lief beim Lesen mein eigenes Leben vor mir ab. Ich habe das Buch gleich an meine Freundinnen verschenkt, und alle haben gesagt, dass sie sich während der Lektüre intensiv zurückerinnert haben, an den ersten Sex zum Beispiel, wo man noch nicht so richtig und dann doch. Das sieht natürlich in jeder Generation etwas anders aus. Man legt ja immer so viel Wert darauf, ein Individuum und sehr besonders zu sein, aber hier spürt man eine Gemeinschaft. Das haben Romane bei mir sonst noch nicht so bewirkt."

Auch zu Franz Kafka (1883 – 1924) hat Mechthild Großmann eine ganz besondere Beziehung.

„Es ist ja selbstverständlich, dass ich Kafka mit 70 anders lese und verstehe als mit 18. Interessant finde ich, wie man auf alte Lieblingsbücher reagiert, wenn man sie viele Jahre später erneut liest. Zu meiner Zeit war Kafka noch keine Schullektüre, er ist mir von der Schule also nicht verdorben worden. Als Schauspielschülerin war ich verliebt in ihn. Ich

*„Es ist ja selbstverständlich, dass ich Kafka mit 70 anders lese und verstehe als mit 18."*

habe beinahe körperlich darunter gelitten, dass dieser Autor tot war. Als die Tagebücher rauskamen, war ich so 18, 19. Ich habe mich immer geärgert, wenn Kafka am Theater visualisiert wurde, denn ich finde den **Bericht für eine Akademie** (1917) zehnmal toller *gelesen*, als wenn irgendein Schauspieler den falsch verstandenen Affen spielt."

Eine der zentralen Figuren der Kafka-Forschung ist Hans-Gerd Koch (* 1954), der seit 1981 an der Universität Wuppertal arbeitet. Kein Brief, kein Tagebuch-Eintrag, der nicht durch seine Hände geht, bevor er herausgegeben wird. In Wuppertal traf Hans-Gerd Koch mit Mechthild Großmann zusammen, die sich über Jahrzehnte einen Namen bei Pina Bausch erarbeitet hatte.

„Hans-Gerd Koch fragte mich, ob ich nicht mal Kafka-Texte lesen wolle. Nach fast 30 Jahren habe ich mir also noch einmal **Die Verwandlung** vorgenommen. Ich fand den Text jetzt saukomisch. Er hatte nichts von der Tiefe, der Würde verloren, aber die Komik und den bösen, schneidenden Humor, den Kafka hat, hatte ich in jungen Jahren nicht gesehen. Wir haben schließlich ein Hörbuch aufgenommen, es war eines meiner ersten.

Von Klaus Wagenbach (* 1930), den ich gut kenne, ist gerade ein Büchlein herausgekommen. Es heißt ja, der alte Wagenbach sei die wirkliche Witwe Kafkas. Mit ihm habe ich oft über Kafka gesprochen. Auch Hans-Gerd Koch hat ein Buch veröffentlicht, in dem verschiedenste Leute schildern, wie sie Kafka erlebt haben. Kafka war immer ein sehr besonderer Mann, und er war am Ende sehr krank. Aber als junger Mann war er jeden Abend auf der Rolle und hat sich nichts vergeben. Das Kafka-Bild, das wir haben, ist doch ganz falsch. Man nimmt Kafka ja nichts von seiner Großartigkeit, wenn man das einfach mit bedenkt."

In seiner epochalen, dreibändigen, unbedingt lesenswerten Kafka-Biografie beschreibt Reiner Stach auch den begeisterten Vorleser Kafka, wie dieser die Wirkung seiner Texte auf das

Franz Kafka: **Kafka erHören!** Audio-CD. München: Random House Audio, 2008. Gelesen von Mechthild Großmann, Mario Adorf und Dirk Bach

Franz Kafka: **Ein Käfig ging einen Vogel suchen – Komisches und Groteskes.** Hrsg. Von Klaus Wagenbach. Berlin: Wagenbach, 2018

Hans-Gerd Koch: **Als Kafka mir entgegenkam** …: Erinnerungen an Franz Kafka. Berlin: Wagenbach, 2005

Publikum testete, zumindest in kleiner Runde. Eine irgendwie geartete Selbstdarstellung habe ihm dabei vollkommen
ferngelegen. Im Gegenteil, es grauste Kafka geradezu davor,
als Person die Aufmerksamkeit auf sich zu ziehen. Es ging ihm
ausschließlich um seine Texte, und hier hatte er keine Angst vor
einem Urteil.

Mechthild Großmann kann stundenlang über Kafka und
über Wagenbach und dessen Kafkabegeisterung reden, und das
kenntnisreich und kurzweilig. Sie kann das natürlich auch über
Pina Bausch. Gibt es vielleicht ein Pina-Bausch-Regal?

„Ich habe nicht annähernd alle Bücher über sie, noch nicht mal
alle, in denen ich vorkomme. Man sollte denken, dass
ein Fotograf, der ein Buch veröffentlicht, in dem man
selbst zehnmal vorkommt, einem das Buch überreicht.
Andererseits habe ich Bücher über Pina Bausch, die
ich, wenn ich da reinschaue, gar nicht unbedingt haben
möchte. Die kann ich nur mit dem Rotstift lesen."

**Reiner Stach: Die
Kafka-Biographie in drei
Bänden.** Limitierte
Gesamtausgabe im Schuber.
Mit dem Zusatzband „Kafka
von Tag zu Tag".
Dokumentation aller Briefe
und einem historischen
Stadtplan von Prag.
Frankfurt: Fischer, 2017

Dass nicht aus allen Büchern nur Wahrheit quillt,
ist gewiss keine neue Erkenntnis. An der Bedeutung
des Mediums Buch, die trotz digitaler Entwicklungen
nicht zurückgegangen ist, gibt es keinen ernsthaften
Zweifel. Auch Mechthild Großmann braucht das alte
„richtige" Buch.

„Mir ist es bisher noch nicht gelungen, ein E-Book
zu lesen. Ich mag das nicht. Manchmal kriege ich
Texte per Mail zugeschickt, und auch hier bitte ich
in der Regel um einen Ausdruck, mit dem ich arbeiten kann. In einem E-Book kann ich nichts unterstreichen. Ich
muss in einen Text aber mit meiner Schrift rein. Das ist meine
Arbeitsweise, vielleicht ist es auch eine Generationsfrage."

Den Umgang mit dem Internet hat Mechthild Großmann
nur sehr langsam und etwas widerwillig gelernt; als ihre Tochter aus dem Haus ging, musste sie zwangsläufig die Reise ins
Neuland antreten.

„Meine Tochter hatte eine Mail-Adresse, ich hatte keine.
Dass ich plötzlich ohne Internet war, fand ich in Ordnung, aber
die Zeiten änderten sich. Beim Dreh eines *Tatort* kam einmal

ein Praktikant zu mir und fragte, ob er mir etwas mailen könne. Als ich ihm sagte, ich hätte keine Mailadresse, hat er mich angeschaut, als hätte ich kein Klo zu Hause. Auf einer Amerika-Tournee, als sich alle das neue iPad angeschafft haben, habe ich mir schließlich auch eins gekauft, um mit meiner Tochter skypen zu können, die damals in Russland war. Ich lese meine Mails immer morgens, ab und zu verschicke ich auch welche, aber im Grunde fühle ich mich dadurch eher belästigt."

Mechthild Großmann hat aus ihrer Jugend ein Lieblingsbuch, das ihr nicht langweilig geworden ist, ein Buch, das in den 1950er-Jahren und darüber hinaus einer der unangefochtenen Bestseller war: **Götter, Gräber und Gelehrte** von C. W. Ceram (1915 – 1972).

„Das Buch besitze ich noch, mit meiner Kinderhandschrift habe ich auf dem Vorsatzpapier meinen Namen notiert. Ich habe es zu Weihnachten bekommen, als ich neun war. Ich wollte zu dieser Zeit Archäologie studieren, das war für mich beschlossene Sache."

Jörg Magenau (* 1961) erzählt in seinem wunderbaren, kenntnisreichen Buch **Bestseller** – neben vielem anderen – die spannende Geschichte dieses „Romans der Archäologie": Der Lektor des Rowohlt Verlags Kurt W. Marek hatte das Manuskript selbst verfasst, mit sich selbst einen Vertrag geschlossen und es so ins Verlagsprogramm eingeschleust – unter dem Pseudonym C. W. Ceram (ein nicht sehr schwer entzifferbares Anagramm von K. W. Marek). Der Verleger Ernst Rowohlt, der seinem Lektor blind vertraute, ahnte nichts. Die Sache flog erst auf, als bereits alles ins Rollen gebracht war. Rowohlt war sauer. Doch die schöne Anekdote ist damit noch nicht zu Ende. Er habe, nachdem der erste Ärger verpufft war, Marek gefragt, ob das Buch wenigstens etwas tauge, dies habe Marek bejaht, und so hätten die beiden auf den Erfolg des Buches, der es dann ja auch wurde, angestoßen.

**C. W. Ceram: Götter, Gräber und Gelehrte. Roman der Archäologie** (1949). Reinbek: Rowohlt, 2009 („Der Ceram für das 21. Jahrhundert": aktualisierte Neuausgabe, komplett durchgesehen, wissenschaftlich auf dem neuesten Stand · mit zahlreichen neuen Abbildungen)

© 2018 by Hoffman und Campe Verlag, Hamburg

**Jörg Magenau: Bestseller. Bücher, die wir liebten – und was sie über uns verraten.** Hamburg: Hoffmann & Campe, 2018

Eine echte Entdeckung war für Mechthild Großmann die italienische Autorin Natalia Ginzburg (1916 – 1991).

„Sie war mir als Person bekannt, als KP-Abgeordnete in Rom, in der Zeit, als in Bologna die Züge in die Luft flogen. Sie hatte eine sehr wichtige Rolle, war sie doch die Einzige, die von allen Seiten akzeptiert wurde, um Verhandlungen zu führen. Ich fand sie gut, weil sie ehrlich und geradeheraus war. Gelesen hatte ich nie etwas von ihr. Dann bekam ich ihren Roman **So ist es gewesen** in die Hände. Das Buch ist aus den 1940er-Jahren. Herausragend. Seitdem stelle ich Natalia Ginzburgs Werke auf Lesungen regelmäßig vor. Maja Pflug, ihre deutsche Übersetzerin, die sie sehr mochte, hat eine wunderbare Biografie über Ginzburg geschrieben, diese arme Frau – so viel Elend auf einem Haufen, mein Gott ...“

**Maja Pflug: Natalia Ginzburg.** Berlin: Wagenbach, 2011 – dieses Buch lockt gleich auf dem Umschlag mit einem klugen Zitat: „Man sollte nie Gefühle oder Gedanken auf die Seite legen, später braucht man sie nicht mehr.“

*„Er hatte mich gebeten, ihm eine Thermosflasche für die Reise fertigzumachen. Ich bin in die Küche gegangen und habe Tee gekocht, Milch und Zucker dazugetan und ihn in die Thermosflasche gefüllt, dann habe ich den Becher fest zugeschraubt und bin ins Arbeitszimmer zurückgegangen. Da hat er mir die Zeichnung gezeigt, und ich habe den Revolver aus seiner Schreibtischschublade genommen und auf ihn geschossen. Ich habe ihm in die Augen geschossen.“* (Aus: Natalia Ginzburg: So ist es gewesen)

**Natalia Ginzburg: So ist es gewesen** (È stato così) (1947). Berlin: Wagenbach, 2017

**Natalia Ginzburg: So ist es gewesen. MP3-Hörbuch,** gelesen von Eva Mattes (2005). Berlin: Der Audio Verlag, 2019

Unser Gespräch über Bücher war ungewöhnlich lang, am Ende offerierte die Dame des Hauses einen Rotwein zum Niederknien. An die gedrungene, leicht gestauchte Flasche kann ich mich erinnern, alles andere wäre Produktplatzierung. So etwas gab es früher in Rowohlt-Taschenbüchern, da wurde gern mal für eine gesunde „Ernte 23“ geworben oder eine dieser seriösen Banken. Aber wie angedeutet: den Wein gab es erst später.

Wir wandeln weiter an den Regalen entlang. Dabei gerät uns *Die Fackel* von Karl Kraus (1874 – 1936) in den Blick, in dieser unglaublichen und legendären Ausgabe von Zweitausendeins, fast allein geschrieben von einem Mann, der selbst dann noch originell war, wenn er sich irrte.

„Mein Karl Kraus – wie intensiv ich **Die Fackel** gelesen habe, kann man an meinen Randnotizen erkennen. Er ist gnädigerweise in den 1930er-Jahren gestorben, hat das ganz große Elend also nicht mehr mitbekommen. Wenn man sich vorstellt, Kafka, der 1924 gestorben ist, hätte das Dritte Reich, von dem er so vieles vorausgesehen hat, noch erlebt. Seine gesamte Familie, alle Schwestern: umgebracht. – In den 1960er-Jahren war jemand wie Wolfgang Hildesheimer (1916 – 1991) für uns ganz wichtig. **Lieblose Legenden** hatte jeder an der Uni gelesen. Wenn man sich traf, sagte man sich Hildesheimer-Sätze, die ja saukomisch sind. Ich habe einmal ein Hörbuch damit aufgenommen. Es ist aber irre, wer nur zehn Jahre jünger ist als ich, der hat von Hildesheimer wahrscheinlich nie etwas gehört." Einer dieser Hildesheimer-Sätze lautet zum Beispiel: „Wem meine Schilderung nicht ausführlich genug ist, empfehle ich die Lektüre von Dickens, in dessen Werk diese Anekdote zwar nicht zu finden ist, der aber die Auslassung durch Vorzüge auf anderen Gebieten wettmacht."

Der Sommer 1816 am Genfersee war „nass, stürmisch und gewitterreich", wie sich Mary Shelley (1797–1851) später erinnerte, und er war, nach dem Ausbruch des indonesischen Vulkans Tambora, ungewöhnlich dunkel. Eine solche Umgebung und Stimmung begünstigen die Entstehung von Gruselgeschichten. Die auch heute noch berühmteste aus dem Jahr ohne Sommer ist der Roman **Frankenstein oder Der moderne Prometheus**, das heute vorwiegend durch die vielen Verfilmungen bekannt ist.

**Karl Kraus: Die Fackel.** 12 Bände inkl. **Die letzten Tage der Menschheit.** Frankfurt: Zweitausendeins, 1976

**Wolfgang Hildesheimer: Lieblose Legenden** (1952). Frankfurt: Suhrkamp, 1962 bzw. Büchergilde Gutenberg, 2016 – Die Hörbuchversion, gelesen von Mechthild Großmann (2008), ist vergriffen, der Verlag Patmos nicht mehr existent. In den Weiten des Internet gibt es allerdings Möglichkeiten, ein antiquarisches Exemplar zu erwerben. Erwarten Sie aber keine Spottpreise.

**Wolfgang Hildesheimer: Paradies der falschen Vögel** (1953). Frankfurt: Büchergilde Gutenberg, 2017

„Ich lese gerade **Frankenstein**, das Original von Shelley, das kaum jemand kennt. Alle denken an den Schauspieler Boris Karloff und das Monster. Unglaublich, wie eine 19-Jährige so etwas schreiben konnte, unglaublich auch, wie intelligent das ist. Und es ist natürlich etwas völlig anderes als der Film. Wer *Frankenstein* nicht gelesen hat, kann es sich nicht vorstellen. Das Monster ist eine philosophische Figur. Da ist Dr. Frankenstein, ein bisschen durchgeknallt: Alles, was möglich ist, soll man auch machen, sagt er. Das Monster, der Namenlose, sagt, ich kam so groß, wie ich jetzt bin, zur Welt, ich hatte nie einen Vater, nie eine Mutter, ich hatte keine Geschwister, und ich verlange von dir, Frankenstein, dass du ein Wesen schaffst, wie ich eins bin. Ich will lieben, ich habe ein Anrecht auf Liebe. Das sind sehr bewegende Passagen, die mich sehr berührt haben."

**Mary Shelley: Frankenstein oder Der moderne Prometheus** (1818). Neue Übersetzung von Alexander Pechmann. München: Manesse, 2017

**Thomas Mann: Joseph und seine Brüder** (1933–1943). Frankfurt: Fischer, 2007

Unter den Klassikern zwischen dem Ende des 19. Jahrhunderts und dem Beginn des Dritten Reichs gibt es bei Mechthild Großmann zwei deutliche Schwerpunkte:

„Von Thomas Mann (1875 – 1955) habe ich **Joseph und seine Brüder** gelesen, das macht keiner freiwillig. Aber das hat mit Ägypten zu tun, Thomas Mann hat sehr gut recherchiert, was durch die Entdeckung des Grabes von Tutanchamun begünstigt wurde. Das habe ich unter Achäologiegesichtspunkten sehr gern gelesen. Und natürlich habe ich die **Buddenbrooks** gelesen. Ich war noch sehr jung, als ich das Buch entdeckte, und habe furchtbar geweint: Thomas Mann beschreibt einen Tag des letzten Erben, und im nächsten Kapitel ist er tot. Das war zu viel für mich, daran kann ich mich noch gut erinnern."

**Nino Haratischwili: Das achte Leben.** Berlin: Ullstein, 2017

In der Gegenwartsliteratur angekommen, fällt der Name Nino Haratischwili (* 1983). Geboren in Georgien, lebt die Autorin mit ihrer Familie seit längerem in Hamburg. „Die 1279 Seiten von **Das achte Leben** habe ich gelesen, ja, wirklich. Das war in den Ferien, sonst hätte ich das nie geschafft. Ich habe das

Buch im Gepäck mitgeschleppt bis nach Fuerteventura. In den vier Tagen dort war ich nicht einmal schwimmen, sondern habe nur das Buch gelesen. Am Hamburger Thalia Theater lief eine tolle Aufführung, für die Haratischwili die Fassung schrieb. Bei der Premiere begegnete ich ihr, der jungen Frau, die gerade ein Baby bekommen hatte. Ich konnte nicht anders, ich musste zu ihr gehen und ihr sagen, wie beeindruckend ich sie finde."

Mechthild Großmann ist Fan von Brief-Anthologien: „Es gibt ein Buch mit dem Titel **Schreiben Sie mir, oder ich sterbe**, das Liebesbriefe versammelt und die jeweiligen Beziehungen beschreibt. Das ist sehr bewegend."

**Petra Müller/Rainer Wieland: „Schreiben Sie mir, oder ich sterbe". Liebesbriefe berühmter Frauen und Männer.** München: Piper, 2016 – Bei Random House Audio ist dazu ein Hörbuch erschienen, gelesen u.a. von Tessa Mittelstaedt, Nana Spier, Anna Thalbach, Nina Petri, Nina Kunzendorf, Martina Gedeck, David Nathan, Devid Striesow, Sascha Rotermund, Dietmar Wunder, Götz Otto, Hans-Werner Meyer.

*Bist du auch unterwärts warm angezogen? Passt einer auf dich auf? Behalte nur ja immer die dicken Handschuhe an! Du kriegst sonst Frost in die Finger! Blas ab und zu mal in die Handschuhe rein! Wir gehen auch nachher in die größte Konditorei und du bekommst Kakao mit Schlagsahne und einen Riesenteller mit Apfelkuchen. Von dem mit den kreuzweisen Streifen darüber. Und einen Mohrenkopf.*

*Alles mit soviel Schlagsahne wie du willst. Aber was nützt das alles, sich mit zärtlichen Erinnerungen zu betrügen, ich liebe dich, Süßes, und du fehlst mir schrecklich, ich mühe mich, nicht daran zu denken, an die Dunkelheit, an diesen Augenblick, wenn ich zu dir kam und das Licht war aus, und aus dem Dunkel flogst du in meinen Arm und das Zimmer zerfiel und die Nacht zerfiel und die Welt zerfiel und deine Lippen waren das Weichste in der Welt und deine Knie kamen und deine Schultern und deine zärtliche Stimme – komm wieder komm wieder – Bebende ach, endlos Geliebte –* (Ausschnitt aus einem Brief von Erich Maria Remarque an Marlene Dietrich, November 1937)

Unter den Büchern, über die Mechthild Großmann gerne spricht, sind auch einige Gedichtbände, den Spitzenplatz belegt eine polnische Autorin. „Also ich lege mich jetzt einfach mal fest: Wislawa

Szymborska (1923 – 2012) ist meine Lieblingsdichterin. Eine wunderbare Frau. In Polen sang man 1968 Szymborska-Gedichte mit Gitarrenbegleitung. Als sie 1996 den Literaturnobelpreis bekam, wurden ihre Gedichte in den Kulturprogrammen vorgetragen. Gleich am nächsten Tag habe ich mir alles von ihr besorgt. Ihre Gedichte habe ich oft in Pina Bauschs Stücken rezitiert. Einige waren sehr politisch, zum Beispiel gibt es ein Gedicht, das aus der Sicht der Vietkong geschrieben ist. Eines meiner Lieblingsgedichte geht los mit: ‚Meine Schwester schreibt keine Gedichte. Das hat sie von meinem Vater, der hat auch nie Gedichte geschrieben. Und mein Schwager würde um nichts in der Welt ein Gedicht schreiben.‘ Sie schreibt Gedichte darüber, wie ein Mann sich auszieht, wenn er in die Wohnung kommt zu seiner Liebsten. Das klingt zunächst alles harmlos, ist aber fantastisch. Es wird ein neuer Stern entdeckt, und sie sagt, gut, ich muss sagen, heller ist es deswegen nicht geworden. Es schwingt bei ihr immer ein böser Humor mit. Erst nach ihrem Tod sah ich zum ersten Mal ein Foto von ihr: Es zeigte eine alte, sehr würdige Dame mit weißem Haarknoten.“

**Wieslawa Szymborska: Glückliche Liebe und andere Gedichte.** Berlin: Suhrkamp, 2014

Gefragt nach ihr wichtigen Personen aus Zeitgeschichte und Gegenwart nennt Mechthild Großmann einen US-amerikanischen Präsidenten, der sie mehr als beeindrucke, ja geradezu fasziniere: John F. Kennedy (1917 – 1963). Genau genommen interessiere sie der gesamte Clan.

„Sobald ein neues Buch über die Kennedys rauskommt, kriege ich das meist gleich von mehreren Freunden geschenkt, weil alle wissen, dass ich es verschlinge. Über Jackie Kennedy (1929 – 1994) weiß ich alles. Meine Tochter macht darüber immer Witze. Aber ich war 14, als Kennedy erschossen wurde und diese junge Frau übrigblieb. Das hat mich sehr mitgenommen. Und dann wurde auch noch Robert Kennedy (1925 – 1968) erschossen. Ein Drama. Ich weiß nicht, wie viele Videos ich darüber habe. In Amerika habe ich viele englische Bücher gekauft, die sich damit befassen. Hier stehen sie, zusammen mit alten Illustrierten aus den 1960er-Jahren, mit Jackie und dem Attentat auf dem Cover. Was da nicht alles hineingeheimnisst wurde. Jackies größte Leistung war, dass sie nie gezeigt hat, wie intelligent sie ist. Aber sie war eine hochintelligente Frau. Und gleichzeitig eine, die auf Hollywood machte, die einen neuen Stil entwickelte. Alle, die mit ihr gearbeitet haben, waren hingerissen von ihr. Sie war keine Modepuppe, die sich nicht für Politik interessierte, das ist völliger Blödsinn, das stimmt eben gar nicht. Jackie hat sich vor dem Attentat nur nie getraut. Natürlich kann man fragen, ist das denn wichtig, muss man das wissen? Für mich ging und geht aber eine große Faszination von ihr aus, die ich nicht vollständig erklären kann. Dabei gibt es auch Stimmen, die sagen, Jackie sei eine furchtbare Frau gewesen. Ich will dies gar nicht abtun, aber vielleicht ist es auch dieses Amerika, das dann immer mehr kaputtging. Oder unser Glaube an Amerika, auch meiner."

**Robert Dallek: John F. Kennedy. Ein unvollendetes Leben.** München: Pantheon, 2013

Mechthild Großmann kommt auf eine andere historische Persönlichkeit zu sprechen, von der man theoretisch so ziemlich alles wissen könnte, jedenfalls alles, was überliefert ist: Kleopatra (69 v. Chr. – 30 v. Chr.), nicht zu verwechseln mit Liz Taylor (1932 – 2011), die mit dem Film von 1963 ihren Ruhm festigte. Gern zitiert wird die Szene, in der sie sich Cäsar in einen Teppich eingerollt offeriert. Mechthild Großmann hat sich sehr lange mit der historischen Kleopatra beschäftigt und sich auch von Historikern beraten lassen.

„Was ist das Faszinierende an dieser Figur, dass sie Jahrtausende im Gedächtnis blieb und überlebte? Es heißt, sie soll nackt auf dem Schiff von Alexandria bis sonst wo gefahren sein, um Marc Anton zu besuchen. Glaubt man das im Ernst, nackt auf einem Schiff, bei Regen und Sturm? Auch dass sie immer als Pharaonin dargestellt wird – dabei war sie Ptolemäerin. Auf den Münzen trägt sie einen Knoten und ein griechisches Gewand. So sah sie aber nie aus – vielleicht hat sie sich mal anlässlich eines Festes in Süd-Ägypten so verkleidet. Aber ansonsten ist dieses Bild komplett falsch. Dass sie angeblich in Eselsmilch gebadet habe, alles Kappes. Die Frau hat ein Riesenreich regiert, sie war nie schön, auch nach keinem Zeitgeschmack. Sie

wird auch nie als schön beschrieben in der Antike. Das ist alles eine spätere Fantasie."

Hinweise auf Bücher über Kleopatra VII. könnten an dieser Stelle weiterhelfen, allein es gibt sie nicht. Mechthild Großmanns großes Interesse an Geschichte und dabei eben auch an historischer Wahrheit stößt im Theater manchmal auf bedeutenden Widerstand, erst recht, wenn der Autor Shakespeare heißt:

„Zum Beispiel **Richard III.**: der historische Richard war ein ganz lieber Mann und längst König, er musste es gar nicht werden. Shakespeare (1564 – 1616) hat den historischen Stoff benutzt, ihn für seine Zwecke umgeformt. Das Gleiche bei Friedrich Schiller (1759 – 1805), der als Professor für Geschichte die historischen *Don Carlos* und *Maria Stuart* für seine Dichtung auf eine Weise verbraten hat, die schon abenteuerlich ist. Aber das ist Kunst, die darf das."

Es gibt Bücher, von denen man gehört hat, die erfolgreich, beliebt, verfilmt sind – aber muss man sie wirklich lesen? Ein Autor – mindestens – widerlegt nach 10 Seiten jedes arrogante Vorurteil. Das ist Stephen King. Wer sich auf ihn einlässt, rätselt, mit welchen Mitteln, welchen Tricks es ihm gelingt, den Leser im wörtlichen Sinn zu fesseln. Manche rätseln noch heute, nach einer kaum überschaubaren Anzahl von Bestsellern, die King geschrieben hat. Auch Mechthild Großmann wollte sich dem Autor zunächst gar nicht nähern.

„An sich ist das nicht mein Genre. Als ich auf Stephen King stieß, da hatten ihn alle schon längst gelesen. Schnell habe auch ich gedacht, mein Gott, ist der gut. Nachdem ich ein Hörbuch mit zwei Erzählungen von ihm gesprochen und intensiv mit dem Text gearbeitet hatte, hat sich dieser Eindruck nur noch verfestigt. Ich war hin und weg. Da kann man nur wie zu allen Lebenslagen sagen: Man muss es einfach selbst lesen, sprich: ausprobieren."

**William Shakespeare: King Richard III.** (ca. 1593) / König Richard III. Stuttgart: Reclam, 1994

**Stephen King: Raststätte Mile 81 & Die Düne** (The Dune, 2011). München: Random House Audio, 2012 – Sprecherin: Mechthild Großmann.

**Stephen King: Erhebung** (Elevation). München: Heyne, 2018

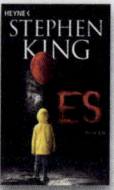

**Stephen King: Es** (It) (1986). München: Heyne, 2019

# WOLFGANG NIEDECKEN

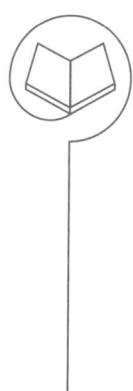

geboren **1951** in Köln – Musiker, Maler, Autor. Gründer der Rockband BAP, die trotz, vielleicht auch wegen der Kölner Mundart die regionalen Grenzen weit hinter sich gelassen hat. Er ist bis heute Sänger, Texter, Komponist und Frontman der Gruppe, nimmt aber auch Soloalben auf. Niedecken hat Malerei studiert und hatte viele Ausstellungen. **2013** erhielt er das Bundesverdienstkreuz 1. Klasse für sein soziales und politisches Engagement. Bücher: **Auskunft** (mit Matthias Immel und Patrick van Odijk, **1990**); **Pissjääl & Kackbrung. Vom Umgang mit Material und Farbe** (**1994**); **Verdamp Lang Her – Die Stories hinter den BAP-Songs** (mit Teddy Hoersch, **1999**); **Für 'ne Moment. Autobiographie** (mit Oliver Kobold, **2011**); **Zugabe. Die Geschichte einer Rückkehr. Autobiographie** (mit Oliver Kobold, **2013**). Für die Musikalben, Texte, Fotos und Tourdaten: http://www.bap.de/start/

© Steven Haberland

In Köln sind auch jene katholisch, die es nicht sind. Anderseits bedeutet „katholisch" nicht viel mehr, als zu wissen, mer losse d'r Dom en Kölle. Und dass es die Beichte gibt – für alle Fälle. Im Übrigen gelten hier ein paar Grundgesetze – das Wichtigste: Et hätt noch immer jot jejange. Das trifft jedoch nicht auf den heimischen FC zu, dessen Fans ihr Kölsch, das sie für Bier halten, ab und zu auch mal in der 2. Bundesliga trinken müssen.

Am eisernen Eingangstor, hinter dem eine Treppe nach oben ins Haus führt, steht ein Name, den aber nur Insider mit Wolfgang Niedecken verbinden. So mancher Fan würde gewiss gern mit dieser Kölner Legende ins Gespräch kommen.

Wir sitzen im Arbeitszimmer mit Blick auf den Rhein. In den Regalen seiner Bibliothek hängen Wimpel. Ein buntes, lebendiges Bild. Das ist der Raum, in dem Wolfgang Niedecken 2011 beinahe an einem Schlaganfall gestorben wäre. In den frühen 1970er-Jahren studierte er Kunstgeschichte und Malerei. Damals wurde die Grundlage für die Bibliothek gelegt.

„Es fing an mit den Büchern, die ich mir geleistet habe, als ich Kunst studierte. Ich habe richtig gespart, um mir teure Kunstbände leisten zu können. Ich wollte alles wissen und habe es durchaus als Privileg empfunden, studieren zu dürfen. Mein Vater war eigentlich gegen dieses Studium, aber meine Mutter hat mich immer unterstützt."

1977 schrieb er seinen ersten Song, und der war gleich in Kölner Mundart (*Helfe kann dir keiner*) und zudem der Beginn einer bemerkenswerten Karriere als Texter, Komponist und Sänger. BAP gründeten sich ein Jahr zuvor als Coverband.

„Nach den Kunstbüchern kamen die Romane, die ich mir selbst gekauft oder bei meiner Mutter im Bücherschrank entdeckt habe. Unseren Literaturnobelpreisträger. Meine Mutter ist in der gleichen Straße geboren wie Heinrich Böll (1917 – 1985), Luftlinie keine 200 Meter. Sie Alteburger Straße 40, zweiter Hinterhof, Heinrich Böll Eckhaus Teutoburger Straße – Alteburger Straße. In der Teutoburger Straße ging es auch mit *BAP* los. Dieser 800-Meter-Radius rund um den Chlodwigplatz, unfassbar, was in diesem begrenzten Areal alles stattgefunden hat."

# „Ich glaube, Lesen ist Nahrung, Geistesnahrung. Ich muss einfach lesen."

Natürlich steht hier (in ungewöhnlichem rotem Leinen) der komplette Heinrich Böll, der außerhalb Kölns ein wenig aus dem Blick geraten sein mag. Wolfgang Niedecken war mit ihm bis zu dessen Tod befreundet.

„Ich habe immer viel gelesen. Ich glaube, Lesen ist Nahrung, Geistesnahrung. Ich muss einfach lesen. Ich gebe gerne zu, ich bin total Oldschool. Ich brauche Bücher. Mit so einem Kindle könnte ich nichts anfangen. Ich bin schon froh, dass ich mich an mein iPad gewöhnt habe und damit Emails empfangen kann. Wenn ich das Gefühl habe, da wird nur wieder die nächste neumodische Sau durchs Dorf getrieben, dann schalte ich ab. Als Kind konnte man mich bei angeschaltetem Motor ins Auto setzen, und ich habe keinen Schalter angerührt. Hat mich nicht die Bohne interessiert. Ich spiele akustische Gitarre, weil da keine Knöpfe dran sind."

In den Regalen ist jeder Zentimeter ausgenutzt. Und doch ist es nur ein Teil der Bibliothek.

„In den ehemaligen Kinderzimmern stehen auch noch jede Menge Bücher. Und unten ist ein ganzes Regal mit Fotobüchern. Meine Frau ist ja Fotografin."

Tina Niedecken hat in allem den Überblick, der Küchentisch ist das Büro. In den 1960er-Jahren gab es das Klischee der Frau hinter dem Mann, heute sind wir weiter: Sie ist die Frau neben Wolfgang Niedecken.

Was heraussticht, ist die Abteilung Sport, Schwerpunkt: 1. FC Köln. Niedecken zuckt mit den Schultern. Man habe

Ausgewählte Bücher von **Heinrich Böll: Wo warst Du** (1951), **Und sagte kein einziges Wort** (1953), **Haus ohne Hüter** (1954), **Irisches Tagebuch** (1957), **Doktor Murkes gesammeltes Schweigen und andere Satiren** (1958), **Billard um halb zehn** (1959), **Ansichten eines Clowns** (1963), **Ende einer Dienstfahrt** (1966), **Gruppenbild mit Dame** (1971), **Die verlorene Ehre der Katharina Blum** (1974).

gelernt, leidensfähig zu sein. Es gibt nur wenige Regionen, in denen die Verbundenheit mit der Heimat, den Traditionen, dem heimischen Dialekt derart prägend ist wie hier am Rhein. Und es gibt bei ihm den „Wrede", das kölsche Mundartlexikon **Neuer kölnischer Sprachschatz** von Adam Wrede (1875 – 1960).

„Der ‚Wrede' ist eigentlich ein Drei-Bänder. Als die einbändige Ausgabe kam, wurde ich gebeten, ein Vorwort zu schreiben. Das empfand ich als große Ehre. Das Werk ist eine Zeitkapsel. Nachdem der Autor verstorben war, wurde es nicht weitergeführt. Würde auch mittlerweile nicht mehr gehen mit den ganzen Anglizismen. Das Problem bei einer gesprochenen Sprache, die eigentlich keine Schriftsprache ist: Man kann sie nicht einzementieren. Sie variiert bereits von Stadtviertel zu Stadtviertel, es gibt keine Orthografie. Meine Texte auf Kölsch versuche ich phonetisch aufzuschreiben. Es gelingt nicht immer. Es gibt Formulierungen, an denen man sich die Zähne ausbeißt. Im Kölschen jibbet kein Je, also keinen Buchstaben G."

Als Kostprobe hier ein Auszug aus dem Artikel „kölsch":

**Adam Wrede: Neuer kölnischer Sprachschatz.** Vorwort von Wolfgang Niedecken. Köln: Greven, 2017

*„kölsche Junge, kölsche Mädcher: 1859 Dat es räch, bei dem O jerum – Bliev ne (echte) köllsche Jung. Kölsche Mädcher, kölsche Junge – Sin dem(m) Herrgott got gelunge. 1928 Kölsche Mädcher künne bütze (küssen), Ja, dat es en wahre Staat (Ostermann). RA: Kölsche Mädcher han Botze(n) an, stehen ihren Mann."*

Im Vorwort merkt Wolfgang Niedecken an:

*„Manchmal stoße ich auf ein Wort, das ich noch nie gehört habe, zum Beispiel Bejingebützge, Beginenküsschen, für einen züchtigen Kuss auf die Stirn, denn Nonnen nannte der Volksmund damals Bejinge. (...) In der NS-Zeit war (Wrede) bestenfalls Mitläufer und schlimmstenfalls überzeugter Nazi. In jedem Fall gehörte er zu den sogenannten Märzgefallenen des Jahres 1933: Sobald klar war, dass Hitler die Republik*

*abwickeln würde, trat er der NSDAP bei. Als ich davon zum*
*ersten Mal hörte, fand ich das schmerzhaft und enttäuschend –*
*gerade weil ich ihn so schätzte. Aus vielen seiner Texte spricht*
*eine augenzwinkernde Menschenfreundlichkeit, die ich mit*
*der Nazi-Ideologie nur sehr schwer in Einklang bringen kann.“*

„Ich bin froh, dass es den ‚Wrede‘ gibt, den ich auch allen meinen vier Kindern geschenkt habe. Meine beiden Ältesten sind beide über 30, meine Töchter sind über 20. Die sind immer weniger mit Kölsch aufgewachsen. Die Jungs sprechen Kölsch, wenn sie sollen, der Tonfall ist bei allen ohnehin rheinisch. Aber die Mädchen müssten schon mal nachfragen ‚Was hat der Papa jetzt gesagt?‘ Meistens weiß Muttern das dann, obwohl die aus Bayern ist. Sie sagt übrigens, dass nach dem Schlaganfall bei mir wieder was hochgekommen ist, was verdeckt war.“

Seinen 60. Geburtstag am 30. März 2011 feierte Wolfgang Niedecken mit etwa 500 Gästen auf einem Rheindampfer. Die nächste Tournee war für den November des gleichen Jahres vorgesehen. Doch zu Beginn des Monats erlitt er den Schlaganfall, den er nur durch Zufall überlebte. Es gibt keinen Zufall? Ich weiß es nicht. Jedenfalls hatte Tina, seine Frau, eine Fahrt in die Stadt spontan unterbrochen, um die Wäsche in den Trockner zu packen. Wolfgang Niedecken saß in seinem Arbeitszimmer. Beim Lesen von William Faulkners Roman **Licht im August** wusste er plötzlich nicht mehr, worum es ging. In seinem sehr eindringlichen zweiten Erinnerungsband **Zugabe** beschreibt er die Situation auf eine unvergessliche Weise:

*„Für einen Moment stand alles still, nur die Zeit selbst schien zu*
*fließen, langsam, stetig, in einen Tunnel hinein, der sie meinen*
*Blicken entzog. Das Licht im Zimmer verlor an Kraft, wurde*
*milchig, verschwamm, ein Weiß, das gerann, dem Schwarz zu-*
*floss, ein von den Rändern aufsteigendes Schwarz, das mehr*
*und mehr Raum beanspruchte, obwohl sich der Himmel nicht*
*verändert zu haben schien. (...) Dann sah ich es. Ich hätte es*
*schon viel früher sehen können, aber ich hatte nicht aufgepasst,*
*hatte nicht achtgegeben auf den Teppich, der die Wand nach*

*oben glitt, auf die Möbel, die verstohlen und lautlos ins Rutschen gekommen waren und dabei mehr und mehr ihre Formen veränderten, wie in einem Bild von Dali ineinanderflossen, grotesk in die Breite gingen, flüssig erschienen, ihre Festigkeit eingebüßt hatten, wie aus Wachs, knetbar in alle Richtungen. (...) Ich kam am Badezimmer vorbei, die Tür stand offen, ich sah Tina, sie räumte Wäsche von der Maschine in den Trockner. Ich betrachtete ihre Hand, die ein Kleidungsstück griff, mit ihm im Trockner verschwand, wieder auftauchte, das nächste aus der Maschine nahm. Die Geschwindigkeit, mit der das geschah, ließ das Ganze wie einen Trick erscheinen, der nicht zu durchschauen war. (...) Ich sah Tina vor dem Trockner knien, ich ging um sie herum, vorsichtig, langsam, ich wollte ihr erzählen, und ich wollte pinkeln, was mir auf einmal als eine gute Idee vorkam. (...) Ich setzte mich auf den geschlossenen Klodeckel, mir war schwindlig, und die Fremdheit nahm zu. Die Dinge um mich herum verloren ihre Bekanntheit, ihre Funktion, sie wiesen mich ab, wurden rätselhaft. (...) Meine Frau hatte sich aufgerichtet, ich fing ihren Blick auf, der sich in Bruchteilen von Sekunden veränderte, alle Gleichmütigkeit verlor, der mich erkannte, mich sofort durchschaute, ängstlich wurde, ein Schrecken breitete sich auf ihrem Gesicht aus. (...)"*

© 2013 by Hoffmann und Campe
Verlag, Hamburg

**Wolfgang Niedecken (mit Oliver Kobold): Zugabe. Die Geschichte einer Rückkehr.** Hamburg: Hoffmann & Campe, 2013

„Das ist überhaupt so ein Phänomen nach dem Schlaganfall. Ich konnte Kölsch fließend, aber wenn ich Hochdeutsch sprechen wollte, suchte ich nach Worten. An dem Tag, als ich aus dem Krankenhaus zurückkam, war Hans Süper (* 1936), bei mir, ein Kölner Urviech, gemütlicher Anarchist, Gründer des Colonia-Duetts. Ich habe mit Karneval sonst nicht viel zu schaffen, aber wir lieben uns heiß und innig. Süper ist ein unfassbar spontaner, schlagfertiger, toller Musiker. Kann keine einzige Note, weiß gar nicht, was er da spielt, aber er spielt sensationell. Er war sehr besorgt um mich und rief regelmäßig im Krankenhaus auf dem Handy meiner Frau an. ‚Wat määt dä Jung?' Sie reichte mir das Telefon: ‚Willst du den Hans nicht mal selber

© Tina Niedecken

sprechen?' Zunächst hatte ich Probleme, bestimmte Begriffe zu
finden, zum Beispiel ‚Schlaganfall'. Da fängt Hans an zu reden,
und ich antwortete, es war ein ganz normales Gespräch – auf
Kölsch. Ich habe kein einziges Wort gesucht, alle waren da. Die
Geschichte steht auch in meinem Buch. Das war natürlich ein
Wunder. Kaum war ich aus dem Krankenhaus zurück, stand
Hans Süper auch schon hier auf der Matte. Wir gingen in den
Garten und machten ein Foto."

BAP hatte die ersten erfolgreichen Auftritte, aber Wolfgang
Niedecken trat weiterhin auch allein mit Gitarre und Mund-
harmonika in Kneipen auf. So wurde er als „Der Südstadt-Dylan"

bekannt. Dass Bob Dylan (* 1941) ihn geprägt hat und als Song-schreiber zum Vorbild wurde, ist kein Geheimnis, das gibt er auch gerne zu:

„Es gab Zeiten, wo man mir geraten hat, ich soll mich nicht so sehr zu Dylan bekennen. Fand ich aber immer dämlich. Ohne Bob Dylan wäre mein Leben ganz anders verlaufen. Bob Dylan hat mein Interesse für Kultur im weitesten Sinne ge-weckt. Als ich *Like a Rolling Stone* hörte, ging für mich eine Tür auf. Wir haben das Stück schon mit unserer Schülerband gespielt, deren Bassist ich zunächst war. Unser damaliger Sän-ger kam zu mir und sagte, er müsse jetzt Abitur machen, wir sollten uns einen neuen Sänger suchen. Brachte aber gleich-zeitig *Like a Rolling Stone* vom Dylan mit, auch den Text hatte er schon rausgehört. Und da habe ich spontan gesagt: ‚Wir brauchen keinen neuen Sänger, das mache ich.‘ Ich war wie elektrisiert, eine Initial-zündung. Dabei habe ich den Song zunächst gar nicht richtig verstanden. Das war aber egal. Es war so, als wenn Bob Dylan Erfahrungen für mich mit-gemacht hätte."

**Bob Dylan: Lyrics: Sämtliche Songtexte 1962 – 2012.** Zweisprachig Übersetzung von Gisbert Haefs. Hamburg: Hoffmann & Campe, 2016

In Niedeckens Bibliothek gibt es zahlreiche Bü-cher von Musikern und über Musiker, Bob Dylan an erster Stelle. Die komplette Sammlung seiner Texte – in der Handbibliothek am Schreibtisch. Die Dylan-CDs stehen im Nebenraum.

Im Oktober 2016 erhielt Bob Dylan den Nobel-preis für Literatur. Auch Wolfgang Niedecken, für den Bob Dylan gewissermaßen zur Familie gehört, hatte nicht mit die-ser – für die meisten Feuilletonisten – überraschenden Ent-scheidung gerechnet.

„Ich habe mich wahnsinnig gefreut, weil ich eigentlich ge-dacht hatte, das wird nicht mehr passieren. Der Dylan war ja schon seit 26 Jahren in der Lostrommel. Und dann habe ich gedacht, mal gucken, ob er den Preis überhaupt annimmt. Ich weiß gar nicht mehr, welcher Gedanke zuerst da war. Also erst-mal Freude, er nimmt den an. Und dann schwante mir, dass ich diesen Tag wohl damit verbringen würde, Antworten darauf zu geben, wie ich das denn finde. Und so war es dann auch. Ungefähr nach fünf Minuten kam der erste Anruf."

Zur Verleihung des Preises im Dezember 2016 war der Künstler nicht abkömmlich, aber im März 2017 während einer Tournee, die ihn auch nach Stockholm führte, wurden Urkunde und Medaille überreicht. Und sogar die Nobelpreisrede, erforderlich, um das Preisgeld (derzeit 870.000 €) überreicht zu bekommen, wurde schriftlich und als Tondokument abgeliefert. Dabei als Extra: klimpernde Klaviermusik und ein Vortragender, der nuschelt wie Bob Dylan.

Für die TV-Sendung *Lesenswert* von Denis Scheck (* 1964) im Februar 2018 sollte Wolfgang Niedecken über drei Bücher sprechen, die seinen Weg bestimmt haben.

„Das erste war **Ansichten eines Clowns** von Heinrich Böll. Das Buch war ähnlich richtungsweisend für mich wie Dylans *Like a Rolling Stone*. Wir nahmen es in der Schule durch, bei einem Deutschlehrer, den ich eigentlich nicht so mochte, aber ich fand mich in dem Buch wieder. Als Junge las ich Karl May, davor noch Enid Blyton. Nach Karl May kamen die Beatles, ich mutierte sozusagen von Winnetou zu Paul Mc-Cartney. Nachdem ich die Beatles entdeckt hatte, war Karl May für mich passé. Heinrich Böll war der erste literarische Autor, für den ich mich interessierte. Vielleicht habe ich ihm genauer zugehört als anderen, weil ich wusste, dass er wie ich aus der Südstadt war. In der Zeit, als ich Böll entdeckte, war ich auf einem katholischen Internat in der Eifel und empfand bereits von daher eine Grundsympathie für ihn."

Heinrich Bölls Roman, der 1963 veröffentlicht wurde, löste bereits bei seinem Vorabdruck in der *Süddeutschen Zeitung* heftige Kontroversen aus. Böll selbst hielt sein katholizismuskritisches Buch für „sehr konstruiert", das Feuilleton überschlug sich mit Kritik, was dem Autor alles misslungen sei. *Spiegel*-Herausgeber Rudolf Augstein mischte sich mit dem lauwarmen Vorwurf ein, Böll möge offenbar die Menschen, und

© 2017 by Hoffman und Campe Verlag, Hamburg

**Bob Dylan: Chronicles: Die Autobiografie. Volume one.** Hamburg: Tempo, 2017 – Gekürzte Hörbuchversion, gelesen von Wolfgang Niedecken. Hamburg: Hoffmann & Campe, 2005

**Bob Dylan: Die Nobelpreis-Vorlesung.** Hamburg: Hoffmann & Campe, 2017

er sollte es daher „leid werden, sie unzulänglich zu karikieren". Ivan Nagel schrieb dagegen in der *Zeit*, der Roman sei „eine ergreifende Liebeserzählung und ein hart, schmerzlich angreifender Gesellschaftsbericht. Ein bedeutender Roman wird es aber erst kraft der Einheit beider Leistungen." Die Figuren des Romans – darunter viele Nazis, die ihre angeblich weiße Weste zelebrieren und mit ihren gekauften Persilscheinen wedeln –, stehen für den unreflektierten Übergang vom Dritten Reich zur Wirtschaftswunder-Bundesrepublik.

Ich kann nicht umhin, beim Gespräch über Heinrich Böll an das Diktum von Robert Gernhardt (1937 – 2006) zu denken: „Der Böll war als Typ wirklich Klasse. / Da stimmten Gesinnung und Kasse. / Er wär' überhaupt erste Sahne, / wären da nicht die Romane." Letzteres wäre vielleicht doch noch mal zu überprüfen.

Auf seine beiden anderen Lebens-Bücher stieß Wolfgang Niedecken bei Bob Dylan, er zitiert sie in seinem Song *Verdamp lang her*. Es waren Romane von Joseph Conrad (1857 – 1924) und John Steinbeck (1902 – 1968).

**Ansichten eines Clowns**
(1963). München: dtv, 1967

**John Steinbeck: Die Straße der Ölsardinen**
(Cannery Row, 1945). München: dtv, 1986

„Es gibt in dem Dylan-Song *Sad Eyed Lady of the Lowland* auf dem Album *Blonde on Blonde* eine Anspielung auf die **Straße der Ölsardinen** von John Steinbeck. Heute weiß ich, dass er das Buch innerhalb von nur drei Monaten runtergeschrieben hat.

Steinbeck war Kriegsberichterstatter, und seine Kameraden hatten ihn aufgefordert, wieder mal was Lustiges zu schreiben, einen Schelmenroman wie *Tortilla Flat*, nicht immer nur sowas wie *Früchte des Zorns*. Es gibt vielleicht bedeutendere *Bücher*, aber mich hat es weitergebracht auf dem Weg der Literatur. Ähnlich war es auch mit Joseph Conrad. Auf dem Dylan-Album *Desire* gibt es einen Song, der stark von Conrad beeinflusst ist (*Black Diamond Bay*), und zwar von dessen Roman **Sieg**."

Ein weiteres prägendes Buch war der Roman **Deutschstunde** von Siegfried Lenz (1926 – 2014), mittlerweile ein moderner

Klassiker, der auf eindringliche Weise für den Versuch steht, das Erbe des Dritten Reichs zu überwinden.

„Siegfried Lenz haben wir ebenfalls in der Schule gelesen. Die Nachkriegsautoren wie Böll und Lenz stammten aus der gleichen Generation wie unsere Väter, wobei mein Vater sich für Literatur überhaupt nicht interessierte. Der hatte genug mit dem Wiederaufbau zu tun. Im Dritten Reich war er das, was man einen Mitläufer nennt: Parteimitglied, aber von seinem Wesen her ein lieber, mitfühlender Mensch. Aber Gedanken über die Nazis hat er sich niemals gemacht. In erster Linie sah er zu, wie er sein Rudel über die Runden bringen konnte. Als pubertierender Jüngling rieb ich ihm das wiederholt unter die Nase. Das war natürlich selbstgerecht und arrogant – so wie Jungs ihren Vätern gegenüber in der Pubertät nun mal sind."

Joseph Conrad: Sieg (Victory, 1915). Frankfurt: Fischer, 1962

Siegfried Lenz: Deutschstunde. Hamburg: Hoffmann & Campe, 1968 – Taschenbuchausgabe Hamburg: Atlantik, 2019

Die Generation der Söhne, die in den Mief der 1950er-Jahre hineingeboren wurde, stieß auf verunsicherte, häufig schweigende Väter, denen die Fähigkeit, Gefühle auszudrücken, im Krieg abhandengekommen war.

„Der Vietnamkrieg hatte mich politisiert, und dann sah ich eine Reportage über die Befreiung Buchenwalds, mit Leichenbergen, die von Bulldozern aufgeschichtet wurden. Diese Bilder haben mich bis in meine Träume verfolgt, und ich fragte mich unwillkürlich: Warum hat mein Vater das nicht verhindert? Mein Vater war stockkatholisch-konservativ, als großer Amerika-Verehrer hatte er zudem eine komplett andere Meinung über den Vietnamkrieg. Aber wie sollte es auch anders sein? Er stammte aus einer Winzerfamilie 50 Rheinkilometer oberhalb von Köln, aus Unkel. In seiner Gläubigkeit haderte er nur mit zwei Dingen, nämlich mit der Bibelstelle: ‚Sehet die Vögel des Himmels, sie säen nicht und ernten doch.' Für einen Winzer, der sich ewig mit den scheiß Vögeln abzuplagen hatte, die die Ernte bedrohten, völlig unverständlich. Das zweite war, dass beim Menschen die Zähne nicht wie bei den Hasen nachwachsen. Das konnte er auch nicht verstehen, das hätte der Herrgott doch ruhig besser machen können.

Mein Vater war geschieden, ich hatte einen Halbbruder aus der ersten Ehe, er durfte nicht beichten gehen und nicht zur Kommunion gehen. Er saß jeden Sonntag um neun Uhr in der Kirche, aber während die anderen zur Kommunion gingen, musste er sitzen bleiben. Darunter hat er gelitten wie nur irgendwas. Wie kann eine Religion so unbarmherzig sein, einem so etwas anzutun? Ich bin aber erst aus der Kirche ausgetreten, nachdem mein Vater gestorben war. Das wäre das Schlimmste gewesen, was ich ihm hätte antun können."

Der Fänger
im Roggen
J. D. Salinger

**Jerome D. Salinger: Der Fänger im Roggen** (The Catcher in the Rye, 1951). Neu übersetzt von Eike Schönfeld (2003). Reinbek: Rowohlt, 2010.

Wir kommen noch einmal auf Böll zu sprechen, den wir beide als ehrenwert empfinden, dessen Prüderie jedoch, von der bundesrepublikanischen Gesellschaft geprägt, mitunter unbeholfen wirkte oder sogar unfreiwillig komisch war. Und dem die bösen Wörter, die heute von Zwölfjährigen in den Vorabendserien verwendet werden, nicht in den Sinn kamen.

„Besonders drastisch zeigt sich das bei der Übersetzung von Salingers **Der Fänger im Roggen**, die seine Frau Annemarie und er gemeinsam angefertigt haben. Ihre Übertragung liest sich ganz züchtig."

1962 ergänzten und korrigierten die Bölls eine frühe Übersetzung des Romans von Jerome D. Salinger (1919 – 2010), die Irene Muehlon angefertigt hatte. Sie alle arbeiteten aber nicht auf Basis der US-amerikanischen Originalausgabe, sondern einer stark überarbeiteten britischen Version. Erst 2003 legte Eike Schönfeld eine textgetreue und zeitgemäße Übertragung des Originals vor.

„Aber da spielen halt Zeitumstände rein, das hat mich nie wirklich gestört. Ich habe Böll auch nie als muffig empfunden. Ganz am Schluss waren wir sogar befreundet. Er war ein aufrechter, *gütig*er Mensch, ein unheimlich guter Zuhörer, der an der Welt verzweifelte. Am Ende wollte er nicht mehr leben, wie ich aus der Familie weiß. Wir waren mit seinen Neffen befreundet: Viktor Böll (1948 – 2009), der das Böll-Archiv geleitet, und mit Clemens Böll (1946 – 2017), der unsere Stammkneipe betrieben hat."

Clemens Böll hatte 1975 das legendäre Chlodwig-Eck eröffnet, wo er, wie die *Die Zeit* 1988 schrieb, „die alkoholische Elite der Kunst- und Musikszene" bewirtete.

„Und wir haben unser erstes Buch über BAP bei Heinrich Bölls Sohn René Böll (* 1948) im Lamuv-Verlag rausgebracht. Die Verbindung mit den Bölls ist von einer großen Sympathie geprägt, die bis heute wirkt, wenn ich einen *Böll-Roman* lese. Ich bin voreingenommen, wenn man so will."

Die englischsprachige Literatur kennt Wolfgang Niedecken, als hätte er Anglistik studiert, und zwar zu einer Zeit, als man noch in Bibliotheken und nicht allein bei Wikipedia suchte. Einige der Autoren gelten bereits als Klassiker: John Irving (* 1942), John Updike (1932 – 2009) natürlich; Hemingway (1899 – 1961), Alan Ginsberg (1926 – 1997), Graham Greene (1904 – 1991). Oder Paul Auster (* 1947).

Paul Auster: Winterjournal (Winter Journal, 2012). Reinbek: Rowohlt Taschenbuch, 2015 – Hörbuch, exzellent gelesen von Burghart Klausner, erschienen 2014 bei DAV

„Von Paul Auster habe ich wohl alles. Eine Zeitlang hat er mich gelangweilt: Schon wieder dasselbe Buch. Aber dann erschien sein **Winterjournal**, und ich war wieder frisch verliebt. Es geht um ein Coming of Age, Auster spricht auch *für mich*, so eine Biografie kenne ich."

Alles in den Schatten stellt für ihn Richard Ford (* 1944), besonders seine vier Romane **Der Sportreporter**, **Unabhängigkeitstag** (für diesen Roman erhielt Ford als bisher einziger Autor sowohl den Pulitzer-Preis als auch den PEN/Faulkner Award), **Die Lage des Landes** und **Frank** über den Sportreporter und späteren Immobilienmakler Frank Bascombe.

„Da kann man süchtig nach werden. In Bascombe finde ich mich selbst wieder. Das ist ein Mann in meinem Alter, der versucht, immer das Gute, Richtige zu tun. Es gelingt ihm auch oft, manchmal aber eben nicht. Alles ist so unglaublich nachvollziehbar und überhaupt nicht ranschmeißerisch. Also wenn ich eine Empfehlung aussprechen sollte: Diese vier Bücher."

Ein anderer großer Autor – ebenfalls mit Allerweltsnamen – hat seinen Ruhm nicht mehr erlebt: John Williams (1922 – 1994). Sein Held **Stoner** in dem gleichnamigen Roman, der das falsche Fach studiert und die falsche Frau geheiratet hat, ist eine Figur, die dem Mitleiden eine neue Dimension eröffnet hat. Das Buch erschien zuerst 1965, 2012 gab es eine Neuausgabe.

„John Williams hat mir gut gefallen, obwohl es so ein düsteres Buch ist. Ja, das heißt aber nichts."

Begeistert ist Wolfgang Niedecken auch von John Niven (* 1966), einem Satiriker, der lange in der Musikindustrie gearbeitet hat. In seinem Bestseller **Kill your Friends** wirft er einen heiter-erschütterten Blick auf die letzten fetten Jahre seines damaligen Gewerbes, in dem es – laut *Spiegel* – nur um „Koks, Sex, Geld (und) noch mehr Koks" gehe. Steven Stelfox heißt dort ein zynischer Manager, der mit Musikern und erst recht mit Musik eigentlich nichts anfangen kann. Gewissermaßen im Recall hat er es auch in **Gott bewahre** geschafft.

„Meine John-Niven-Bücher haben sich meine Töchter unter den Nagel gerissen. **Gott bewahre** hat damals die ganze Band, die ganze Crew parallel gelesen."

In dieser politisch wunderbar unkorrekten Satire kommt Gott höchstpersönlich nach ein paar Tagen Angelurlaub zurück in den Himmel, wo die Zeitrechnung jedoch anders läuft: 400 Jahre sind vergangen, und der Mann, der gerne mal ein absolut göttliches Zeug durchzieht, ist stinksauer darüber, dass in der Weltgeschichte so ziemlich alles schiefgelaufen ist. Sein Büro vereinbart einen Termin mit dem Herrn der Unterwelt, in dessen Restaurant Hitler, aber auch Ronald Reagan als Kellner tätig sind. Gott hat seinen Sohn dabei, im Fahrstuhl geht es abwärts – mit höllischer Musik. Womit sonst: „Gott schließt Seine Manschetten und korrigiert den Sitz Seiner Krawatte. ‚Also gut,

**Richard Ford: Der Sportreporter** (The Sportswriter, 1986). München: dtv, 2013

**Richard Ford: Unabhängigkeitstag** (Independence Day, 1995). Berlin: Hanser Berlin, 2015

**Richard Ford: Die Lage des Landes** (The Lay of the Land, 2006). Berlin: Hanser Berlin, 2015

**Richard Ford: Frank** (2015). Berlin: Hanser Berlin, 2015

**John Williams: Stoner** (1965). München: dtv, 2014

**John Niven: Gott bewahre** (The Second Coming, 2011). München: Heyne Hardcore, 2012

denk dran: Benimm dich!' Ein helles PLING ertönt, als die Ziffer 10 aufleuchtet. Auch hier hatte Dante falsch gelegen."

„Wenn ich schlecht gelaunt bin, dann lese ich John Irvings **Die wilde Geschichte vom Wassertrinker**. Die bringt einen immer wieder gut drauf. Das Buch ist einfach unfassbar komisch."

## *„Wenn ich schlecht gelaunt bin, dann lese ich John Irvings Die wilde Geschichte vom Wassertrinker."*

John Niven: **Kill Your Friends** (2008). München: Heyne Hardcore, 2008

Amazon-Chef Jeff Bezos (* 1964) nimmt sämtliche Posten ein, die das von ihm gegründete Unternehmen zu bieten hat. Das Vermögen des reichsten Menschen der Welt lag bis 2019 bei 130 Milliarden Dollar. Auch der Versand von Büchern hat dazu beigetragen, wie man am Verschwinden der kleinen Buchläden ablesen kann. Nach Bezos' Scheidung ist alles halbiert worden – das wird hart für ihn. Für Wolfgang Niedecken ist das nicht wichtig, er hat sein Stammgeschäft für Bücher im Kölner Stadtteil Bayenthal.

John Irving: **Die wilde Geschichte vom Wassertrinker** (The Water-Method Man, 1972). Zürich: Diogenes, 1991

„In der Regel kaufe ich in der Buchhandlung Goltsteinstraße. Das will ich auch. Ich würde keine Bücher bei Amazon bestellen. Man kann sich nicht beschweren darüber, dass der ganze Einzelhandel kaputtgeht, dass dieses schöne kleine Möbelgeschäft auf der Ecke verschwunden ist und – alle bei Ikea kaufen. Amazon ist wie ein Krake."

Das meistverkaufte Buch weltweit ist die Bibel, und allem Anschein nach haben die Bewohner von Köln über die

Jahrhunderte ganz entscheidend dazu beigetragen. Auch Wolfgang Niedecken?

„Ja, Bibel muss sein. Ich bin ja schließlich restkatholisch."

Nach der Geburt der ersten gemeinsamen Tochter machten er und seine Frau Tina sich Gedanken über einen Namen. Sie sagte:

„Isis-Maria, was hältst du von Isis-Maria? Das war natürlich eine Punktlandung. Beide Muttergottheiten in ihrer Mythologie, beide sehr geheimnisvoll. Das Allerschärfste ist allerdings, als ich am 5. Mai meine beiden Damen aus dem Klösterchen abgeholt habe, dem Severinsklösterchen, und dann, als ich die kleine Isis zu Hause über die Schwelle getragen habe, kam mir eine Zeile von Bob Dylan in den Sinn, aus seinem gleichnamigen Stück *Isis*, welches anfängt mit ‚I married Isis on the fifth day of May'. Ich hatte mir das vorher nicht überlegt. Wenn es so läuft – deswegen bin ich restkatholisch."

# NINA GEORGE

geboren 1973 in Bielefeld. Sie arbeitete schon früh in verschiedenen gastronomischen Betrieben. Vor dem Abitur verließ sie die Schule. Beim Männermagazin *Penthouse* erhielt sie ihre journalistische Ausbildung. Seit 1993 arbeitet sie als freie Schriftstellerin und Journalistin. Sie hat auch Bücher unter ihrem Ehenamen Nina Kramer sowie unter den Pseudonymen Anne West und – gemeinsam mit ihrem Mann Jens J. Kramer – Jean Bagnol publiziert. Sie gehörte zum Präsidium des PEN-Zentrums Deutschland und war im Bundesvorstand des Verbandes deutscher Schriftsteller; seit Juni 2019 Präsidentin des European Writers' Council (EWC), dem Dachverband von 38 europäischen Schriftstellerinnen- und Schriftstellerverbänden. Auswahl aus den Büchern (als Nina George): **Kein Sex, kein Bier und jede Menge Tote** (2001); **Wie der Teufel es will** (2008); **Die Mondspielerin** (2010, erschienen in 18 Sprachen); **Das Lavendelzimmer** (2013, erschienen in 37 Sprachen); **Das Traumbuch** (2016, erschienen in 16 Sprachen); **Die Schönheit der Nacht** (2018); **Südlichter** (2019); (als Jean Bagnol): **Commissaire Mazan und die Erben des Marquis** (2013); **Commissaire Mazan und der blinde Engel** (2015); **Commissaire Mazan und die Spur des Korsen** (2017).

© Steven Haberland

**Nina George: Verliebt in Hamburg. Ein Stadtverführer** (2012). Berlin: Quadriga, 2015 / **Südlichter.** München: Knaur, 2019 / **Die Schönheit der Nacht.** München: Knaur, 2018

Die Bibliothek von Nina George steht im Berliner Ortsteil Schöneberg. Bis vor wenigen Jahren fand man diese Bücher an der Alster. Denn die Autorin war verliebt in Hamburg. Jedenfalls legt dies ein von ihr verfasster **Stadtverführer** nahe, der 2012 herauskam. Ihre Liebe zur Hansestadt, so versprach es der Verlag, sei „unheilbar". Doch es gab ein Problem.

„Hamburg liebte mich nicht zurück. Ich konnte dort wirken bis zu einem gewissen Punkt, bis ich merkte, dass es sehr viele unsichtbare gläserne Decken gibt. Das politische Leben Hamburgs hat sich mir verwehrt. Als ich nach Berlin gegangen bin, habe ich festgestellt: Was ich kann, wird hier geschätzt. Und was die Literatur angeht oder meine Tätigkeit beim *Hamburger Abendblatt*, auch da war klar, es wird eine Grenze geben. Über diese Grenze werde ich erst dann hinauskommen, wenn ich entweder in die Hamburger alteingesessenen Familien einheirate oder wenn ich tot bin. Erst dann werde ich vielleicht posthum eine Anerkennung erfahren, nach der ich mich mal gesehnt habe. Und hier in Berlin sehne ich mich überhaupt nicht nach einer Anerkennung. Ich ziehe weder mental noch emotional noch physisch den Bauch ein."

2017 wurde Nina George auf der Frankfurter Buchmesse als BücherFrau des Jahres ausgezeichnet. 6.000 Bücher hat sie zu Hause (gemeinsam mit Jens J. Kramer, Ehemann, Schriftsteller und eine Schreibhälfte von „Jean Bagnol"), mehr als zwei Dutzend hat sie selbst geschrieben – sehr erfolgreiche, sogar internationale und New-York-Times-Bestseller sind darunter.

„Bücher sind mir das Wichtigste überhaupt. Müsste ich mich entscheiden zwischen Liebhaber oder Ehemann oder Freundschaften, würde ich mich immer für Bücher entscheiden, weil Bücher alles sind. Sie haben mir alles beigebracht, sie sind meine ErzieherInnen, sie sind meine Freundschaften, sie sind meine Wahlverwandten,

131

# „Müsste ich mich entscheiden zwischen Liebhaber oder Ehemann oder Freundschaften, würde ich mich immer für Bücher entscheiden, weil Bücher alles sind. "

Irène Némirovsky: Suite française (2005).
München: btb, 2007

Irène Némirovsky:
Meistererzählungen.
München: btb, 2013

Stephen King: Erhebung
(Elevation, 2018). München:
Heyne, 2018

Stephen King: Friedhof
der Kuscheltiere (Pet
Cemetary, 1983). München:
Heyne, 2019

sie sind meine Verbündeten, sie sind meine GeheimnisträgerInnen. Bücher und ich haben die engste Beziehung, die man sich vorstellen kann."
Kein Mann konnte mithalten?
„Nein."
In dieser Berliner Bibliothek gibt es einige Sammlungen, die entstanden sind, wenn Nina George einem Autor, einer Autorin nicht mehr widerstehen konnte; sie sei allem, was sie nur kriegen konnte, hinterhergelaufen. Auf diese Weise entstanden größere Abteilungen von Irène Némirovsky (1903 – 1942) oder Stephen King (* 1947), aber auch zwei, drei Regale mit Büchern über Bücher, wobei ihr gleichgültig ist, ob es sich dabei um Sachbücher oder fiktionale Titel handelt.

Es war nicht eben der klassische Weg zur Autorin, den Nina George ging: Dass sie bereits mit 14 in der Gastronomie gearbeitet hat, hätte vielleicht noch passen können, aber dann verzichtete sie auf das Abitur und erlernte das journalistische Handwerkszeug beim *Penthouse*. Die Klischees, die nicht nur in diesem Medium über Männer und Frauen verbreitet wurden, nahm sie zum Anlass, um zu widersprechen und veröffentlichte **Gute Mädchen tun's im Bett, böse überall.** Dies geschah 1998 unter dem Pseudonym „Anne West", das sie noch öfter – und mit großem Erfolg - nutzte. Sex und Erotik sind ein unerschöpfliches Thema, und Nina George hat als Autorin auf diesem Gebiet kaum etwas ausgelassen.

Ebenso radikal und – im besten Sinn – unbarmherzig ist Nina George als Leserin. Ein Buch muss einiges bieten, damit sie sich darauf einlässt.

„Bücher eröffnen mir einen Freiraum, den ich vorher so nicht bemerkt habe. Wenn ich mich in ein Buch hineinvertiefe, dann bin ich weg, dann höre ich nichts, dann sehe ich nichts, dann atme ich besser, ich bin entspannt, ich muss nichts tun und nichts leisten. Dieser Effekt war zwar schon immer da, aber jetzt gerade, wo die digitale Gegenwart so viel von uns verlangt, so viel Aufmerksamkeit und Reaktionsvermögen, sind Bücher der einzige Raum, in den wir flüchten können. Und wenn sie gedruckt sind, widerstehen sie einer nachträglichen Zensur. Wenn wir ein Buch in der Hand haben mit allem, was dazugehört – Druck, Grafik, Typografie –, begreifen wir

Eine Auswahl:

**Anne West: Gute Mädchen tun's im Bett, böse überall.** München: Droemer Knaur, 1998 / **Warum Männer so schnell kommen und Frauen nur so tun als ob,** 2003 / **Wovon Frauen träumen und wie sie es bekommen,** 2009

*„Wenn wir ein Buch in der Hand haben mit allem, was dazugehört – Druck, Grafik, Typografie –, begreifen wir über die Haptik instinktiv den Wert."*

über die Haptik instinktiv den Wert, der dort geschaffen wurde. Im Digitalen ist dieser Wert zwar inhaltlich noch vorhanden, aber nicht mehr spürbar."

Mittelmaß, perfekt hergestellt zwar, aber ohne Ambitionen, hat bei ihr auf Dauer keine Chance, der gehobene Unterhaltungsroman hinterlässt am Ende nur ein schales Gefühl. Lieblingsbücher sind etwas anderes.

„Wenn ich Bücher lese, in denen ich mich zu Hause fühle und die wahrhaftig sind, haben sie das Potenzial, Lieblingsbücher zu werden. Mit wahrhaftig meine ich, mir ist es inzwischen zu wenig, wenn mir jemand nur eine Geschichte erzählt."

Mich interessiert, welche Bücher Nina George im Laufe der Jahre nachhaltig beeindruckt, vielleicht sogar verändert haben. Es sind Dutzende:

„Das erste, das mich tief beeindruckt hat: **Die Sagen der Griechen und Römer**, die eine andere Menschheitsgeschichte erzählten. Dann ein Buch von John Irving (* 1942) **Gottes Werk und Teufels Beitrag**, weil es so schmerzhaft ehrlich ist. Was mir daran besonders gefiel, war, dass auch gute Menschen in Not kommen und dass sie Dinge tun, die illegal sind. Sie können drogensüchtig werden oder einsam sein. Das hat meine Werteebene, was ein guter Mensch ist, völlig verschoben. Letztlich hat es auch zu meiner Überlegung geführt, ich würde gern jemand sein, der genau solche Geschichten erzählt – von der Rückseite des Menschlichen. Andere Lieblingsbücher, die mich politisch aufgeweckt haben, waren von Simone de Beauvoir (1908 – 1986) und Erica Jong (* 1942). Durch sie habe ich entdeckt, dass ich Feministin bin. Ich war es schon immer, nur wusste ich bis dahin nicht, warum."

„Jugendbücher haben mich relativ wenig interessiert. Bereits sehr früh habe ich begonnen, Erwachsenenliteratur für mich zu entdecken. Man wird es vielleicht kaum glauben,

Richard Carstensen (1906 – 1992): **Die Sagen der Römer und Griechen** (1959). Würzburg: Arena, 2015

**John Irving: Gottes Werk und Teufels Beitrag** (The Cider House Rules, 1985). Zürich: Diogenes, 2012

**Simone de Beauvoir: Das andere Geschlecht** (Le Deuxième Sexe, 1949). Reinbek: Rowohlt, 2000

**Erica Jong: Angst vorm Fliegen** (Fear of Flying, 1973). Berlin: Ullstein, 1974

**Karl May: Gesammelte Werke** (1892 – 1912). Radebeul: Karl-May-Verlag, 1962ff. – Erst 2016 ist bekannt geworden, dass der erfolgreichste Abenteuerautor des 19. Jahrhunderts mit deutlich trivialen Anteilen wahrscheinlich an einer Bleivergiftung gestorben ist, wenn auch nicht so spektakulär wie viele seiner Helden. Es war wohl der übermäßige Genuss von belastetem Trinkwasser, das ihm den Weg in die Ewigen Jagdgründe geebnet hat. Legenden zufolge war er dem Lungenkrebs oder einem Gattenmord erlegen. Das Gesamtwerk ist umfangreich genug und ernährt den Radebeuler Verlag, der seinen Namen trägt; der einzige Verlag weltweit, wie es scheint, der nur einen Autor und die Verästelungen seines Werks betreut.

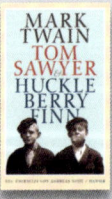

**Mark Twain: Tom Sawyer und Huckleberry Finn** (1876/1884). Neu übersetzt und hrsg. v. Andreas Nohl, München: dtv, 2012

aber in meiner Kindheit und Jugend habe ich alle Karl Mays (1842 – 1912) gelesen. Ich stand total auf *Old Shatterhand* und fühlte mich düpiert, als ich erfuhr, dass Karl May nie aus Radebeul rausgekommen ist; auf der anderen Seite fand ich es aber auch großartig, dass er quasi aus seinem Wohnzimmer heraus die ganze Welt bereist hat."

Nina George fielen irgendwann auch die Bücher über **Tom Sawyer und Huckleberry Finn** in die Hand, die unverwüstlichen Klassiker von Mark Twain (1835 – 1910). Tom hatte zwar die Liebesgeschichte mit Becky Thatcher, Huck aber war der Unangepasste.

„Er war einsam, aber frei. Und sein bester Kumpel war ein Afroamerikaner. Als junges Mädchen habe ich natürlich Literatur gelesen, wo die Jungs die Tollen waren, auch wenn diese Literatur mich als Frau verriet. Das habe ich freilich nicht gemerkt, sondern mir problemlos männliche Protagonisten als Identifikationsfläche gesucht. Es war für mich kein Widerspruch, mich selbst als Huckleberry Finn zu denken. Wenn ich heute auf die aktuelle Kinder- und Jugendbuchliteratur schaue und auf die Frage, brauchen wir andere Frauen- oder andere Mädchenfiguren in den Büchern, denke ich mir, ja, brauchen wir einerseits. Andererseits scheinen mir kindliche Gehirne so flexibel, dass sie sich auch im anderen Geschlecht sehen können."

Bei Nina George würde man nicht unbedingt erwarten, dass sie ein Fan von Kurzgeschichten war, die ein Macho verfasst hat, der dem harten Alkohol sehr zuneigte. Wobei dies alles bei ihm auch mit einer sonderbaren Mutter und sehr spät erkannten Depressionen zu hatte. Die Rede ist von Ernest Hemingway (1899 – 1961), der nach Nobelpreis und Suizid als literarische Figur erst einmal im Nirwana verschwand.

„Am Anfang war ich eine Lustleserin, mich hat nicht interessiert, wer da schreibt. Erst nach und nach, wenn ich mich verliebt habe in einen Text, in eine Gedankenwelt, habe ich mich mit den Autoren und Autorinnen beschäftigt. Das führte dazu, dass ich Sartre (1905 – 1980) erst bewunderte und ihn dann verabscheute. Oder dass ich Simone de Beauvoir erst bewunderte und dann bemitleidete. Oder Margaret Atwood (* 1939) erst sperrig fand und dann liebte. Oder andersherum: Ich bewunderte Stephen King bis zu dem Zeitpunkt, an dem ich ihn kennenlernte. Was für ein unsympathischer, eitler, selbstbezogener Narziss. Seitdem kann ich seine Bücher nur noch mit Bauchschmerzen kaufen."

Eine anekdotische Anmerkung zum Verhältnis von Jean Paul Sartre und Simone de Beauvoir: In seiner grandiosen Sammlung **Alles, was Sie über Literatur nicht wissen** enthüllt Rainer Schmitz (* 1950):

*Im fortgeschrittenen Alter erblindete Jean-Paul Sartre völlig. Freunde wie Françoise Sagan (1935 – 2004) haben ihm daher im Restaurant das Fleisch klein geschnitten oder in seiner Wohnung Whisky versteckt, den er so gerne trank. Sagan: „Simone de Beauvoir wollte absolut nicht, dass er Alkohol trank. Er bekam Besuch von vielen Frauen, denn er liebte Frauen. Er sagte ihnen: ‚Bringt mir doch Whisky mit, aber ihr müsst ihn dann auch verstecken, denn für einen Blinden ist es sehr schwierig, etwas zu verstecken.' Also habe ich ihm Whisky mitgebracht und ihm gesagt: ‚Ich tue ihn dorthin.' Er wusste, wo er ihn finden konnte."
Eines Tages jedoch hatte die Beauvoir die Flaschen gefunden und jede angerufen und verwarnt – „wie eine Schulmeisterin".*

Fehlt noch ein Hinweis auf weitere von Nina George besonders geschätzte Bücher von Stephen King, dem eitlen Narziss. Es sind drei. **Dead Zone** war der erste Roman, den sie von ihm las, und der ist ihr liebster geblieben. Es folgt einer der Klassiker unter seinen

Ernest Hemingway: **Gesammelte Werke** (10 Bände in Kassette). Reinbek: Rowohlt, 2003

Lesley M. M. Blume: **Und alle benehmen sich daneben. Wie Hemingway seine Legende erschuf** (Everybody Behaves Badly, 2016). München: dtv, 2019

Rainer Schmitz: **Was geschah mit Schillers Schädel? Alles, was Sie über Literatur nicht wissen.** Frankfurt: Eichborn, 2006 (vergriffen, aber antiquarisch durchaus zu bekommen, auch als Taschenbuch, München: Heyne, 2008)

Stephen King: **Dead Zone – Das Attentat** (Dead Zone, 1979). München: Heyne, 2007

etwa 50 Horrorbüchern: **Es**. Und irgendwie hat es ihr **Wahn** besonders angetan:

„Das ist die Geschichte eines Mannes, der nach einem Unfall seinen Arm verliert, aber plötzlich malen kann. Und das, was er malt, kann die Gegenwart und die Zukunft verändern. Alles sehr merkwürdig und seltsam; aber sehr dicht am Künstlerdasein. Ich glaube, King hat darin auch seine Alkoholsucht verarbeitet."

Unter den Autorinnen und Autoren, die Nina George ins Herz geschlossen hat, findet sich auch die Französin Véronique Olmi (* 1962).

„Die hatte Anfang der 2000er Jahre ihren Höhepunkt in Deutschland. Einer der Romantitel ist **Der Mann in der fünften Reihe**, ein anderer **Der Sommer am Meer**. Eines meiner Lieblingsbücher von ihr ist **Ein Mann – eine Frau**. Es spielt an einem Nachmittag in einem Pariser Hotel, den ein Mann und eine Frau dort verleben. Sie erzählt immer atemloser und verzichtet irgendwann komplett auf Interpunktionen, während das Geschehen gleichzeitig immer langsamer wird. Anfangs war das sehr schwer zu lesen für mich. Ich lege in der Regel Wert auf Interpunktion und hasse es, wenn jemand drauf verzichtet, mir einen Dialog anzuzeigen, sondern zum Beispiel nur einen Strich macht. Das halte ich für manierierten Quatsch. Aber bei Olmi funktioniert das sensationell."

Wir überschlagen die Weimarer Klassiker („Ich staube sie regelmäßig ab"), die Manns und sogar Kafka, denn Nina George möchte lieber über Stefan Zweig (1881 – 1942) reden.

„Ich lese gerade sein Werk, in dem er eine Rückschau auf das Jahrhundert versucht. Seine Betrachtungen könnten wir heute auch wieder anlegen. Die Autoren von damals zu lesen, heißt, das Heute zu verstehen. Zweig war allerdings manchmal auch ein Nabelschaubetrachter, was ich bei vielen Autorinnen und Autoren moniere. Wenn jemand sich nur mehr für den eigenen Nabelfussel interessiert,

**Stephen King: Es** (It, 1986). München: Heyne, 2019

**Stephen King: Wahn** (Duma Key, 2008). München: Heyne, 2009

**Véronique Olmi: Der Mann in der fünften Reihe** (J'amais mieux quand c'était toi, 2015). München: btb, 2019

**Véronique Olmi: Ein Mann – eine Frau** (La pluie ne change rien au désir, 2005). Berlin: Wagenbach, 2017

auch wenn das nur zwischen den Zeilen steht, dann finde ich es unlesbar. Meistens handelt es sich um männliche Autoren einer gewissen Kategorie, deswegen staube ich die eher ab, anstatt sie zu lesen – weil sie mich langweilen."

In **Die Welt von Gestern** analysiert Stefan Zweig jedoch scharfsichtig unter anderem die Situation, die zur „Machtergreifung" in Deutschland 1933 führte:

*„So vollkommen wusste (Hitler) nach allen Seiten hin durch Versprechungen zu täuschen, dass am Tage, da er zur Macht kam, Jubel in den allergegensätzlichsten Lagern herrschte. Die Monarchisten in Doorn meinten, er sei des Kaisers getreuester Wegbereiter, aber ebenso frohlockten die bayrischen, die wittelsbachischen Monarchisten in München; auch sie hielten ihn für ihren Mann. Die Deutschnationalen hofften, er werde ihnen das Holz kleinschlagen, das ihre Öfen heizen sollte; ihr Führer Hugenberg hatte sich vertraglich den wichtigsten Platz gesichert in Hitlers Kabinett und glaubte damit den Fuß im Steigbügel zu haben – natürlich flog er trotz beschworener Vereinbarung nach den ersten Wochen hinaus. Die Schwerindustrie fühlte durch Hitler sich von der Bolschewistenangst entlastet, sie sah den Mann an der Macht, den sie seit Jahren im geheimen finanziert; und gleichzeitig atmete das verarmte Kleinbürgertum, dem er in hundert Versammlungen die ‚Brechung der Zinsknechtschaft' versprochen hatte, begeistert auf. Die kleinen Händler erinnerten sich an die Zusage der Schließung der großen Kaufhäuser, ihrer gefährlichsten Konkurrenz (eine Zusage, die nie erfüllt wurde), und insbesondere dem Militär war Hitler willkommen, weil er militaristisch dachte und den Pazifismus beschimpfte. Sogar die Sozialdemokraten sahen seinen Aufstieg nicht so unfreundlich an, wie man hätte erwarten sollen, weil sie hofften, dass er ihre Erzfeinde, die hinter ihnen so unangenehm drängenden Kommunisten, abtun würde. Die verschiedensten, die gegensätzlichsten Parteien betrachteten diesen ‚unbekannten Soldaten', der jedem Stand, jeder Partei, jeder Richtung alles versprochen*

Stefan Zweig: Die Welt von Gestern. Erinnerungen eines Europäers (1942). Frankfurt: Fischer, 2017

*und beschworen hatte, als ihren Freund – sogar die deutschen
Juden waren nicht sehr beunruhigt."*

**Christoph Ransmayr: Cox
oder Der Lauf der Zeit**
(2016). Frankfurt: Fischer
2018

**Robert Menasse: Die
Hauptstadt.** .2017. Berlin:
Suhrkamp 2018

**Daniel Kehlmann: Die
Vermessung der Welt**
(2005). Reinbek: Rowohlt
2008

**Karen Duve: Warum die
Sache schiefgeht. Wie
Egoisten, Hohlköpfe und
Psychopathen uns um die
Zukunft bringen.** 2014.
München: Goldmann, 2016

**Juli Zeh: Neujahr**.
München: Luchterhand,
2018

In der deutschsprachigen Gegenwartsliteratur vermisst Nina George „Geschichtenerzähler":

„Ich habe gelesen – wie sage ich es diplomatisch? Robert Menasse (* 1954) – langatmig und langweilig, keine schöne Sprache. Kehlmann (* 1975) – einfallsreich, klug und absolut auf die männliche Seite der Literatur fixiert. Ransmayr (* 1954) – überaus unterhaltsam. Regener (* 1961) – schöner Rhythmus, entspricht seiner Tätigkeit als Musiker. Aber alle genannten erzählen von einer Lebenswelt, die nicht meine ist, weder meine als Frau noch meine in dieser Gegenwart, so als ob sie in einem Zitierkartell ihrer selbst bleiben. Alle Genannten sind Literaten, aber keine guten Geschichtenerzähler."

Für folgende Autorinnen hat Nina George eine ungleich höhere Sympathie: Karen Duve (* 1961), Juli Zeh (* 1974), Dörte Hansen (* 1964).

„Dörte Hansen ist eine fantastische Geschichten erzählerin. Karen Duve hat mich positiv überrascht mit dem Buch **Warum die Sache schiefgeht**, obwohl es dermaßen pessimistisch war, dass es mir wehtat. Sensationell. Karen Duve ist vermutlich eine der wichtigsten Stimmen, die wir haben. Juli Zeh hat eine Beobachtungsgabe, die auch wehtut, aber sie ist eine hervorragende Dramaturgin, je einfacher sie ist, desto besser. Sie bleibt aber auch in ironischer Distanz. Das heißt, auch sie ist keine Erzählerin, in deren Geschichten man versinkt. Duve und Zeh sind kanonisierte Autorinnen, sie sind Chronistinnen einer Gegenwart, sie sind Mahnerinnen, sie sind politisch. In Deutschland ist das ja anscheinend das Wichtigste. Das deutsche Feuilleton verachtet Geschichtenerzähler und Unterhaltung und durchaus auch Autorinnen. Und dafür verachte ich das deutsche Feuilleton."

In den USA sieht Nina George Geschichtenerzählerinnen, die sie hierzulande so schmerzlich vermisst, zum Beispiel Donna Tartt (* 1963) und Siri Hustvedt (* 1955), verheiratet mit Paul Auster (* 1947).

„Ich halte Siri Hustvedt für besser als Paul Auster. Der ist übrigens ein sehr sympathischer Mann, wir sind uns mal begegnet. Als sich alle um ihn scharten, dachte ich mir, mache ich das jetzt einfach mal nicht. Und das war die beste Variante, um irgendwann doch ins Gespräch zu kommen. Sie sind doch die Frau, die immer geht, sagte er zu mir. Und ich sagte ja, ich bin die Frau, die immer geht. Also: Siri Hustvedt ist die Bessere, doch ich finde es schwierig, wenn das Feuilleton, oder jetzt auch ich, einem Ehepaar, das schreibt, zumutet, dass es immer andere gibt, die sie bewerten oder auch danach fragen: „Wie kommen Sie damit zurecht, dass Paul Auster erfolgreicher ist, Sie aber besser?" Grauenhaft. Geht vermutlich jedem schreibenden Ehepaar so. – Auch Donna Tartt ist eine großartige Geschichtenerzählerin. **Der Distelfink** ist grandios. **Die geheime Geschichte** fand ich sogar noch besser."

Nina George erkennt bei vielen US-amerikanischen Autorinnen und Autoren eine gute Mischung aus Literatur und Unterhaltung auch auf höchstem Niveau.

„Den Kollegen, Robert Menasse zum Beispiel, möchte ich am liebsten sagen, deine Themen sind geil, richtig geil, aber könntest du bitte ein bisschen amerikanischer schreiben?"

Auf Autoren, auf Autorinnen des 19. und frühen 20. Jahrhunderts schielt sie ein bisschen neidisch. Während sich Schreibende in diesen Tagen wohl nicht nur unbewusst der YouTube-Ästhetik verpflichtet fühlen und Popmusik den Streaming-Gesetzen folgt und nicht mehr mit Instrumentalsolo beginnt, hatten diese Autoren nicht den Drang, in den ersten Zeilen bereits sämtliche Konflikte und Erzählstränge offenzulegen.

**Siri Hustvedt: Die Illusion der Gewissheit** (The Delusions of Certainty, 2017). Reinbek: Rowohlt, 2018

**Siri Hustvedt: Damals** (Memories of the Future, 2019). Reinbek: Rowohlt, 2019

**Donna Tartt: Der Distelfink** (The Goldfinch, 2014). München: Goldmann, 2015

**Donna Tartt: Die geheime Geschichte** (The Secret History, 1993). München: Goldmann, 2017

**Jules Verne: Reise um die Erde in 80 Tagen** (Le Tour du monde en 80 jours). 1873. Frankfurt: Sauerländer, 2016

**Stanisław Lem: Solaris** (1961). Berlin: List, 2006

© 2016 Hoffman und Campe Verlag, Hamburg

**E. M. Forster: Die Maschine steht still** (The Machine stops, 1909). Hamburg: Hoffmann & Campe, 2016; Hörspiel im Berliner Audio Verlag, 2019 – Diese Vorwegnahme des Internet ist verglichen mit den Büchern von George Orwell eher unbekannt geblieben. E. M. Forster hat eine ganze Reihe Romane geschrieben, bekannt geworden sind aber die Regisseure, die sie verfilmt haben, vor allem James Ivory (* 1928): *Zimmer mit Aussicht* (1986) und *Wiedersehen in Howards End* (1999).

„Und was sie schreiben, ist durchdacht. Klar, weil sie anders gearbeitet haben. Sie schrieben mit der Hand oder mit der Schreibmaschine. Die mussten wissen, was sie tun, oder dann auf eine sehr komplizierte Art korrigieren und überarbeiten. Ich glaube, dass sie dadurch fokussierter waren, außerdem waren sie nicht so getrieben von den angeblichen Marktmechanismen. Ich beneide diese Autorinnen um die Ruhe, die sie ihren Geschichten gönnen. Ich liebe das und rufe mir innerlich zu: Trau dich das auch!"

Im Morgengrauen ihres Erwachsenenwerdens war Nina George fasziniert von Science-Fiction; die Zukunft in jeder Form stand auf ihrer literarischen Speisekarte.

„Ich habe sie alle gelesen, mehrfach. Mit Jules Verne (1828 – 1905) bin ich, ich weiß nicht wie oft, in 80 Tagen um die Welt gereist. Die meisten Bücher habe ich als junge Frau zuerst in der Bibliothek gelesen und irgendwann nach und nach gekauft. Wenn ich heute Sonderausgaben sehe – ich kann nicht widerstehen. Ein anderes Beispiel sind Dystopien von Stanislaw Lem (1921 – 2006), und nicht zu vergessen, eines meiner Lieblingswerke überhaupt, **The Machine stops** von E. M. Forster (1879 – 1970). Das ist eine Novelle, die von einer Welt erzählt, in der Menschen in kleinen Kammern sitzen, unter der Erde, in einem komplett belüfteten System, automatisch versorgt werden mit Nahrung und über kleine Monitore miteinander kommunizieren, darüber Ideen und Bilder austauschen. Irgendwann stoppt die Maschine, die sie mit Luft und Atem und Strom für ihre kleinen Monitore versorgt, und sie kriechen an die Oberfläche und sterben an zu viel Leben. Wow. Was für eine Allegorie auf unser heutiges Leben."

Die Bücher der großen Dystopisten – Ray Bradbury (1920 – 2012), Aldous Huxley (1894 – 1963), George Orwell (1903 – 1950) – verdanken einen Teil ihrer

Auflage Nina George. Denn sie liest diese Bücher nicht nur, sie verschenkt sie auch, mit einer letztlich lebenswichtigen Begründung.

„Sie vermitteln dieses Wissen von menschlichen Fehlleistungen, die nur dann entstehen, wenn es eine Gesellschaft gibt, in der Menschen anfangen, zuerst aus Bequemlichkeit Dinge zu unterlassen oder in Anspruch zu nehmen. Das Internet ist ja wahnsinnig bequem. Dadurch geben wir unsere Daten her, und ein Gesundheitsarmband unterstützt mich dabei, gesünder zu sein. Dass diese Daten aber irgendwann gegen einen verwendet werden können, dass ein Gesundheitsarmband registrieren kann, wie ich mich fühle, wenn Kim Jong im Fernsehen erscheint, und im nächsten Augenblick steht die Miliz vor der Tür und führt mich als Dissidentin ab. Also kurz gesagt, diese damaligen Autoren sind heute immer noch groß, weil sie Geschichten geschrieben haben, die ganz dicht an den menschlichen Verfehlungen sind. Wir brauchen mehr von ihnen. Und, ja, das ist eine Liebeserklärung."

Jean Bagnol: Commissaire Mazan und die Erben des Marquis. München: Knaur, 2013

Nina George hat auch Krimis veröffentlicht, zuletzt drei als „Jean Bagnol", gemeinsam mit ihrem Mann Jens J. Kramer. **Commissaire Mazan und die Erben des Marquis** ist weit entfernt vom üblichen Mainstream und wird nicht nur Katzenliebhaber begeistern, die allerdings ganz besonders. Nina George hat eine Unmenge an Kriminalromanen gelesen und kennt sich aus. Ermittler, deren Klischee-Skala nach allen Seiten offen ist – geschieden, versoffen, depressiv –, finden bei ihr keine Gnade.

**Dominique Manotti: Kesseltreiben** (Racket). Hamburg: Argument Verlag mit Ariadne, 2018

„Die Bücher von Ingrid Noll (* 1935) zum Beispiel schätze ich, weil es dort keinen Ermittler gibt, sondern weil mir erzählt wird, wie es dazu gekommen ist; Fred Vargas (* 1957), weil das Ermittlerteam dort schön schräg ist. Meine Göttin aber ist inzwischen Dominique Manotti (* 1942). Ihre Kriminalromane bilden entweder die Gegenwart oder die politische und wirtschaftliche Vergangenheit Frankreichs ab, und zwar auf

© Steven Haberland

**Yuval Noah Harari:
Eine kurze Geschichte
der Menschheit** (2011).
München: Pantheon, 2015

**Yuval Noah Harari: 21
Lektionen für das 21.
Jahrhundert.** München:
Beck, 2018

eine Art, die so hart und gut konstruiert ist und zudem brillant erzählt – Manotti ist wirklich sensationell. Die US-Amerikaner schätze ich für ihre Rasanz und für ihren Plot, auch für den Unterhaltungswert. Bei den Skandinaviern hatte ich zwischenzeitlich das Gefühl, jeder drittklassige Zahnarzt darf auch mal einen Krimi veröffentlichen."

In Berlin-Schöneberg nimmt man sich auch die Zeit, um Sachbücher zu lesen. Sehr geschätzt im Moment: zwei Bücher von Yuval Noah Harari (* 1976), Professor für Geschichte in Jerusalem; er hat die Entwicklung des Homo sapiens zum Herrscher der Welt eindringlich und überzeugend in **Eine kurze Geschichte der Menschheit** beschrieben.

„Das Buch lag schön präsentiert in einer Buchhandlung, ich dachte, oh, das ist was für Jens, und habe es ihm spontan mitgebracht. Er hat das Buch durchgearbeitet und mir davon erzählt. Die Folge ist, dass ich zurzeit die **21 Lektionen für das 21. Jahrhundert** lese. Das ist richtig Arbeit: Ich unterstreiche Sätze, ich schreibe Gedanken daneben. Wenn es mich dazu bringt, etwas daneben zu schreiben, erkenne ich am Ende, ob es gut ist. – Sachbücher müssen bestimmte Themen betreffen. Ich habe Yvonne Hofstetter (* 1966) gern gelesen: **Das Ende der Demokratie.** Da geht es um die Auswirkungen des Internet und die schwer einschätzbaren Gefahren. Jaron Lanier (* 1960) habe ich gelesen als quasi jemand, der das Internet mit erfunden hat und anfing, kritisch darüber zu denken."

Autorinnen (und Autoren) signieren ihre Bücher zumeist mit Freude und bei vielen Gelegenheiten. Und sie erhalten Bücher, die von anderen signiert worden sind. Buchmessen sind solche Gelegenheiten. Nicht jedes dieser signierten Bücher löst Jubel aus, anderseits gibt es Exemplare, zwischen deren Seiten sentimentale Erinnerungen eingeschlossen sind. Für Nina George ist das zum Beispiel das letzte Buch von Johannes Mario Simmel (1924 – 2009), das er 1999 veröffentlicht hat: **Liebe ist die letzte Brücke.**

„Er hat es signiert für mich, bei meiner ersten Buchmesse in Frankfurt; ich war eine ganz junge Deern. Wir haben erst darüber gesprochen, welche Tinte wohl am besten ist für Signaturen. Ich hatte meinen ersten Roman rausgebracht. Und er erzählte mir, es schmerze ihn immer noch, dass das Feuilleton seine Bücher als Unterhaltung abklassifiziert. Ich habe ihm glaubhaft versichern können, dass er eins meiner großen Vorbilder ist. Und er hat ganz liebevoll meinen Oberarm getätschelt, halb glücklich und halb, ach, dass Sie sich so jemanden als Vorbild nehmen, aber danke schön."

Nina George ist damals berauscht gewesen, neben ihm im Frankfurter Hof sitzen zu dürfen. – Ein anderes Vorbild ist Georg Stefan Troller (* 1921), der seit 1949 in Paris lebt und den Deutschen im Radio und Fernsehen Frankreich erklärt hat – so wie Peter von Zahn seinerzeit die USA. Trollers Interviews in

**Yvonne Hofstetter: Das Ende der Demokratie. Wie die künstliche Intelligenz die Politik übernimmt und uns entmündigt.** München: Bertelsmann, 2016

**Jaron Lanier: Anbruch einer neuen Zeit: Wie Virtual Reality unser Leben und unsere Gesellschaft verändert** (Dawn of the New Everything: A Journey Through Virtual Reality) 2017. Hamburg: Hoffmann & Campe 2018

**Georg Stefan Troller:
Personenbeschreibung.
Tagebuch mit Menschen.**
Hamburg: Rasch & Röhring,
1990 – vergriffen, leider.

**Georg Stefan Troller:
Unterwegs auf vielen
Straßen. Erlebtes und
Erinnertes.** Köln: Edition
Memoria 2016

**Alan Bennett: Die
souveräne Leserin** (The
Uncommon Reader, 2007).
Berlin: Klaus Wagenbach,
2008

**Jens J. Kramer: Das Delta.**
Köln: Friedebold & Fischer,
2007

der Reihe *Personenbeschreibung*, die von 1972 bis 1993 im ZDF lief, sind legendär und stilprägend gewesen. Aus dieser Reihe ist ein Buch entstanden, das leider vergriffen ist.

„Seine **Personenbeschreibung. Tagebuch mit Menschen** ist definitiv eine meiner wichtigsten Bibeln gewesen für meine Selbstausbildung als junge Journalistin. Ein unglaublicher Beobachter, vor allen Dingen, wie er mit Menschen umgeht, und die Empathie, die er hat. Zuletzt getroffen habe ich ihn bei einer PEN-Veranstaltung in Göttingen, da saß er bei uns mit auf dem Podium und sagte, der Geruch der heutigen Zeit erinnere ihn an den Brandgeruch der 1930er Jahre."

Welche Bücher verschenkt Nina George (außer Dystopien von Orwell & Co)?

„Immer wieder **Die souveräne Leserin** von Alan Bennett (* 1934)."

Ist sie mit dem Autor Jens J. Kramer (* 1957) rundum zufrieden?

„Er ist besser als ich, und er ist sensationell."

Das weiß die Welt aber noch nicht so, oder?

„Die, die ihn lesen, glaube ich, finden das genauso, aber ihn sichtbar zu machen, das ist die Aufgabe."

Von Jens J. Kramer erscheint 2020 bei Droemer Knaur der Psycho-Thriller: **Johannas Rache.**

# GEORG STEFAN TROLLER

geboren 1921 – Journalist, Schriftsteller, Drehbuchautor, Regisseur, Doku-
mentarfilmer. Österreicher jüdischer Herkunft, den Nazis nur knapp entkommen, heute als Amerikaner in Paris lebend, fühlt sich Troller dem deutschen Sprachraum zugehörig. Er wurde besonders als Fernsehjournalist
berühmt mit seinen subjektiven Fragen, die stilbildend wurden für wenigstens zwei Generationen von Journalisten. Legendär wurde sein *Pariser Journal* in der ARD, in den 1970er-Jahren die *Personenbeschreibung* beim ZDF.
Seine wunderbaren Memoiren **Selbstbeschreibung (1988 & 2009)**
sind leider vergriffen. Ebenso seine **Personenbeschreibung. Tagebuch
mit Menschen. (1990)**. Lieferbar und sehr empfehlenswert: **Mit einer
Schreibmaschine**. Geschichten und Begegnungen. Köln: Edition Memoria, 2013; **Unterwegs auf vielen Straßen. Erlebtes und Erinnertes**.
Köln: Edition Memoria, 2016; **Ein Traum von Paris.** Wiesbaden: Corso
2017. Seine Liste von Preisen ist lang: u. a. Goldene Kamera, Grimme-
Preise, Oscar-Nominierung, Bambi, Bundesverdienstkreuz, Schillerpreis.

**G**eorg Stefan Trollers Wohnung befindet sich im obersten Geschoss eines eleganten Hauses im 7. Arrondissement in Paris. Das Viertel der ausgedienten Militärs und Politiker, de Gaulle hat hier gelebt, ebenso Mitterand. Rentner überwiegen, Jugend ist kaum zu entdecken. Was sie verbindet in ganz Paris in diesen Tagen: Sie rauchen so ziemlich alle, auch auf der Straße: Alte und Junge, Männer und Frauen. Fehlt nur noch, dass der 2CV – für Deutsche: die „Ente" – vorbeifährt, mit fünf Studierenden unterschiedlichen Geschlechts auf den Campingsitzen, eine Gitanes („Fumer tue") im Mundwinkel, als wäre Belmondo immer noch 35, und von Lungenkrebs hätte man noch nie etwas gehört.

Das Deprimierende beim Eintritt in Trollers Wunderwelt vorweg: Der ziemlich einzigartige Teil seiner Bibliothek ist in den letzten Jahren in die Welt verstreut worden. Nachdem ich Georg Stefan Troller per Fax zu unserem Bücher-Gespräch eingeladen hatte, antwortete er mir handschriftlich mit einem Brief: „(...) 50 Jahre habe ich auf so ein Angebot gewartet. Jetzt ist es zu spät – meine Büchersammlung verkauft & versteigert."

Nach einem Telefonat war dann aber schnell klar: Er habe immer noch etwa 3.000 Bücher, vermutlich also mehr als die meisten Zeitgeist-Intellektuellen zusammen.

Als Georg Stefan Troller 1938 aus Wien mit knapp 17 Jahren emigrierte, zu Fuß nach Prag, hatte er einzig ein Köfferchen mit etwas Wäsche und einem Buch von Karl Kraus dabei: **Die letzten Tage der Menschheit**. Keine schlechte Wahl: ein Buch, das man nicht wirklich auslesen kann, unaufführbares „Marstheater". Karl Kraus schrieb im Vorwort: „Die unwahrscheinlichsten Taten, die hier gemeldet werden, sind wirklich geschehen; ich habe gemalt, was sie nur taten. Die unwahrscheinlichsten Gespräche, die hier geführt werden, sind wörtlich gesprochen worden; die grellsten Erfindungen sind Zitate."

Das Kraus-Drama, möglicherweise eine Erstausgabe (1918), und das Köfferchen sind ihm später gestohlen worden.

**Karl Kraus: Die letzten Tage der Menschheit: Bühnenfassung des Autors**. 1918. Frankfurt: Suhrkamp, 2005, im Wiener Mono Verlag ist 2016 eine empfehlenswerte Lesung mit Martin Ploderer erschienen)

Jahrzehnte danach ist ihm auf dem Postweg ein noch wertvolleres Buch abhandengekommen: **Mr. William Shakespeare's Comedies, Histories, & Tragedies**, die vierte Auflage einer der ersten Gesamtausgaben. Die Anzahl der Bücher von 1685 ist überschaubar, der Wert im Bereich von ein bis zwei Mittelklassewagen. Es gibt vier Auflagen der sogenannten Folio-Ausgabe. Die erste, von 1623, ist lange schon unbezahlbar und fast nur noch im Museum zu bewundern.

Georg Stefan Troller, der sich zum Bibliophilen entwickelt hatte, verfügte auch über ein *Folio 4* (1685), gekauft für 4.000 Dollar. Da das Buch leichte Mängel aufwies, wurde ein Deal mit einem Antiquariat in Los Angeles eingefädelt: sein Folio 4 gegen ein untadeliges Exemplar für zusätzliche 20.000 Dollar. Das Problem: Sein Exemplar wurde wie angeblich die gesamte Postladung gestohlen. Angemessen versichert war nichts, niemand fühlte sich zuständig. Um das wertvollere Exemplar dennoch zu bekommen, musste der Bücherliebhaber den Preis für sein Exemplar erneut investieren. Inzwischen hat er diese Gesamtausgabe, die etwa 100.000 Euro wert ist, für bescheidene 30.000 Euro nach England verkauft. Er wollte nicht kämpfen. Außerdem liebt er seine Töchter Fenn und Linda noch mehr als seine Bücher, und für sie hat er seine wertvollsten Stücke verkauft und versteigert.

Die erste Shakespeare-Folio-Ausgabe erschien 1623, sieben Jahre nach dem Tod des Autors, trug den Titel **Mr. William Shakespeare's Comedies, Histories & Tragedies** und wurde in etwa 750 Exemplaren gedruckt. Es existieren heute noch 234 Exemplare. Die vierte Folio-Ausgabe, von der Georg Stefan Troller ein Exemplar besaß, erschien 1685.

„Was tut man nicht alles – damals habe ich auch gut verdient –, um eine solche lebenslange Passion zu erfüllen, zu sättigen. Ich habe mich aber entschlossen, meinen Kindern schon zu Lebzeiten etwas zu hinterlassen, und alle meine Schätze versteigert, verkauft – und natürlich 20 Prozent Steuern darauf gezahlt, wie hier üblich, wenn man den Kindern was vermacht. Zu meiner Überraschung ist mein Herz nicht gebrochen. Ich dachte, ich könnte nicht leben ohne diese Bücher. Und nachher stellte sich heraus, es ist mir lieber so. Die Kinder haben mehr davon, als wenn ich in meinen Schätzen wühle, die niemand mit mir teilen kann. Ich fand nie irgendjemand, der sich dafür interessierte. Es gibt keine Bücherliebhaber mehr – anscheinend."

Georg Stefan Troller hatte wirklich unglaubliche Schätze in seiner Bibliothek. **Une Saison en Enfer** (**Eine Zeit in der Hölle**), der Klassiker von Arthur Rimbaud (1854 – 1891), geschrieben 1873, Auflage 300 Stück. Sieben signierte Frei-Exemplare gingen an Freunde – darunter Paul Verlaine (1844 – 1896) und sind unbezahlbar. Der Rest der Auflage, die Rimbaud nicht finanzieren konnte, blieb beim Drucker und wurde vergessen. Anfang des 20. Jahrhunderts wurden diese Exemplare, die zu einem nicht unbeträchtlichen Teil von mittellosen Pariser Mäusen zerfressen worden waren, wieder aufgefunden. Georg Stefan Troller kaufte ein Exemplar für 300 Franc (ungefähr 50 Euro).

**Arthur Rimbaud: Une Saison en Enfer / Eine Zeit in der Hölle**. 1873. Stuttgart: Reclam, 1997

Es war unaufgeschnitten; und da er es unbedingt im Original lesen wollte, halbierte er – ahnungslos – den Wert, indem er es aufschnitt. Er hat es kürzlich dennoch für 10.000 Euro verkaufen können. Was für glückliche Töchter.

Der Rimbaud war die Nummer 1 in seiner französischen Sammlung. Später kam ein Gedichtband von Paul Verlaine dazu, versehen mit handschriftlichen Anmerkungen des Dichters. 60.000 Franc musste er dafür hinblättern. Das wären heutzutage etwa 10.000 Euro. Natürlich hat oder hatte er auch Seltenheiten von Goethe, u. a. den zweibändigen Schweizer Raubdruck einer Gesamtausgabe sowie die Himburg-Ausgabe in drei Bänden.

Eine der ersten Wirkungen des Goetheschen *Werther* bestand darin, dass ein von Goethe nicht autorisierter Nachdruck des Romans auf den Markt kam. Der Berliner Verleger Christian Friedrich Himburg brachte den Roman 1775 als **J. W. Goethens Schriften, Erster Band** heraus, identifizierte also Goethe – im Unterschied zu der anonymen Leipziger Originalausgabe bei Weygand – als Verfasser bereits im Titel. Dies war möglich, weil es zu jener Zeit in Deutschland noch keine Urheberrechtsregelung gab. Erst 1794 verbot das Preußische Allgemeine

Landrecht den ungenehmigten Nachdruck von Büchern (um den regulären Verleger zu schützen), und erst 1835 wurde das Urheberrecht des Autors an seinem Werk (bis 30 Jahre nach seinem Tod – heute sind es 70 Jahre) eingeführt. Der unautorisierte Nachdruck wurde von Goethe allerdings mit bösen Kommentaren bedacht, und zwar umso mehr, als Himburg eine ganze Werkreihe daraus machte. Als 1779 der vierte Band seiner *Schriften* bei Himburg erschien und der Verleger ihm als Honorar ein Porzellan-Service aus der „Königlich-Preußischen Manufaktur" (KPM) dafür anbot, verfasste er auf diese Zumutung hin das folgende Gedicht:

*Lang verdorrte, halbverweste Blätter vorger Jahre,*
*Ausgekämmte, auch geweiht und abgeschnittne Haare,*
*Alte Wämser, ausgetretne Schuh und schwarzes Linnen*
*(Was sie nicht ums leidge Geld beginnen!)*
*Haben sie für bar und gut*
*Neuerdings dem Publikum gegeben.*
*Was man andern nach dem Tode tut,*
*Tut man mir bei meinem Leben.*
*Doch ich schreibe nicht um Porzellan noch Brot,*
*Für die Himburgs bin ich tot.*

Das Porzellan-Angebot hat Goethe auch deshalb empört, weil in Berlin die Juden, wenn sie heiraten wollten, eine bestimmte Menge Porzellan bei der KPM kaufen mussten – ein Mittel, der lange unterbeschäftigen Königlichen Manufaktur Aufträge zu verschaffen. Gleichwohl hat Goethe für seine ab 1786 vorgenommene Überarbeitung des Romans sogar den Himburgschen Nachdruck (in der dritten Auflage von 1777) benutzt und dadurch eine Reihe von Druckabweichungen in die Zweitfassung übernommen, die nur dieser Nachdruck aufwies.

Den *Götz von Berlichingen*, das Drama mit dem berühmtesten deutschen Fluch, der schamhaft stets mit einer abmildernden Präposition zitiert wird (tatsächlich sagt Götz von Berlichingen: „Er aber, sag's ihm, er kann mich im Arsche lecken!"), hatte

Georg Stefan Troller einem Bukinisten für ein paar Francs aus dem hölzernen Wagen gezogen. Voller Freude machte er eine Reportage für das eigene *Pariser Journal* und erhielt prompt Post von einem Nachfahr, der fast jeden Preis für die Erstausgabe bezahlen wollte. Er lehnte ab. Als er es jetzt versteigern wollte, stellte sich heraus, es war nur ein Nachdruck, lediglich rückdatiert auf das Datum 1773. Also doch nur relativ wenig wert.

„Aber ich habe jahrelang an dieses Buch geglaubt und war damit glücklich. Das ist doch die Hauptsache."

Eine seiner Jugendlieben war das *Nibelungenlied*, das mittelalterliche Heldenepos, das im 18. Jahrhundert wiederentdeckt und gedruckt wurde und seit dem 19. Jahrhundert als deutsches Nationalepos gilt, wovon heutzutage freilich kaum noch jemand weiß. Georg Stefan Troller, der den Erstdruck von 1782 besaß, erzählt die Geschichte des Gelehrten Josef von Laßberg (1770 – 1855), dessen Bibliothek 10.000 Bände umfasste, darunter die Handschrift C des Nibelungenliedes, die er mithilfe von 200 Dukaten, die ihm eine Geliebte beinahe uneigennützig vorstreckte, kaufen konnte. Nach dieser erfolgreichen Liebschaft ging er übrigens im hohen Alter von 54 die Ehe mit der Schwester von Annette von Droste Hülshoff (1797 – 1848) ein. Troller, der sich für diese Geschichte mehr als für die der Bibel interessierte, begann gleichsam als Kind, das Werk zu übersetzen, ohne zu ahnen, dass es durchaus verschiedene Versuche bereits gegeben hatte.

„Dass aus der blond bezopften Krimhild, dieser Lichtfigur, am Ende dieses fiese rachedurstige Weib wird – das ist echte Menschenbeobachtung. Da hat jemand etwas geschrieben, was er erlebt oder erkannt haben muss. Das so in anderen Heldengeschichten nicht vorkommt. Frauen waren entweder Lichtgestalten, oder sie waren finstere Schwiegermütter. Aber dass eine Lichtgestalt zu einer Rachefigur mutiert – das ist einzigartig."

Für Georg Stefan Troller als Wiener waren ganz wichtig Ferdinand Raimunds (1790 – 1836) **Gesammelte Werke**, die – bis auf den *Alpenkönig* – erst nach dessen Tod herauskamen, um ungenehmigte Aufführungen möglichst zu unterbinden.

Von 1823 bis 1834 verfasste Raimund acht Bühnenwerke, die gemeinsam mit dem Werk Johann Nestroys den literarischen Höhepunkt der Alt-Wiener Volkskomödie darstellen. Die Mischung von Humor, Melancholie und erzieherischer Absicht sicherte ihm einen breiten Erfolg beim Publikum. Ferdinand Raimunds Werke sind nur verstreut und einzeln zu bekommen.

Neben dieser Erstausgabe besaß er auch Charles Dickens' (1812 – 1870) **A Christmas Carol** (1843) (mit farbigen Holzschnitten) und eine der ersten Veröffentlichungen des **Reigen** von Arthur Schnitzler (1862 – 1931). Das berühmte erotische Stück war bis in die 1920er-Jahre mit einem Aufführungsverbot belegt, das nur kurz unterbrochen wurde. Genau genommen bestand ein solches Verbot sogar bis 1982. Man glaubt es nicht.

**A Christmas Carol (Deutsch meist *Eine Weihnachtsgeschichte*)** ist wohl die populärste Erzählung von Charles Dickens). Ebenezer Scrooge begegnet darin mehreren Geistern, die ihn dazu bewegen, sein menschenunfreundliches Leben zu verändern. Der Stoff ist seit 1901 mehr als zwei Dutzend Mal verfilmt worden. Auch perfekt als Wiederholung im Fernsehen.

Was Georg Stefan Troller auch interessierte und als Erstausgabe viele Jahrzehnte im Regal stand: Johann Caspar Lavaters (1741 – 1801) **Physiognomische Fragmente, zur Beförderung der Menschenkenntniß und Menschenliebe** (1775).

„Kann man wirklich am Gesicht den Charakter erkennen? Also, ich glaube, er hat Unrecht, aber seine Beschreibung menschlicher Charaktere ist dermaßen ausgezeichnet und ausführlich, ja, und zutreffend, auch wenn es mit den Gesichtern nicht übereinstimmt."

**Georg Christoph Lichtenberg: Neue Blicke durch die alten Löcher. Aphorismen und Schriften.** Stuttgart: Reclam, 2014

Lavaters schärfster Gegner war Georg Christoph Lichtenberg (1742 – 1799). In seinem *Fragment von Schwänzen* geißelte er die „Raserei der Physiognomik". Aus Silhouetten von Schweine- und Hundeschwänzen und den Zöpfen seiner Studenten, behauptete der Göttinger Aufklärer satirisch, könne er auf die Wesensart des jeweils Betreffenden schließen.

Weitgehend vergessen ist der Theaterwissenschaftler Joseph Gregor (1888 – 1960), der heute manchen als Nutznießer und Apologet des NS-Regimes gilt. Sein Buch **Das Zeitalter des Films**

(1932) gab Troller die weitere Richtung vor. „Das hat eine solche Lust in mir geweckt, selbst Filme zu machen. Zum ersten Mal wurde hier Film als Kunst eingestuft. Künstler wollte ich immer sein – das war natürlich noch Stummfilm damals –, aber dass Film als Kunst betrachtet werden kann, das war für mich neu."

Eines seiner Prachtstücke, eine absolute Rarität, die bislang im heimischen Regal stehen bleiben durfte, ist eine mehrfach gefaltete Karte des „Wilden Westens", damals „Louisiana" genannt; darauf verzeichnet sind sämtliche Indianerstämme, mit der Kopfzahl. Einige Stämme hatten nur 1.000 oder 2.000, andere wie die Sioux 8.000 Mitglieder.

„Ich kenne keine andere Karte, die das verzeichnet."

*Heim der Jugend* war die erste Jugendzeitschrift in Österreich, die ihn nachhaltig beeindruckt hat. Beim Blättern erinnert er sich: dort habe er „ein erstes und einziges Nackedei, eine junge Frau, die im Wasser badet", gesehen. Das Bild bleibt bedauerlicherweise unauffindbar. Über die Zeitschrift, die hier als Sammelband steht, ist heute kaum noch etwas bekannt. Wiener Jugendstil, die Ästhetisierung der Welt als Ausweg aus der seelischen Misere.

„Dass einen die Literatur, später die Filmerei, von den ewigen Selbstzweifeln erretten kann, die einen heimsuchen, der es nicht zu einem Goethe oder Schnitzler gebracht hat – als Ersatz dafür, diese Schätze zu besitzen, oder diese Filme zu drehen, das war, glaube ich, der psychologische Trick, mit dem ich mich über die Runden gebracht habe.

Der Sammelband *Heim der Jugend* ist eines jener Bücher, die ich zusammen mit *Pinocchio* zehn Mal gelesen habe. Letzterer hieß in einer deutschen Version **Zäpfel Kern**. Das Buch habe ich geliebt. – Mein Vater sagte gern: setz dich hinter deine Bücher, aber nicht an **Zäpfel Kern** bitteschön, sondern an echte Literatur oder Schulbücher."

Jakob Michael Reinhold Lenz (1751 – 1792) war für Troller ein sehr wichtiger Autor, dessen ungewöhnliche Lebensgeschichte ihn nie losgelassen hat. **Der Hofmeister** (1774) stand

**Zäpfel Kerns Abenteuer. Eine deutsche Kasperlegeschichte in 43 Kapiteln. Frei nach Collodis italienischer Puppenhistorie Pinocchio** (Köln: Schaffstein, 1905) war eine komplette Übertragung ins Deutsche von Otto Julius Bierbaum. Es sind die gleichen Geschichten wie im Original von Carlo Collodi (1881), die Figuren tragen allerdings deutsche Namen, zum Beispiel Meister Pflaume.

als Erstausgabe bis vor kurzem in seiner Bibliothek. Lenz war Goethe an den Hof nach Weimar gefolgt. Doch bereits Anfang Dezember 1776 wurde er auf Betreiben Goethes wieder ausgewiesen. Der genaue Hintergrund ist nicht überliefert, Goethe, der danach den persönlichen Kontakt abbrach, erwähnt in seinem Tagebuch nur vage „Lenzens Eseley".

„Ich kann mir vorstellen, dass er versucht hat, Charlotte von Stein, deren Hauslehrer er einige Zeit war, seinem Rivalen Goethe abspenstig zu machen. Und vielleicht gelang ihm das sogar." Lenz' Stücke sind der Beginn des realistischen Theaters in Deutschland.

Es gibt Büchersammler, die folgen geradezu manisch einem Autor oder einer Autorin und bedauern insgeheim, nicht an deren erlesbare Fähigkeiten heranzureichen. Georg Stefan Troller, bald geschützt von einem deutlichen Selbstvertrauen, war zeit seines Lebens ein Freigeist, nicht bloß in seiner prägenden Arbeit als Radio- und Fernsehautor; er war es auch im Aufspüren und Sammeln von Lieblingsbüchern und -autoren sowie lesend in seiner Bibliothek.

Es gibt drei nennenswerte Dichtungen, die Lenz literarisch ein Denkmal gesetzt haben: **Georg Büchners** Novelle **Lenz** (1835), **Peter Schneiders** Erzählung **Lenz** (1973) und **Gert Hofmanns Die Rückkehr des verlorenen J. M. R. Lenz nach Riga** (1984).

„Ich bin als Bücherliebhaber nicht monogam gewesen. Ich habe so viele meiner Bücher geliebt. Ich habe Erstausgaben von Edgar Allan Poe (1809 – 1849) gehabt; das waren für mich Schätze. Das wäre, wie wenn man mich fragte, welche Personen mir die liebsten waren in meiner Reihe *Personenbeschreibung*. Wenn ich einen erwähne, fühlen sich die anderen beleidigt."

*„Ich bin als Bücherliebhaber nicht monogam gewesen. Ich habe so viele meiner Bücher geliebt."*

Es ist mehr als verzeihlich, dass ihm entgangen zu sein scheint: Nurmehr Woody Allen und Roman Polanski wären in diesem Augenblick erneut zu befragen und zu beschreiben. Alle anderen Berühmtheiten aus 70 Personenbeschreibungen könnten sich, da längst gestorben, nicht mehr beleidigt fühlen. Das letzte Gespräch in dieser Reihe fand 2004 mit Loki Schmidt statt.

Was ihm all diese Gespräche und Interviews bedeuteten – es sind gewiss weit über 1000 gewesen –, formulierte er im Vorwort seines Bandes **Ihr Unvergesslichen** (2006):

Einige von Georg Stefan Trollers **Personenbeschreibungen** sind auch als DVD veröffentlicht worden (Kick Film), lieferbar ist nur noch jene von Woody Allen (2001). 22 Texte seiner „starken Begegnungen" sind als Buch unter dem Titel **Ihr Unvergesslichen** erschienen (2006). Trollers erster Erinnerungsband **Selbstbeschreibung** kam 1988 heraus (Hamburg: Rasch & Röhring), die erweiterte Neuausgabe 2009 (Düsseldorf: Artemis & Winkler). Leider nur antiquarische Angebote

*„Von keinem ging ich unberührt fort, ohne innere Bereicherung. Und fast jedesmal als ein Freund, der hoch und heilig versprach, sich ehestens zu melden. Warum es nicht dazu kommt, steht auf einem anderen Blatt. Später fällt einem dann auf, dass man immer wieder, in Gesprächen, in Gedanken, sich auf diese Personen zu beziehen pflegt. Es ist, als wären sie dein Eigentum geworden – ‚wir alle sind Menschenfresser', nannte ich einmal diesen psychologischen Vorgang. Obwohl viele von ihnen dich vielleicht längst vergessen haben. Du sie aber mitnichten."*

Eine seiner wichtigsten Begegnungen war die mit Somerset Maugham (1874 – 1965) in dessen Haus in Südfrankreich. Der Termin für den Film war ausgemacht. Blieb das Problem des jungen Reporters: Was soll ich ihn fragen? Kollegen halfen aus: Er ist ja Engländer – ob er die englische oder französische Küche vorzieht. – Man könnte ihn nach seiner Lieblingsfarbe fragen. Und noch anderen Schmäh. – Ich traf den Mann, wir saßen in einer Laube. Er zog ein Büchlein aus der Tasche und las in sehr gutem Deutsch – er hatte ja in Heidelberg studiert: ‚Alles geben die Götter, die Unendlichen, ihren Lieblingen ganz. Alle Freuden, die unendlichen, alle Schmerzen, die unendlichen, ganz.' Da fragte ich natürlich nicht nach seiner Lieblingsfarbe oder nach der Küche, sondern: ‚Sind Sie einer dieser Lieblinge der Götter?' „Ja', antwortete er, ‚aber ich habe mehr gelitten, als ich mich gefreut habe.' ‚Aber warum denn: Sie, der erfolgreichste Autor aller Zeiten?' Und er antwortete: ‚Ich hatte ja dieses Stottern, das mir alles vermasselte.' Und dann begann er von seinem Stottern zu erzählen, und wie das seine Jugend kaputt gemacht hat. Sein erster autobiografischer Roman hat das Stottern umgewandelt in ein Hinken. – Auf einmal begriff ich, wie man Interviews macht. Indem ich herausfinde, was die Leute wirklich fühlen, und das kann man manchmal ganz schnell. Und nur darauf kommt es an, alles andere ist wertlos. In fünf Minuten hat Maugham mir begreiflich gemacht, was das ist – ein Interview."

Ich frage ihn nach den Büchern von Thomas und Heinrich Mann, Alfred Döblin und ein paar anderen aus jener Zeit, die bei ihm im Regal stehen.

„Ich habe nichts damit zu tun. Das ist nicht meine Welt. Gut, die Emigration, aber Thomas Mann emigrierte als reicher Mann. Es war nicht die Rettung, nach der ich suchte, die Rettung vor der Selbstmissachtung, verursacht durch den Antisemitismus der Umwelt. Diese Autoren zeigten keine Perspektive. Ich wusste überhaupt nicht, was ich werden könnte. Wollen schon: Theaterautor, Filmautor; aber was ich werden könnte, war völlig im Dunkeln."

Wir sind in der Gegenwart angekommen: Martin Walser (* 1927), dem er seine missverständliche Rede bei der Verleihung des Friedenspreises des Deutschen Buchhandels übelnahm (Stichwort „Auschwitz-Keule"), lernte er im selben Jahr, 1998, bei einer Lesung in Paris kennen. Troller sprang einer Frau aus dem Publikum bei, die etwas zu dieser Rede fragen wollte, statt „den etwas langweiligen Roman" zu hören. Walser bekam einen Wutanfall und schnauzte ihn an: „Wie heißen Sie?" Eine zumindest sonderbare Reaktion. Troller nannte seinen Namen, und Walser kommentierte: „Ah, der von der Räterepublik." Eine Verwechslung mit dem Revolutionär Ernst Toller (1893 – 1939), der sich im New Yorker Exil das Leben genommen hatte? Oder komplett missratene Ironie?

Später streifen wir Robert Menasse (* 1954) („sehr gut, sehr gescheit") und Daniel Kehlmann (* 1975). In seiner Bibliothek finden sich durchaus die Jüngeren und beinahe nicht mehr so Jungen. Doch viele von ihnen führen gewissermaßen ein Schattendasein.

„**Die Vermessung der Welt** fand ich einfach langweilig, hat mich überhaupt nicht interessiert. Das ist lediglich der Streit zwischen einem Forscher und seinem Gehilfen.“

Anders sein Lese-Verhältnis zu den US-Amerikanern: Von Paul Auster, Jonathan Franzen und Philip Roth lese er alles, und zwar viel lieber als die deutsche Literatur.

„Die sind alle fabelhaft. Ich kann mich einfühlen. Die Leute kenne ich, oder kann mir vorstellen, dass ich sie kenne.“

Was Troller gerade besonders beschäftigt, ist eine herausragende Sammlung aus dem Hörverlag: **Erzählerstimmen.**

„Schnitzler und andere lesen ihre eigenen Werke. Ab einer bestimmten Periode – Elfriede Jelinek oder so – versteh ich nichts mehr. Ich weiß nicht, wovon die reden. Thomas Bernhard (1931 – 1989) turnt mich ab, diese ewige Nörgelei kenne ich aus Wien nur zu gut. Ich fand es unzumutbar, dass er in *Heldenplatz* Juden Gefühle in den Mund legt, die sie so nicht gehabt haben. Es war kein Hass, es war eher ein Misstrauen, ein zynisches Drüberhinwegsehen bei denen, die wie meine Eltern nach Österreich, nach Wien zurückkehrten.“

Aufgrund seiner Augen sind Bücher für ihn seit geraumer Zeit nur noch anspruchsvolle Tapete. Er hört die Bücher, die ihn interessieren, die er lange kennt oder neu kennenlernen will, auf Kassetten und mehr und mehr auf CD; wobei er noch etwas hadert mit dieser „hochmodernen“ Technik, denn es sei so schwierig, diese Medien zurückzudrehen, wenn einem der Anschuss verloren gegangen ist. Es könne passieren, dass er ein Buch höre, bei dem er sich an die ersten hundert Seiten vom Tag zuvor nicht erinnern könne. Aber es müsse ja weitergehen, manchmal ohne Zusammenhang.

Wir kommen – immerhin sind wir in Paris – auf französische Autoren: Michel Houellebecq (* 1956) habe er gelesen – **Die Unterwerfung.**

**Daniel Kehlmann: Die Vermessung der Welt** (2005). Reinbek: Rowohlt, 2008

**Erzählerstimmen.** Die Bibliothek der Autoren. 183 Autorinnen & Autoren, 100 Jahre Erzählung im Originalton. Hrsg. v. Christiane Collorio, Michael Krüger und Hans Sarkowicz. München: Hörbuchverlag, 2012

**Michel Houellebecq: Unterwerfung** (Soumission, 2015). Köln: Dumont, 2018

„Amüsant, hat mir gut gefallen, ist aber eine gewisse Spinnerei. Das kann und wird nie stattfinden, und so zu tun, als bestünde die Gefahr, spielt extremen Rechten in die Hände, die alle von der Islamisierung Europas reden."

Und die französischen Klassiker – zum Beispiel Honoré de Balzac (1799 – 1850)?

„Das ist jetzt mein schwacher Punkt. Ich konnte Balzac nie mit Gewinn lesen. Seine blumige, poetische Ausschreibung aller Dinge, bis er zur Sache kommt, war mir nicht gemäß. Ich mag als Journalist kurze prägnante Sätze. Dieses Verschnörkelte von Balzac kann ich eigentlich nicht ab. Seine Typen sind interessant, seine Geschichten sind es auch, als Verleger würde ich ihm die Hälfte der Texte streichen."

An Krimiautoren lässt Troller nur einen gelten, weil der so viel mehr konnte, als Mordgeschichten zu konstruieren: Georges Simenon (1903 – 1989) und seinen Kommissar Maigret. Auch über ihn und mit ihm hat er eine seiner eindrucksvollen Reportagen inszeniert.

Troller mag auch Lyrik: Ob Friedrich Hölderlin (1770 – 1843), Erich Kästner (1899 – 1974) oder Bertolt Brecht (1898 – 1956), er liest – oder: las – unaufhörlich Gedichte. Von Hölderlin hatte er auch eine Erstausgabe – „für teures Geld erstanden". – „Heinrich Heine (1797 – 1856) – er war das, was man in Wien einen ‚Schmähtandler' nennt. Es wechseln echte starke Gefühle ab mit Schmäh. Warum auch nicht? Er konnte das. Von manchen Gedichten ist man total überwältigt."

Zum Beispiel *Die Heimkehr* aus dem **Buch der Lieder**:

**Heinrich Heine: Buch der Lieder.** Frankfurt: Fischer Taschenbuch, 2008

*Ich stand in dunkeln Träumen*
*Und starrte ihr Bildnis an,*
*Und das geliebte Antlitz*
*Heimlich zu leben begann.*

*Um ihre Lippen zog sich*
*Ein Lächeln wunderbar,*
*Und wie von Wehmutstränen*
*Erglänzte ihr Augenpaar.*

*Auch meine Tränen flossen*
*Mir von den Wangen herab -*
*Und ach, ich kann es nicht glauben,*
*Daß ich dich hab!*

Georg Stefan Troller hatte – wenig überraschend – auch die Erstausgabe vom **Buch der Lieder** (1827). Er zitiert Karl Kraus, der sagte: „Heinrich Heine hat der deutschen Sprache so sehr das Mieder gelockert, daß heute alle Kommis an ihren Brüsten fingern können."

„Da fällt mir auf, dass ich Büchner gar nicht erwähnt habe, vom dem ich auch eine Erstausgabe hatte – seine ersten **Gesammelten Werke** (1879). Büchner, Heine, Maugham – das sind Autoren, mit denen man etwas anfangen konnte; die litten in ihrer Jugend und an ihrer Jugend. Das brauchte ich, um mich identifizieren zu können. Mit 16 emigriert, herausgerissen aus der Schule, von den Freunden. Heimat. Wien, geliebte Heimatstadt, geliebtes Heimatland. Und dann verloren in der Welt. Und dann suchst du Dinge, die Bestand haben. Die echt sind, die nicht schmückendes Beiwerk sind, die dir vermitteln, dass es ein echtes Leben gibt. Ein wahres Leben, auf das man hinstreben kann. Und ich nehme an, daraus wurde dann im Lauf der Zeit auch die Bücherliebhaberei – als Nebenberuf."

Bleibt noch der Hinweis auf sein letztes Buch: **Ein Traum von Paris** (2017), ein Buch, das nie geplant war. Seine Tochter Fenn fand unter dem Bett, so jedenfalls wird es erzählt, zufällig eine Kiste mit komplett verloren geglaubten Fotos. Georg Stefan Troller, der hier seit 1949 lebt und arbeitet, hatte das Paris zwischen 1953 und 1956 fotografiert, die Stadtteile der kleinen Leute; Menschen, die man nicht nach sogenannten Sehenswürdigkeiten fragen konnte, weil sie ihr Quartier nie verließen und deshalb nicht wussten, wo zum Beispiel die Champs-Élysées sich befinden.

Dies Paris ist schon lange untergegangen. Trollers Buch enthält einige Dutzend mitunter verblüffender Fotos und eine ganze Reihe intensiver Texte aus einigen seiner älteren Bücher, die – abhandengekommen – zum Teil erst wieder besorgt werden

mussten. Seine Töchter übernahmen es, wie er es charmant analog formuliert, die Bücher aus dem Netz zu fischen.

Den Eiffelturm, Sehnsuchtsziel aller Touristen, hat er das letzte Mal vor einigen Jahrzehnten besucht, als er den Sohn des Konstrukteurs interviewte. Gelegentlich geht er noch mal ins *Café de Flore*, wo – neben vielen anderen – schon Jean-Paul Sartre (1905 – 1980) und Simone de Beauvoir (1908 – 1986) philosophiert und filterlos geraucht haben. Oder in ein Restaurant, um Freunde zu treffen. Dass er seine Wohnung im obersten Stock des eleganten Hauses verlässt, geschieht allerdings immer seltener.

Sein letztes Buch? Keineswegs: **Liebe, Lust und Abenteuer** ist kurz vor seinem 98. Geburtstag veröffentlicht worden.

**Georg Stefan Troller: Ein Traum von Paris: Frühe Texte und Fotografien.** Wiesbaden: Corso ein Imprint von Verlagshaus Römerweg, 2017

**Georg Stefan Troller: Liebe, Lust und Abenteuer.** 97 Begegnungen meines Lebens. Wiesbaden: Corso ein Imprint von Verlagshaus Römerweg, 2019

# IDIL
# BAYDAR

geboren **1975** in Celle. Waldorfschule bis zum 16. Lebensjahr, Abitur **2001** nachgeholt. YouTube-Kanal mit Stücken zum Thema Integration. Verschiedene Auftritte im TV. **2014** hatte ihr Kabarett-Soloprogramm *Deutschland, wir müssen reden* Premiere in Berlin. Am Hamburger Schauspielhaus tritt sie auf im Stück *Am Königsweg* von Elfriede Jelinek (Regie: Falk Richter, Premiere am 28. Oktober **2017**)

© Steven Haberland

Wer den Namen Idil Baydar hört, hat schnell eine Geschichte im Kopf: Eine Türkin, die in Berlin-Kreuzberg lebt; und von diesem Stadtteil weiß man ja alles aus der Boulevard-Presse. Die Geschichte stimmt hinten und vorne nicht: Idil Baydar ist bekannt geworden mit der Kunstfigur „Jilet Ayşe", die unter anderem ihr Leben in Kreuzberg kommentiert. Die Frau, die ihr eine Stimme gibt, lebt allerdings schon länger in Frankfurt am Main, auch wenn Internet-Lexika anderes verbreiten. Idil Baydar hat zwar türkische Eltern, aber eigentlich ist sie das, was gemeinhin deutsch genannt wird, denn geboren ist sie im niedersächsischen Celle, einer Stadt, deren Geschichte ziemlich einzigartig ist. Die Celler standen nämlich vor der Wahl, ob sie eine Universität oder lieber ein Zuchthaus wollten. Und da man um die Unschuld der jungen Cellerinnen fürchtete, sei man mehrheitlich gegen Bildung und Renommée und für das „Zucht- und Tollhaus" eingetreten. Es gibt zwar Quellen, die behaupten, das sei nur eine hübsche Anekdote. Aber wer glaubt schon die Wahrheit, wenn die Fake News plausibler klingen?

**Uta Schäfer-Richter: Hinter Schloss und Riegel. An der Wiege zur Freiheitsstrafe – das „Zucht- und Tollhaus" zu Celle in seinen Gründungsjahren (1706 – 1732).** Göttingen: Wallstein, 2018

Der Beliebtheit dieser Erzählung zum Trotz: Nein, vor dieser Alternative standen die Celler Bürger seinerzeit nicht; in den Akten finden sich keine Belege. Als die Entscheidung fiel, in Celle ein landesherrliches „Zucht- und Tollhaus" zu errichten, worüber die Stadt keineswegs erfreut war, sollten noch fast zwei Jahrzehnte vergehen, bis im Land die Göttinger Universität (1737) eröffnet wurde.

In den Regalen stehen ein paar hundert Bücher –, aber es sieht ein bisschen so aus, als wären es schon mal mehr gewesen.

„Ich bin sehr oft umgezogen in meinem Leben, und da Bücherkisten immer die schwersten sind, habe ich mir angewöhnt, die Bücher, die ich gelesen habe, zu verschenken, außer es sind Klassiker, bei denen ich mir sage, vielleicht will ich die noch mal lesen oder etwas nachschlagen. C. G. Jung (1875 – 1961) zum Beispiel, den finde ich ganz toll."

Begeisterung für C. G. Jung ist schon länger ziemlich aus der Mode gekommen.

„Er hat mich mit folgendem Satz gekriegt: ‚Wenn zwei Persönlichkeiten aufeinandertreffen, dann ist das wie eine chemische Reaktion. Wenn sie miteinander reagieren, transformieren sie sich.' Der Satz war der Knaller, der hat mich umgehauen, und von da ab war ich sein Fan."

Transformieren wir uns gerade?

„Ja. Sind zwei schöne Substanzen aufeinandergestoßen. Ich lese Jung übrigens gerne auf Englisch. Er schreibt eine hochstehende deutsche Fachsprache, die dem Englischen sehr nah ist. Auf Englisch finde ich ihn fast noch besser als auf Deutsch. Seine Archetypen, das kollektive Unbewusste, das sind Begriffe, die mich stark geprägt haben. Was ist überhaupt so ein Archetyp? Am Ende des Tages geht es mir wie fast jedem Künstler auch darum, möglichst viele Menschen zu erreichen. Und da ist es hilfreich, ein bisschen über Archetypen und kollektives Unbewusstes zu wissen. Mit Jung glaube ich, dass es keine Objektivität geben kann."

C. G. Jung: Archetypen: Urbilder und Wirkkräfte des kollektiven Unbewussten. Mannheim: Patmos, 2018

Erich Fromm: Die Kunst des Liebens. (The Art of Loving, 1956). München: Manesse, 2016

Idil Baydar, die mit ihrer speziellen Form deutsch-türkischen Kabaretts ziemlich erfolgreich ist, schätzt auch Erich Fromm (1900 – 1980), der an Jungs Gedankenwelt anschließt, wenn auch sehr kritisch.

„Beide haben den Anspruch, Dinge aus der Perspektive zu verstehen, wie sie eigentlich gemeint sind. Ich glaube, das ist ein großes Problem heutzutage. Ich habe zunächst mal nichts gegen Leute, die rechts denken, das ist ihre Sache, sie haben sich das ausgesucht. Ich habe nur etwas dagegen, wenn die in der Politik mitmischen. Das löst in mir Ängste aus, die zu Aversionen führen. Ich stelle aber fest, dass dieses permanente Ablehnen mich selbst nicht weiterbringt. Zur Meinungsfreiheit gehört auch, Positionen nachzuvollziehen, die dir absurd vorkommen. Ich finde Erdogan-Anhänger bestimmt nicht geil, bemühe mich aber, sie zu verstehen. Ich würde trotzdem niemals einen Erdogan wählen. Kann ich übrigens gar nicht, weil ich einen deutschen Pass habe und keinen türkischen."

# „Meine Mutter brachte mir bei, Bücher sind wie Meister, die du dir aussuchen kannst."

**James Redfield: Die Prophezeiungen von Celestine** (1993). Berlin: Ullstein, 2017 – Ungekürzte Hörbuchausgabe, gelesen von Henk Flemming, veröffentlicht bei Hörbuch Hamburg

Idil Baydar erzählt von ihrer Mutter, die in einer eher weltlichen Türkei aufgewachsen ist; man wollte Demokratie und Laizismus, berief sich auf den ersten Präsidenten Atatürk, schaute auf die Entwicklungen im Westen. Ein Resultat: Tochter Idil besuchte eine Waldorfschule. Eine glühende Anhängerin dieser Schulform ist sie nicht geworden.

Eine Begegnung mit dem Waldorfschulen-Gründer Rudolf Steiner, dem „Jesus Christus des kleinen Mannes", hat Kurt Tucholsky (1890 – 1935) wie folgt beschrieben: „Ich habe so etwas von einem unüberzeugten Menschen überhaupt noch nicht gesehen. Die ganze Dauer des Vortrages hindurch ging mir das nicht aus dem Kopf: Aber der glaubt sich ja kein Wort von dem, was er da spricht! (Und da tut er auch recht daran.)"

Wir nähern uns wieder den Büchern. Mich interessiert, ob es Lieblingsbücher gibt.

„Meine Mutter brachte mir bei, Bücher sind wie Meister, die du dir aussuchen kannst. Damit hat sie meine Begeisterung für Bücher geweckt. Aus ihnen beziehe ich Rat, von ihnen hole ich mir Unterstützung. Manchmal hilft die Gesellschaft eines Buches mehr als die Gesellschaft eines Menschen, manchmal sind einzelne Zeilen hilfreicher als all das dumme Gequatsche um einen herum. Ich habe tatsächlich ein Lieblingsbuch: **Die Prophezeiungen von Celestine** von James Redfield (* 1950). Es geht darin um den Übergang in ein neues Bewusstsein in mehreren sogenannten Erkenntnissen."

James Redfield war Jugendtherapeut. Für sein erstes Ce-
lestine-Buch fand er zunächst keinen Verleger, gab es deshalb
1993 selbst heraus und verkaufte die ersten Exemplare aus dem
Kofferraum seines Autos. Bis 2005 waren 20 Millionen Exemplare dieses Romans in der Welt, der 2006 verfilmt wurde. Auf
dem Cover von Buch- und Hörbuchausgabe wird
von einem „Quantensprung des Bewusstseins" ge-
schwärmt. Diese beliebte, aber ahnungslose Formu-
lierung sollte allmählich ausgedient haben, denn es
gibt kaum einen Sprung in der Physik, der kleiner ist.
Ein wahrhaftiger Quantensprung ist zum Beispiel der
„Kohlekompromiss", der bis 2038 weiteres Unheil an-
richten wird.

**Fynn: Hallo, Mister Gott,
hier spricht Anna** (Mister
God, This Is Anna, 1974).
Frankfurt: Fischer, 2000

Wir reden über Kinder- oder Jugendbücher, die
sie beeindruckt, vielleicht sogar begleitet haben. Zwei
Titel sind dabei wichtig:

**„Hallo, Mister Gott, hier spricht Anna** von Fynn
(1919 – 1999) ist das eine, und dann **Krabat** von Otfried Preußler (1923 – 2013). Das waren meine liebsten Kinderbücher, die habe ich immer noch, aber
nicht die Exemplare aus meiner Kindheit, die gibt es
nicht mehr. Ich musste sie mir neu anschaffen. *Hallo,
Mister Gott, hier spricht Anna* war für mich als Kind
ein Megabuch, weil es mir den Zugang zu einer eigenen Welt erleichtert hat. *Krabat* genauso, obwohl es
sehr dunkel und gruselig ist, aber das mag man ja auch
manchmal. Genauso wie Märchen, die oft gewalttätig
und unglaublich grausam sind. *Krabat* hat darüber
hinaus so etwas Melancholisches und Zärtliches."

**Otfried Preußler: Krabat**
(1971). Stuttgart:
Thienemann, 2016 – Ein
Hörspiel mit Michael Mendl,
Laura Maire u. a.) ist 2017 im
Berliner Audio Verlag
veröffentlicht worden. 2018
ist im gleichen Verlag die
ungekürzte Lesung mit Felix
von Manteuffel auf 6 CDs
erschienen.

Idil Baydar schätzt Streaming-Dienste, um Filme
und Serien zu sehen, und sie mag Hörbücher, die
manchem Buch eine andere Dimension hinzufügen.

„Hörbücher finde ich super; gerade in dieser mobilen Zeit,
wenn du viel im Auto sitzt oder in der Bahn. Ich finde sie oft
noch ein bisschen mitreißender, weil du mit deiner Fantasie beschäftigt bist und nicht mit deinen Augen. **Krabat** als Lesung
oder Hörspiel wird mir bestimmt sehr gefallen."

Als ihre Mutter nach Deutschland kam, lernte sie die Sprache innerhalb eines Jahres fließend und übersetzte dann für andere.

„Meine Mutter hatte einen unglaublichen Antrieb, sich eine neue Identität zuzulegen und zu entwickeln, und sie hat es geschafft, mich bis auf Kleinigkeiten komplett Deutsch zu erziehen. Ich habe nie türkische Bücher gelesen, mein Türkisch ist mehr so ein Kindertürkisch, Englisch habe ich besser gelernt. Meine Mutter war eher ein Kultur- und kein Wirtschaftsflüchtling. Die kam schon mit zwei Ausbildungen nach Deutschland, die Frau hat Welten überwunden."

**Rassismus. Die Erfindung von Menschenrassen.** Katalog zur gleichnamigen Ausstellung des Deutschen Hygiene-Museums, Dresden (18.5.2018 bis 7.1.2019). Hrsg. von Susanne Wernsing u. a., Göttingen: Wallstein, 2018

Idil Baydar kommt auf ihre Erfahrungen mit Rassismus zu sprechen, eine alltägliche Erfahrung seit ihrer Kindheit.

„Ich glaube, das ist ein ganz großes Problem unserer Zeit. Wir müssen das System deinstallieren. Deutschland ist ein Land mit vielen Kulturen. All diese genetisch-biologischen Betrachtungen, die weiterhin in der Welt sind, dienen nur dazu, andere auszubeuten. Wir sind ja schon eine Gesellschaft, die sich dessen bewusst ist. Es gibt andere Gesellschaften, die sagen, interessiert mich nicht. Viele Amerikaner sagen, das kratzt mich nicht, wir sind nicht eure Freunde, wir sind an Expansion interessiert, nicht an Freundschaften."

Der Katalog **Rassismus. Die Erfindung der Menschenrassen** des Deutschen Hygiene-Museums informiert darüber, wie vor etwa 500 Jahren die Fiktion weißer Überlegenheit erfunden wurde, um den Handel mit Sklaven zu legitimieren. Der Kolonialismus blühte. Bis zum 18. Jahrhundert wurden lediglich Pferde in Rassen unterschieden. Die Erfindung der Menschenrassen ist ein dunkles Ergebnis der Aufklärung. Selbst bei den großen Denkern wie Immanuel Kant (1724 – 1804) oder Georg Wilhelm Friedrich Hegel (1770 – 1831) findet man rassistische Ausfälle. Dem gewöhnlichen Rassisten im 21. Jahrhundert genügt ein Facebook-Account.

Im März 2019, kurz nach den mörderischen Attentaten auf zwei Moscheen im neuseeländischen Christchurch, erhielt Idil

Baydar mehrere anonyme SMS, unterschrieben von einem „SS-Obersturmbannführer". Darin heißt es unter anderem: „So wie heute in Neuseeland knallen wir dich und Halise Baydar ab." Der Name ihrer Mutter war bis dahin in der Öffentlichkeit unbekannt.

„Die gesellschaftliche Entwicklung der letzten Jahre ist nicht spurlos an mir vorübergegangen. Ich fühle mich an den ‚Nationalsozialistischen Untergrund' erinnert."

Idil Baydar begegnet den Morddrohungen mit Mut. Ihre mitunter esoterischen Interessen helfen ihr dabei. Sie befasst sich mit den Lehren von Esther Hicks (* 1948) und Jerry Hicks (1927 – 2011).

**Esther & Jerry Hicks: Ein neuer Anfang: Das Handbuch zum Erschaffen deiner Wirklichkeit** (A New Beginning I: Handbook for Joyous Survival, 1988). München: Heyne, 2011

„Die finde ich spannend, im Hinblick auf die Frage, ob es so etwas universelle Gesetze gibt, speziell unsere aktuelle politische Lage betreffend."

Ebenfalls im Bücherregal ein Titel von Georg Seeßlen (* 1948) über Donald Trump.

„Ich habe in dem Stück *Am Königsweg* von Elfriede Jelinek am Hamburger Schauspielhaus mitgespielt; Falk Richter hat daraus ein pompöses Ding gemacht. Ich bin ein großer Fan dieses Regisseurs, weil er dem Zeitgeist nahekommt. Im Zuge dessen habe ich mir **Trump! Populismus als Politik** besorgt, eine exzellente Analyse unserer Zeit. Die Kernthese ist, dass wir in einer Art Pop-Politikkultur leben, Popkultur eine Verbindung mit Politik eingegangen ist, was eigentlich ein Widerspruch in sich ist. Politik sollte seriös sein, Popkultur muss es nicht sein. Ich finde das Buch sehr erhellend."

**Georg Seeßlen: Trump!: POPulismus als Politik.** Berlin: Bertz und Fischer, 2017

Bücher wegzuwerfen, ist für Idil Baydar undenkbar.

„Mache ich nicht. Ich finde, Bücher darf man nicht in den Müll schmeißen, ich habe gleich die Bücherverbrennung der Nazis im Kopf. Man kann sie weitergeben oder der Bücherei spenden oder einfach irgendwo liegenlassen."

Machen Bücher glücklich?

„Ich finde schon. Manchmal, wenn ich lese, merke ich, wie aufgeregt ich bin, ein tolles Gefühl."

Was war das letzte Buch, das ein solches Gefühl ausgelöst hat?

„Das war das Buch von Georg Seeßlen. Da steht ein Satz drin, der Burka und Botox in Beziehung setzt und vergleicht. Wie kann es sein, dass man Frauen immer nur auf das Äußerliche fixiert, nie inhaltlich beschreibt? Entweder tragen sie eine Burka, oder sie haben sich Botox gespritzt. Das finde ich einen sehr anregenden Gedanken.“

Fast im Rausgehen fällt mir noch ein Buch mit einem verlockenden Titel ins Auge, nämlich Achille Mbembe: **Kritik der schwarzen Vernunft**.

**Achille Mbembe: Kritik der schwarzen Vernunft**
(2014). Berlin: Suhrkamp, 2017

„An diesem Buch ist aufregend, dass Mbembe einen Weg gefunden hat, die weiße Geschichte aus der Perspektive eines Nichtweißen aufzuarbeiten – und das wirklich überzeugend. Er führt uns durch den Kolonialisierungsprozess und deckt zahlreiche Denkfehler auf. Er fragt: Wie haben sich Weiße positioniert? Warum haben sie das getan? Was war die Geschichte dazu? Was haben sie ihren eigenen Leuten erzählt? Wir leben in Zeiten, in denen sich der Rassismus reformiert hat. Es geht nicht mehr um Rasse, sondern um Kultur. Was früher der exotische Schwarze war, wie er dargestellt und karikiert wurde, das ist heute der Moslem. Ich kann das Buch jedem, der sich mit Rassismus auseinandersetzen will, wirklich nur empfehlen.“

Als im Mai 2019 das Grundgesetz, das 70 wurde, bejubelt wurde, gab es im DLF Kultur ein Gespräch mit Idil Baydar: „Ein wunderschönes Werk“, lobte sie, würde sich jedoch wünschen, es wirklich umzusetzen.

„Wir scheitern im Moment schon an Artikel 1.“

# MICHAEL KRÜGER

geboren 1943 – Abitur 1961, Lehre als Verlagsbuchhändler und Drucker; Buchhändler im Kaufhaus Harrods; Kellner im St. Moritz Club in Soho; von 1968 an Lektor im Münchener Carl Hanser Verlag, 1986 literarischer Leiter, von 1995 bis 2013 Geschäftsführer. 2013 – 2019 Präsident der Akademie der Schönen Künste. Eine Auswahl seiner Buchveröffentlichungen: **Himmelfarb** (1993); **Wettervorhersage. Gedichte** (1998); **Aus dem Leben eines Erfolgsschriftstellers** (1998); **Das Schaf im Schafspelz und andere Satiren aus der Bücherwelt** (2000); **Die Cellospielerin** (2000); **Das falsche Haus** (2002); **Kurz vor dem Gewitter. Gedichte** (2003); **Vorworte, Zwischenbemerkungen, Nachrufe. Ein (lückenhaftes) ABC** (2003); **Literatur & Alkohol. Liquide Grundlagen des Buchstaben-Rausches.** (Mit Ekkehard Faude) (2004); **Die Turiner Komödie. Bericht eines Nachlassverwalters** (2005); **Unter freiem Himmel. Gedichte** (2007); **Literatur als Lebensmittel** (2008); **Ins Reine** (2010); **Umstellung der Zeit. Gedichte** (2013); **Der Gott hinter dem Fenster** (2015); **Das Irrenhaus** (2016); **Hellwach gehe ich schlafen. 100 Gedichte** (2016); **Einmal einfach. Gedichte** (2018); **Vorübergehende** (2018); zahlreiche Preise und Auszeichnungen.

Als ich das Haus von Michael Krüger verlasse, treffe ich auf Kurt. Kurt heißt in Wahrheit ganz anders, aber die Zeit drängte, um die genaue Typenbezeichnung des selbstständig arbeitenden Rasenmähers zu ermitteln. Der Deutschen Bahn war es gelungen, unser Treffen in München um fast anderthalb Stunden zu verschieben. Michael Krüger, bei dem Kurt festangestellt ist, musste noch eilig einkaufen und ein ganzes Stück fahren. Denn am Abend wollte er für Freunde kochen. Einen Tag später erfuhr ich, es habe den Gästen geschmeckt. Gegessen hatte man im oberbayerischen Berg am Starnberger See, wo die Krügers über ein Wochenendhäuschen verfügen. Auch das ein Bücher-Ort.

*„Ich habe nie Bücher gesammelt, ich habe nie Bücher jeden Tag abgestaubt, Bücher sind für mich ein Lebensmittel."*

Unser Gespräch findet im Münchner Stadtteil Bogenhausen statt. Hier stehen massive Regale, gut gefüllt bis an die Decke. Michael Krüger war jahrzehntelang Lektor und Chef des Hanser Verlags und sein ganzes Leben lang Schriftsteller – die Antwort auf die Frage, wie seine Bibliothek entstanden sei, birgt Überraschungen:

„50 Jahre Arbeit mit Büchern. Die Bibliothek ist der Kern meines Gedächtnisses. Wie man sich vorstellen kann, gehen über einen Verlagstisch tausende Bücher, deutsch- wie fremdsprachige. Die Bücher kommen, werden gelesen oder nicht und in eine Lücke im Regal gestopft, in der Hoffnung, dass man sie im Zweifelsfall wiederfindet. Es herrscht keinerlei Ordnung. Nie hatte ich in meinem Leben Zeit, systematisch zu lesen. Ich habe nicht studiert, habe an keinem Seminar teilgenommen, alles was ich gelesen habe, ist mir sozusagen passiert. Aber ich habe versucht, immer nur das zu lesen, was mir ein Fenster öffnet. Meine ganze Bildung basiert auf Zufall und aus dem Versuch, das Gelernte, Gelesene im Nachhinein zu systematisieren. Der Verlag war meine Akademie, am liebsten habe ich Bücher veröffentlicht, die mir selbst weiterhalfen."

Michael Krüger hat in seinem Leben eine wahrhaft riesige Menge an Literatur bewältigt, und das nicht nur als Leser. Als Lektor und Chef des Münchener Hanser Verlags war er einer der einflussreichsten und erfolgreichsten Büchermacher dieser Republik. So richtig abgezeichnet hatte sich das nicht.

„Als Kind habe ich überhaupt nicht gelesen. Ich bin auf dem Land aufgewachsen, da gab es zwei Bücher, die Bibel und ein Pflanzenbestimmungsbuch. Von meinem Bruder, sieben Jahre älter als ich und beim SFB beschäftigt, erhielt ich erste Anregungen. Hemingways (1899 – 1961) **Der alte Mann und das Meer** zum Beispiel, oder Faulkners (1897 – 1962) **Licht im August**, die beide lange zu meinen Lieblingsbüchern gehörten."

Heute sieht das längst anders aus. Allein 42 philosophische Bücher habe er im Frühjahr gelesen; kein reines Vergnügen, aber notwendig als Jurymitglied – der Verdacht drängt sich auf, dass seine Tage länger sein müssen als 24 Stunden.

Morgens um 6 Uhr beginnt er den Tag immer mit der Lektüre eines Gedichts. Zudem schreibt er selbst Gedichte.

**Ernest Hemingway: Der alte Mann und das Meer** (The Old Man and the Sea, 1952). Reinbek: Rowohlt, 2014 – Es gibt von der neuen Übersetzung von Werner Schmitz ein sehr gutes Hörbuch, das bei parlando/argon erschienen ist, gelesen von Christian Brückner.)

**William Faulkner: Licht im August** (Light in August, 1932). Reinbek: Rowohlt, 2010

*Wenn ich morgens die Zeitung hole,*
*kommt mir das eigene Leben vor*
*wie die flüchtige Skizze eines anderen,*
*das im Vermischten haust.*
*Die Zeitung ist schwer,*

*als hätte das Böse Gewicht.*
*Die Geschichte frißt sich auf,*
*bald ist nichts mehr übrig*
*außer den Schlagzeilen.*
*Es wird immer sinnloser,*
*an einen Sinn zu glauben,*
*der schwerer wiegt als das Vermischte.*
*Wenn der Apfelbaum nicht wär*
*In meinem Garten, ich gäbe auf.*

Michael Krüger ist auch ein glühender Fan von Lyrik. Mehrere Bände hat er herausgegeben, mitunter übersetzt. Herausragend dabei im Herbst 2018 **The Poets' Collection** beim Hörverlag; sie enthält englischsprachige Gedichte im O-Ton ihrer Autoren und in deutscher Übersetzung. Ein anderer Schwerpunkt: italienische Lyrik; der Sammelband **Die Erschließung des Lichts** ist ihr gewidmet.

*Wohl dem Menschen, der in Sicherheit geht,*
*den anderen zugetan und sich selber gut,*
*und dessen Schatten nur als Spur der Sommerglut*
*auf einer zerfallenden Mauer steht!*

In seinem Roman **Die Turiner Komödie** beschreibt Michael Krüger eine Bibliothek:

*Der hohe Raum, der an allen Seiten mit Bücher-*
*regalen vollgestellt war, die sich sogar über die Tür*
*zogen, machte den Eindruck eines spätmittelalter-*
*lichen Studiolo. Auf dem gekachelten Boden lagen*
*zerschlissene Teppiche, auf denen wiederum Bücher-*
*kisten abgestellt waren, teils aufgerissen, teil noch*
*ungeöffnet. Auch die vielen kleinen Tische um den riesigen*
*Schreibtisch herum dienten als Ablage für Bücherstapel und*
*Aktendeckel, aus denen Zeitungsausrisse und Manuskripte*
*hervorquollen. Ein vollgeschriebenes Zimmer, eine vollkommen*

**Michael Krüger: Einmal einfach. Gedichte.** Berlin: Suhrkamp, 2018

© Carl Hanser Verlag GmbH & Co. KG, München

**Federico Italiano & Michael Krüger (Hrsg.): Die Erschließung des Lichts. Italienische Dichtung der Gegenwart.** München: Hanser, 2013. Dort findet sich auch der rechts zitierte Vers von Eugenio Montale (1896 – 1981).

**Michael Krüger (Hrsg.): Seamus Heaney: Die Amsel von Glanmore: Gedichte 1965 – 2006.** Frankfurt: Fischer, 2011

*in sich ruhende, sich auf sich selbst beziehende Welt, in der jede Realität aufgesogen und vernichtet war. Und auf jeder noch freien Stelle hatten sich Dinge angesammelt, die schon eine Ewigkeit hier abgestellt zu sein schienen. Gläser mit Federn und getrockneten Blumen, Steine, Medikamentendöschen, eine nicht geleerte Weinflasche, in der sich ein dicker Schimmelpropf gebildet hatte, unzählige Fotos, Spielsachen (Aufziehenten aus Blech, made in China), Schlüssel, die vergessen hatten, zu welcher Tür sie gehörten.*

Die Weinflaschen in dieser Bibliothek hätten kaum Gelegenheit, Schimmel anzusetzen, so ihnen denn überhaupt Zutritt gewährt würde. Wo immer das Turiner Arbeitszimmer bestanden hat, mit den Verhältnissen hier ist es nicht zu vergleichen.

Michael Krüger folgt eigenen, durchaus strengen Regeln und einem strukturierten Tagesablauf.

„Nur so aus Jux zu lesen, hatte ich nie Zeit, nie nahm ich sie mir, um zum Beispiel den gesamten Balzac zu lesen. Ich habe immer unter Zeitmangel gelitten. Mir hat immer eine Stunde gefehlt. Ich dachte immer, wenn man so alt wird wie ich jetzt bin, summieren sich diese Stunden, und man kriegt ein paar Jahre geschenkt. Aber die Biologie ist grausam, mit solchen Wetten kann man vielleicht Gott betrügen, aber nicht den eigenen Körper."

Die Bibliothek, in der wir sitzen, ist wahrlich riesig, Spiegel seines verlegerischen Lebens.

„Jedes Buch ist ein Echo auf ein anderes, alle Bücher ziehen wiederum andere Bücher nach sich. Dass 26 Buchstaben immer wieder neuen Sinn ergeben, ist ein Mysterium, und auch wenn man am Ende genauso unwissend ins Grab sinkt, wie man auf die Welt gekommen ist, so hatte man mit Büchern doch wenigstens einen Zipfel in der Hand. Ich will gar nicht sagen, dass das Verlegen von Büchern die Welt besser macht, aber Bücher würden sie besser machen, wenn mehr

Tomas Tranströmer:
Das große Rätsel (Den stora gåtan). Gedichte. Zweisprachige Ausgabe. Übersetzt von Hanns Grössel. Hrsg. Von Michael Krüger. München: Hanser, 2005

Christiane Collorio & Michael Krüger (Hrsg.): The Poets' Collection: Englischsprachige Lyrik im Originalton und in deutscher Übersetzung. München: Hörverlag, 2018

Michael Krüger: Die Turiner Komödie. Bericht eines Nachlassverwalters. 2005. Frankfurt: Suhrkamp, 2007

Leute die richtigen Bücher lesen würden. Ich halte es mit Jo-seph Brodsky (1940 – 1996), der forderte, Politiker, die Flau-bert, Dostojewski, Tolstoi, Fontane, von Goethe ganz zu schweigen, nicht gelesen haben, nicht zu wählen." „Der frühere amerikanische Präsident Obama gibt jeden Sommer immerhin eine Leseliste heraus. Da sind übrigens auch seine eigenen Bücher dabei. – In 50 Jahren habe ich auf der Buchmesse zahlreiche Politiker empfangen. Der Einzige, mit dem man über Literatur und Philosophie, über Bücher reden konn-te, war Richard von Weizsäcker. Helmut Kohl kam an den Stand, um historische Bücher abzugreifen. Wenn ich sagte, wir leben davon, Bücher zu verkaufen, Herr Bundeskanzler, sagte er nur, ja, ja, das ist mir bekannt, und ließ ohne jede Scham von einem Hiwi taschen-weise Bücher davontragen. Nie hat ein Politiker sagen wir nach Derek Walcott (1930 – 2017) gefragt, immer-hin ein Nobelpreisträger. Gedichte sind kurz, man kann morgens eins lesen, und dann geht man anders durch den Tag. Meine Vision: Jede Parlamentsdebatte wird mit einem Gedicht eröffnet. Das würde die Hoch-achtung vor Sprache fördern. Ich habe Politikern vor-zugsweise Gedichtbände in die Hand gedrückt, zum Beispiel von Günter Kunert. Aber die Hoffnung, dass sie Gedichte tatsächlich lesen würden, habe ich aufgegeben."

Innerhalb von Michael Krügers Bibliothek gibt es Sammlungen, Buchnester, die sich im Umfeld von Projekten zusammengefunden haben; ein Beispiel dafür ist sein Roman **Himmelfarb**, eine Geschichte der deutschen Ethnologie, ursprünglich angelegt auf 800 Seiten. Im dazugehörigen Nest finden sich Spezial-untersuchungen wie diejenige über junge Männer aus Tirol, die nach Südamerika geschickt wurden, um dort Kirchen aufzubauen. Für **Die Cellospielerin** hat sich Michael Krüger mit Musiktheorie beschäftigt – die Bücher dazu stehen jetzt im Keller. Denn Bücher brauchen auch Platz.

**Joseph Brodsky: Über Literatur, Liebschaften und Langeweile.** Essays (1998). Frankfurt: Fischer, 2000

**Joseph Brodsky: Brief in die Oase. Hundert Gedichte** (2006). Frankfurt: Fischer, 2011

**Derek Walcott: Weißer Reiher. Gedichte.** München: Hanser, 2012

**Günter Kunert: Aus meinem Schattenreich.** München: Hanser, 2018

**Michael Krüger: Himmelfarb.** 1993. Innsbruck: Haymon, 2016

**Michael Krüger: Die Cellospielerin.** Frankfurt: Suhrkamp, 2000

**Michael Krüger: Literatur als Lebensmittel.**
München: Sanssouci, 2008

**Theodor W. Adorno: Minima Moralia.** 1951.
Frankfurt: Suhrkamp, 2003

**Walter Benjamin: Einbahnstraße.** 1928.
Frankfurt: Fischer, 2011 (darin ebenfalls: Berliner Kindheit um Neunzehnhundert)

**Franz Kafka: Tagebücher. Bde. 1 – 3.** (1909 – 1923).
Frankfurt: Fischer, 2008

Man könne sie nicht alle bei sich behalten. Sein ganzer Keller stehe voller Bücherkisten, sagt er traurig. Michael Krüger ist ein liebenswerter Mensch, voller Verlustängste.

„Ich habe das oft erlebt, wenn Freunde starben und große Spezialbibliotheken hinterließen: Keiner wollte ihre Bücher haben."

Angeblich gibt es ja keine dummen Fragen, ich traue mich also: Wie wichtig sind ihm Bücher überhaupt?

„Ich finde, Bücher sind bis heute die beste Art und Weise, die Fallstricke der Realität zu umgehen. Ich habe dazu ein Buch geschrieben: **Literatur als Lebensmittel**. Bücher geben mir Sicherheit. Je älter man wird, desto unverständlicher erscheint einem die Welt. Heute muss ich mich mit Dingen beschäftigen, die in meiner Jugend überhaupt keine Rolle gespielt haben. Man kann nicht alles lesen, auch das merkt man, wenn man älter wird, man kann auch nicht mehr alles verknüpfen. Aber immer, wenn ich ein gutes Buch dabeihabe, fühle ich mich sicherer."

Als Beispiele für Bücher als Lebensbegleiter nennt Michael Krüger die philosophischen Reflexionen **Minima Moralia** von Theodor W. Adorno (1903 – 1969), in denen er regelmäßig abends im Bett gelesen habe; oder eine Taschenbuchausgabe mit den **Tagebüchern** von Franz Kafka (1883 – 1924) und **Einbahnstraße** von Walter Benjamin (1892 – 1940). Diese drei bezeichnet er als seine kleine Bibliothek der Weltweisheit. Dabei geht es nicht nur um die Inhalte, sondern um das Buch an sich, als physischen Begleiter. Michael Krüger kann sich, sollte ihn einst der Schlag treffen, vorstellen, mit den **Tagebüchern** von Kafka in der Hand aufgefunden zu werden. Seit 50 Jahren liest er darin.

Kafkas Schriften gelten vielfach als düster, seine Figuren verzweifeln angesichts der undurchschaubaren Mächte, der gänzlich nebulösen Bürokratie. „Kafkaesk" bedeutet laut Wikipedia:

„auf rätselhafte Weise unheimlich, bedrohlich". Max Brod, der Freund und Retter seiner großen Romane, schildert dagegen, dass sich Kafka beim Vorlesen seiner Texte oft gebogen habe vor Lachen. Kann man, sollte man Kafka so sehen? „Ja, sonst hat man ihn nicht verstanden. Wenn jemand den jüdischen Witz auf sublimierteste Weise wiedergeben konnte, dann war es Kafka. Der Biograf Reiner Stach (* 1951) hat 99 Zitate aus Kafkas Werk ausgewählt, um ihn zu charakterisieren – es sind Stücke dabei, die so komisch sind, dass man vor Lachen auf dem Boden liegt. Eines meiner Lieblingsstücke beschreibt eine Lesung Bernhard Kellermanns (1897 – 1951) aus seinem Roman *Der Tunnel*. Dem Sinn nach schreibt Kafka: Als Kellermann fertig war, drohte er an, noch drei Märchen vorzulesen, woraufhin alle Zuschauer mit einem fluchtartigen Reflex alle gleichzeitig ins Freie streben wollten. Ein unvergessliches Bild. Kafka ist als Komiker und Humorist bis heute vielfach unbekannt. Obwohl sein Prager Jugendfreund Felix Weltsch (1884 – 1964) bereits in den 1950er-Jahren ein sehr lesenswertes Buch mit dem Titel *Humor bei Kafka* veröffentlicht hat."

Michael Krüger möchte gar keinen schnelleren Internetzugang, sein Verhältnis zu Büchern hat sich durch die Entwicklung des Internet kaum verändert.

„Das Einzige, was sich verändert hat, ist die Nutzung der großen Brockhaus-Enzyklopädie; die habe ich früher täglich zehnmal aufgeschlagen, immer, wenn ich etwas nicht wusste. Oft habe ich das Spiel gespielt, einen Band irgendwo aufzuschlagen, auf ein Stichwort zu zeigen, und das muss dann jemand erklären: ‚Der tendenzielle Fall der Profitrate' – wer seinen Marx nicht gelesen hatte, war schlecht dran. Aber das ist leider vorbei. Bei Google und Wikipedia nachzuschlagen, ist um so viel schneller. Leider, weil man bei einem Lexikon immer noch den Artikel davor und danach liest. Der Griff zum Lexikon hieß, nicht nur eine Sache zu verifizieren, sondern zwei weitere dazuzulernen. Manchmal aß ich mittags mein Brot am Schreibtisch, um in

**Reiner Stach: Die Kafka-Biographie in drei Bänden.** Limitierte Gesamtausgabe im Schuber. Mit dem Zusatzband **Kafka von Tag zu Tag. Dokumentation aller Briefe, Tagebücher und Ereignisse und einem historischen Stadtplan von Prag.** Frankfurt: Fischer, 2017; außerdem **Ist das Kafka? 99 Fundstücke.** Frankfurt: Fischer, 2013

# „Manchmal aß ich mittags mein Brot am Schreibtisch, um in einer Enzyklopädie zu lesen, einfach so, aus Spaß.“

**Michael Köhlmeier: Der Liebhaber bald nach dem Frühstück: Gedichte.** München: Hanser, 2012

**Michael Köhlmeier: Bruder und Schwester Lenobel.** München: Hanser, 2018 – beim Horverlag gibt es eine sehr gute Autorenlesung.

**William Carlos Williams: Die Worte, die Worte, die Worte. Gedichte.** Übersetzt von Hans Magnus Enzensberger. Frankfurt: Suhrkamp, 2016

einer Enzyklopädie zu lesen, einfach so, aus Spaß. Ich schlug ein Lexikon auf und las, egal was. Dieses zufällige Stöbern ist das schönste Lernen überhaupt. So wie ich morgens immer ein Gedicht lese oder regelmäßig an meine Bibliothek gehe, irgendein Buch herausgreife und mir eine zufällige Passage laut vorlese.“

Was war es heute Morgen?

„Ein Gedichtband von Michael Köhlmeier (* 1949), weil ich über den etwas schreiben muss. Ein Gedicht heißt: *Drei Variationen über ein Gedicht von William Carlos Williams.* Natürlich habe ich mir daraufhin auch die gesammelten Gedichte von William Carlos Williams vorgenommen, die in der Übersetzung von Hans Magnus Enzensberger vorliegen. Und weiter: Warum hat Allen Ginsberg eigentlich gesagt, Williams Carlos Williams sei ihr aller Lehrmeister gewesen, wo er doch so kurze Gedichte verfasste, während Ginsberg, Kerouac und die anderen Beatpoeten eher lange Gedichte geschrieben haben? Also habe ich zu den Briefen von Ginsberg an Williams gegriffen. Ich war über eine Stunde beschäftigt, habe eine Menge gelernt und war danach den ganzen Tag bester Laune.“

Michael Krüger schätzt vor allem kurze, prägnante Texte, die auf engem Raum ein Maximum an Bedeutung und stilistischem Vergnügen bieten, neben Kafka, Benjamin und Adorno zum Beispiel Robert Walser (1878 – 1956), Hans Blumenberg (1920 – 1996) und Alfred Polgar (1873 – 1955).

„Eine Seite von Robert Walser, über *Aschinger* in Berlin oder über einen Spaziergang aus der Berner oder Bieler Zeit, sind für mich wie ein Talisman. Auch die kurzen Stücke von Hans Blumenberg in **Die Sorge geht über den Fluss** gehören dazu, ebenso die Feuilletons von Alfred Polgar. Die Polgar-Ausgabe bei Rowohlt, herausgegeben von Ulrich Weinzierl, enthält ein schönes Nachwort von Marcel Reich-Ranicki. Polgars Beobachtungen zum Ausbruch des Zweiten Weltkriegs, manchmal nur zwei Seiten, ersetzen ganze Bibliotheken. Literatur als Samenkorn. Man liest etwas, und nach Jahren geht einem auf, aha, da war doch was, dieses Problem hatte doch schon jemand erkannt."

„In Österreich", so hatte Alfred Polgar mit ganz eigener Ironie notiert, „ist ein empfindlicher Mangel an Klassikern ausgebrochen, und da musste ich eben aushelfen." Die Rowohlt-Ausgabe seiner **Kleinen Schriften in sechs Bänden** könnte durchaus noch mehr Leser von diesem Umstand überzeugen.

Neben Polgar gab es in den Wiener Kaffeehäusern viele Literaten, die beim „Einspänner" oder beim „kleinen Braunen" Texte für die Ewigkeit schrieben. Es passierte jedoch allzu oft, dass der Nachruhm flüchtig war. Im kollektiven Gedächtnis geblieben ist zum Beispiel Egon Friedell (1878 – 1936), Verfasser u. a. der **Kulturgeschichte der Neuzeit** und – gemeinsam mit seinem Freund Polgar – Autor des Dramoletts **Goethe im Examen**. Friedell, der in dieser amüsanten Groteske 30 Jahre hindurch an verschiedenen Theatern die Hauptrolle spielte, nannte es „eines der meistgespielten dramatischen Werke der Weltliteratur".

**Hans Blumenberg: Die Sorge geht über den Fluß.** Frankfurt: Suhrkamp, 1987

**Alfred Polgar: Kleine Schriften. Bde. 1–3.** Reinbek: Rowohlt, 2004/ **Bde. 4–6,** 2016

**Alfred Polgar: Das große Lesebuch. Hrsg. von Harry Rowohlt.** Reinbek: Rowohlt, 2004 – dies ist ein exzellenter Einstieg in die Vielfalt der Polgarschen Texte.

**Egon Friedell: Kulturgeschichte der Neuzeit: Die Krisis der europäischen Seele von der Schwarzen Pest bis zum Ersten Weltkrieg.** 1927 – 1931. München: C. H. Beck

**Egon Friedell/Alfred Polgar: Goethe im Examen.** 1908 http://gutenberg. spiegel.de/buch/ wozu-das-theater-4953/34

Karl Kraus: Die Fackel.
12 Bände inkl. **Die letzten
Tage der Menschheit**.
Frankfurt: Zweitausendeins,
1976 – vergriffen, aber häufige
antiquarische Angebote.

**Friedrich Pfäfflin (Hrsg.):
Aus großer Nähe: Karl
Kraus in Berichten von
Weggefährten und
Widersachern**. Göttingen:
Wallstein, 2008

**Joseph Roth: Die Flucht
ohne Ende** (1927). Köln:
Kiepenheuer & Witsch, 2010

**Joseph Roth: Die Ballade
vom heiligen Trinker** (1939).
München: dtv, 2004

**Ennio Flaiano: Alles hat seine
Zeit** (Tempo di uccidere, 1947).
München: Manesse, 2009

**Achim von Arnim: Werke
in sechs Bänden**. Hrsg. v.
Roswitha Burwick u. a. Berlin:
Deutscher Klassiker Verlag,
2018

Der zweite ist Karl Kraus. Bis er 1912 alleiniger Autor von **Die Fackel** (1899 – 1936) wurde, durften auch Friedell und Polgar gelegentlich darin schreiben.

Dass Michael Krüger die kleinen Formen mag, schließt die Lektüre der wichtigen (vermutlich auch der weniger wichtigen) Romane nicht aus. Und vielleicht gibt es sogar einen Lieblingsroman?

„Gibt es. Ich habe ein ganz sentimentales Verhältnis zu **Die Flucht ohne Ende** von Joseph Roth. Das Buch habe ich als 14- oder 15-Jähriger in Paris erworben und mir immer vorgestellt, dass es Roths eigenes Exemplar war, das er selbst einst in den Händen gehalten hat, so zerfleddert, wie es war. Das Buch könnte ich jedes Jahr erneut lesen. Vielleicht nicht sein bestes, aber zusammen mit der **Ballade vom heiligen Trinker** mein Lieblingsbuch. Dieser Leutnant Franz Tunda, wie er durch die Welt geht und am Schluss vor der Madeleine sitzt, und die Mannequins posieren, und die Weltstadt rotiert, und keiner ist unglücklicher in dieser Welt. Das hat mich damals umgehauen und haut mich jedes Mal wieder um."

„Ein weiterer Lieblingsroman des 20. Jahrhunderts ist Ennio Flaianos **Alles hat seine Zeit**. Dieser Roman, der die Abenteuer eines italienischen Soldaten während des italienisch-abessinischen Krieges beschreibt, ist von großer Aktualität. Ich halte das Buch für ein absolutes Meisterwerk."

Leider kann man sich derzeit nur unter Schwierigkeiten von seinem Rang überzeugen, es sei denn, ein Antiquar hilft weiter; eine Neuauflage des Romans ist derzeit jedenfalls nicht vorgesehen.

Das ist auch das Schicksal vieler anderer Bücher: Wenn Michael Krüger beklagt, niemand lese mehr Achim von Arnim (1781 – 1831), kann das auch daran liegen, dass dessen Romane im Handel nicht mehr erhältlich sind. So bleibt am Ende nur die Möglichkeit, sich antiquarisch umzusehen oder die exzellente, aber auch teure Ausgabe des Deutschen Klassiker Verlags (im Hause Suhrkamp) heranzuziehen. Die ist seit Oktober 2018 wieder verfügbar – für 500 Euro. Das Romanfragment **Die Kronenwächter** gibt es dort auch einzeln – für 76 Euro.

Wie steht Michael Krüger zu Oskar Maria Graf (1894 – 1967), dessen Erinnerungen **Gelächter von außen** mich einst neugierig gemacht hatten auf seine Romane? Müsste er diesen bayerischen Autor, der bei seiner ersten Reise aus dem New Yorker Exil die Münchener schockierte, als er in kurzer Trachtenlederhose auftrat, nicht ebenfalls schätzen?

Oskar Maria Graf: **Gelächter von außen: Aus meinem Leben 1918 bis 1933** (1967). Buch & Media 2009

„Ich fahre nachher in den Ort Berg, in dem Graf geboren wurde. Dort im Wald habe ich ein Haus, übrigens ebenfalls voller Bücher. Graf ist mir außerordentlich nah, auch da, wo er nicht das größte Genie war, bei den Gedichten. Sein Buch **Das Leben meiner Mutter** halte ich für eines der besten Bücher über Armut überhaupt, neben Knut Hamsuns (1859 – 1952) **Hunger** und Robert Antelmes (1917 – 1990) **Das Menschengeschlecht** über seine Zeit in Buchenwald. Diese drei Bücher werde ich nie vergessen."

Oskar Maria Graf: **Das Leben meiner Mutter** (1940 – GB, 1946 – D). Berlin: Ullstein, 2009 Es gibt zudem eine Reihe von Titeln bei List und Ullstein, einige sehr wichtige sind derzeit jedoch leider vergriffen.

Knut Hamsun: **Hunger** (1890). Berlin: Ullstein, 2017

Robert Antelme: **Das Menschengeschlecht** (L'espèce humaine, 1949). Zürich: diaphanes, 2016

Robert Walser: **Die kleine Berlinerin: Geschichten aus der Großstadt**. Berlin: Insel, 2018

Die Nazis wollten Oskar Maria Graf als Blut- und Bodendichter vereinnahmen. Sie meinten, durch seine „äußere Erscheinung und Verhaltensweise" könne er „als vitaler Kraftprotz und Naturbursche nach bayerischer Art" durchgehen. Anlässlich der Bücherverbrennungen am 10. Mai 1933 veröffentlichte Graf jedoch seinen Aufruf *Verbrennt mich:*

*„(...) die Vertreter dieses barbarischen Nationalismus, der mit Deutschsein nichts, aber auch rein gar nichts zu tun hat, unterstehen sich, mich als einen ihrer ‚Geistigen' zu beanspruchen, mich auf ihre*

*sogenannte ‚weiße Liste' zu setzen, die vor dem Weltgewissen nur eine schwarze Liste sein kann!*
*Diese Unehre habe ich nicht verdient!*
*Nach meinem ganzen Leben und nach meinem ganzen Schreiben habe ich das Recht, zu verlangen, dass meine Bücher der reinen Flamme des Scheiterhaufens überantwortet werden und nicht in die blutigen Hände und die verdorbenen Hirne der braunen Mordbande gelangen. Verbrennt die Werke des deutschen Geistes! Er selber wird unauslöschlich sein wie eure Schmach!"*

**Botho Strauß: Der Fortführer.** Reinbek: Rowohlt 2018

**Patrick Modiano: Schlafende Erinnerungen.** (Souvenir dormants, 2017). München: Hanser, 2018

**Jonathan Franzen: Die Korrekturen** (The Corrections, 2001). Reinbek: Rowohlt, 2003

**Richard Ford: Eine Vielzahl von Sünden** (A Multitude of Sins. Storys. 2002). München: dtv, 2018

**Colson Whitehead: Underground Railroad** (2016). München: Hanser, 2017

© Hanser Verlag GmbH & Co. KG, München

**Teju Cole: Blinder Fleck** (Blind Spot, 2017). Berlin: Hanser Berlin, 2018

Und natürlich gibt es eine Vielzahl zeitgenössischer Autoren, die Michael Krüger als Büchermacher und als Leser begleitet hat und mit denen er eng befreundet ist.

„Mit vielen Autoren bin ich zusammen älter geworden, mit Botho Strauß (* 1944) und Patrick Modiano (* 1945) zum Beispiel. Von ihnen lese ich immer alles, wie sich das so unter Freunden gehört."

Auch die US-amerikanischen Autoren, die mit dickleibigen Romanen traditionell nicht geizen, mag er, weniger Jonathan Franzen (* 1959), den Liebling des deutschen Feuilletons, mehr Richard Ford (* 1944), der eher noch als eine Art Geheimtipp gilt.

„Franzen finde ich enorm überschätzt, interessiert immer nur im Detail. Ich habe seine Bücher zwar gelesen, aber oft nur mit Mühe zu Ende gebracht." Ihm fehle ein guter Lektor.

„Richard Ford liebe ich. Er ist, was die Schilderung des Mittelstands angeht, aus dem seine Figuren kommen, in meinen Augen präziser als viele Soziologen, zum Beispiel in dem Erzählungsband **Eine Vielzahl von Sünden.**"

Interessant findet Michael Krüger die neue Generation der schwarzen Autoren, die ihre eigene Geschichte erzählen, von Colson Whitehead (* 1969) bis zu Teju Cole (* 1975).

„Deutsche Autoren wiederholen sich sehr stark. Damit will ich gar kein Urteil abgeben, aber ich kenne so viel von dem, was da beschrieben wird, und man hat nur ein Leben zum Lesen. Leider."

Lässt Michael Krüger sich beeinflussen bei der Lektüre-Auswahl, sobald ein Autor einen Preis bekommt?

„Nein. Aber bei mir spielen Besprechungen eine große Rolle. Wenn eine Rezension sehr gut ist, dann muss ich das Buch haben, zum Beispiel **Rückkehr nach Lemberg** von Philippe Sands (* 1960), soll ein Meisterwerk sein, will ich lesen. Oder **Die Außenseiter** von Philipp Ther (* 1967) ist in einem Philosophie-Magazin toll besprochen worden, habe ich mir sofort bestellt."

Bücher im Überfluss, aber eines zu entsorgen, es in den Müll zu werfen, bringt Michael Krüger nicht übers Herz. Das ist ein Sakrileg.

„Ich habe einmal versucht, die erste Nummer der Inselbücherei, Rainer Maria Rilkes (1875 – 1926) **Cornet**, zu entsorgen, weil mir Marmelade darüber gelaufen war. Ich warf es in den Abfalleimer, und prompt kam der Hausmeister und gab das mittlerweile nicht mehr nur von Marmelade besudelte Buch zurück. Ich brachte es nicht übers Herz, ihn zu enttäuschen, und habe es wieder an mich genommen, um es nachts, bei einem Weg ins Gasthaus, irgendwo dezent fallenzulassen, in der Hoffnung, es auf diese Weise los zu sein."

Der Börsenverein des Deutschen Buchhandels hat im Herbst 2018 Zahlen veröffentlicht, die die Branche schockieren. Sechs Millionen Leser habe man verloren. Nur noch 29 Prozent benutzten ihre Augen zum Lesen, 71 Prozent eher für YouTube, Netflix und den ganzen Rest. Wie sieht er die Zukunft des Buches?

Philippe Sands: Rückkehr nach Lemberg. Über die Ursprünge von Genozid und Verbrechen gegen die Menschlichkeit (East West Street. On the Origins of ‚Genocide' and ‚Crimes Against Humanity', 2016). Frankfurt: Fischer, 2018

Philipp Ther: Die Außenseiter: Flucht, Flüchtlinge und Integration im modernen Europa. Berlin: Suhrkamp, 2017

Rainer Maria Rilke: Die Weise von Liebe und Tod des Cornets Christoph Rilke (1899). Frankfurt: Insel, 2012

# „Um die Zukunft des Buches mache ich mir keine Sorgen, ich mache mir Sorgen um die Zukunft des Lesers. "

„Zunächst mal ist es ja nicht so, dass weniger publiziert würde, sondern viel mehr. Um die Zukunft des Buches mache ich mir keine Sorgen, ich mache mir Sorgen um die Zukunft des Lesers. Die Leute können sich nicht mehr länger als drei Minuten konzentrieren. Aber wenn ich *Krieg und Frieden* lesen will, brauche ich Zeit, muss ich einen langen Atem haben. Wer freut sich heute noch, nach Hause zu kommen, um endlich zu Tolstoi greifen zu können?"

Michael Krüger, der für sein literarisches Werk sehr viel populärer – ja, berühmter – sein müsste, hat in seinem langen beruflichen Leben eine Unmenge für Bücher getan. Er passt so gar nicht in diese Zeit, die immer oberflächlicher und kurzatmiger zu werden scheint, aber es ist ein Glück, dass es Menschen gibt wie ihn.

**Matthias Bormuth (Hrsg.): Michael Krüger im Gespräch. Es gibt noch eine andere Welt.** Warmbronn: Verlag Ulrich Keicher, 2017

*„Das Leben ist bekanntlich kurz, weshalb man sich hüten sollte, schlechte Bücher zu lesen. Nichts ist schöner, als einen Abend lang sich in einen Gedichtband zu verlieren. Nichts angenehmer, als morgens mit einem Text der großen philosophischen Aphoristiker den Tag zu beginnen, von Lichtenberg über Canetti und Cioran bis zu Botho Strauß. Und was ist befriedigender, als sich am Wochenende mit einem Roman aufs Sofa oder unter den Apfelbaum zu legen? Und von Montag bis Freitag darf man sich in historische, philosophische und kunsthistorische Schriften vertiefen. Und natürlich darf der Wein nicht fehlen. Von mir aus könnte es noch eine gute Weile so weitergehen. "*

© Steven Haberland

# BETTINA TIETJEN

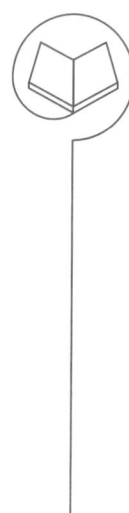

geboren 1960 in Wuppertal. Nach dem Studium der Germanistik, Romanis-
tik und Kunstgeschichte in Münster und Paris arbeitete sie für den RIAS, den
WDR und den NDR. Seit den 1990er-Jahren ist sie eine der Moderatorinnen
von *DAS!* im NDR Fernsehen, seit 1997 moderiert sie mit wechselnden Part-
nern eine freitagabendliche Talkshow. Seit 2008 heißt es sonntags *Tietjen talkt*
auf NDR2. Ihr Buch **Unter Tränen gelacht. Mein Vater, die Demenz und
ich** erschien 2015, zeitgleich mit einer Hörbuch-Version. 2019 veröffentlichte
sie **Tietjen auf Tour. Warum Camping mich glücklich macht.**

Die Gegend um Harburg wurde bereits in der Jungsteinzeit besiedelt, war damals allerdings noch namenlos, und zu Hamburg gehörte sie natürlich auch noch nicht. Bettina Tietjen, die man vielleicht eher in Hamburg-Eppendorf vermuten würde, lebt schon lange in diesem Stadtteil jenseits der Elbbrücken. Die Tietjens haben es sich in einem geerbten Haus über zwei Etagen gemütlich gemacht, entsprechend verteilt stehen dort die Bücher – eine „total wilde Mischung" auf der Basis der Buchbestände der Eltern und Großeltern.

„Die hatten eine Riesenbibliothek, fantastisch, wie man sich das so vorstellt in einem großbürgerlichen Haushalt. Zwei Wände nur Bücher – die dann leider aufgeteilt wurden auf die ganze Familie."

Die Anzahl der Bücher ist immer noch beeindruckend, doch da es einige Schrägen gibt, hat nicht jedes Buch einen repräsentativen Platz. Manche sind nur irgendwie verstaut, andere haben in Stapeln auf bessere Zeiten zu warten, die allerdings nicht kommen werden. Die Regalplätze sind endlich. Bettina Tietjen hat zudem ein Problem, das mancher wohl gerne hätte:

„Durch meine Sendungen bekomme ich wahnsinnig viele Bücher auf den Tisch, die ich gar nicht haben will. Einige mögen gut sein, aber viele sind eben auch so lala, von Prominenten geschrieben oder Wissenschaftlern oder Ärzten oder wem auch immer. Dennoch schaffe ich es nicht, etwas wegzuwerfen. Soweit es geht, verschenke ich sie."

Bettina Tietjen nennt Namen, die weithin oder manchmal auch nur aus regionalen Serien bekannt sein könnten: Modeschöpfer, Sänger, Trinker, Dschungelgestalten, Selbstdarsteller – Künstler aller Art eben, männlich, weiblich oder irgendwo dazwischen. Manche der Bücher haben es kaum zum One-Hit-Wonder gebracht. Dennoch haben sie ein eigenes Zimmerchen bekommen. Geordnet ist kaum etwas.

Die grundlegende Bedeutung von Büchern indes ist für Bettina Tietjen unverändert groß:

„Ich habe immer schon wahnsinnig gerne gelesen, schon bevor ich eingeschult wurde. Ich war eine richtige Leseratte. Konsequenterweise habe ich Germanistik studiert und bin

# „Ich habe gern ein Buch in der Hand."

Journalistin geworden. In den Ferien lese ich ununterbrochen, mindestens zwölf Bücher. Wenn ich arbeite, komme ich ja weniger dazu. Wenn ich abends anfange, schlafe ich darüber meist ein. Bücher erweitern den Horizont, und sie sind natürlich auch Unterhaltung. Menschen, die überhaupt nicht lesen, die nur fernsehen oder nur Zeitung lesen, kann ich gar nicht verstehen. Ich erfreue mich auch an schöner Sprache."

Trotz Internet und E-Books hat sich ihr Umgang mit Büchern nicht verändert, worüber ihr Mann sich lustig macht, denn er braucht für den Urlaub und seinen E-Book-Reader nur noch den kleinen Koffer.

„Ich habe gern ein Buch in der Hand. Wenn ich am Strand oder so lese, dann ist das Buch vielleicht ein bisschen schmuddelig, und die Seiten sind umgeknickt, weil ich alle Lesezeichen verliere."

Deswegen ist das Eselsohr erfunden worden.

„Genau, das Haptische finde ich einfach schön. Es gibt auch Bücher mit integriertem Lesezeichen. Haben leider nicht mehr viele. Mein Verhalten hat sich nur insofern verändert, als ich viel online kaufe. Aber eigentlich ist es natürlich schön, im Buchladen zu stöbern, Bücher in die Hand zu nehmen, zu blättern."

Bettina Tietjen liest Bücher nur einmal, mit Ausnahme vielleicht dieser hier:

„Meine Lieblingsbücher: Von Thomas Mann (1875 – 1955) **Doktor Faustus**, das gehört auf jeden Fall dazu, ich bin großer Thomas-Mann-Fan. Im Studium habe ich mich viel damit auseinandergesetzt, ich finde, das ist absolut zeitlos. Ich könnte jetzt auch andere Thomas-Mann-Bücher nennen. Aber **Doktor Faustus** ist für mich das Beste. Dann Max Frischs (1911 – 1991) **Homo Faber**. Und von den neueren Javier Marías' (* 1951) **Mein Herz so weiß**, einer meiner absoluten Favoriten.

**Thomas Mann: Doktor Faustus** (1947). Frankfurt: Fischer, 2012

**Max Frisch: Homo Faber. Ein Bericht.** 1957. Frankfurt: Suhrkamp, 1977

**Javier Marías: Mein Herz so weiß** (Corazón tan blanco, 1992). Frankfurt: Fischer, 2012

**Jonathan Franzen: Die Korrekturen** (The Corrections, 2001). Reinbek: Rowohlt, 2003

**Tom Wolfe: Fegefeuer der Eitelkeiten** (The Bonfire of the Vanities, 1987), Reinbek: Rowohlt, 2005

**Jonathan Safran Foer: Extrem laut und unglaublich nah** (Extremely Loud and Incredibly Close, 2005). Frankfurt: Fischer, 2007

**Richard Powers: Der Klang der Zeit** (The Time of Our Singing, 2003). Frankfurt: Fischer, 2005

**Christoph Ransmayr: Atlas eines ängstlichen Mannes** (2012). Frankfurt: Fischer, 2014

Von Jonathan Franzen (* 1959) finde ich immer noch **Die Korrekturen** am besten. Ich lese sehr gern Tom Wolfe (1930 – 2018), **Fegefeuer der Eitelkeiten** ist grandios. Wie überhaupt die Amerikaner, finde ich, einfach unerreicht sind. Jonathan Safran Foer (* 1977) mit **Extrem laut und unglaublich nah** zum Beispiel. **Der Klang der Zeit** von Richard Powers (* 1957), das ist auch ein ganz fantastisches Buch, finde ich, über klassische Musik, bei dem die Rezensenten schwankten zwischen ‚berührend‘ und ‚reaktionär‘.“

Deutschsprachige Romanciers haben es eher schwer bei ihr. Drei Ausnahmen sind erwähnenswert: „Christoph Ransmayrs (* 1954) **Atlas eines ängstlichen Mannes** ist ein tolles Buch. Es handelt sich um Reportagen eines vielgereisten Autors. Ein weiterer, etwas jüngerer Österreicher ist Arno Geiger (* 1968). Von ihm mag ich **Alles über Sally** und das Demenzbuch **Der alte König in seinem Exil**. Das ist ja auch mein Thema. Und ganz wunderbar finde ich Saša Stanišić (* 1978), gerade habe ich **Herkunft** gelesen, seinen autobiografischen Roman, und war ganz begeistert von der Sprache und seinem Witz.“

Über „ihr Thema“, die Demenzerkrankung ihres Vaters, hat Bettina Tietjen ein eigenes Buch veröffentlicht. **Unter Tränen gelacht. Mein Vater, die Demenz und ich** ist ein sehr lebendiger und berührender Bericht über die letzten Jahre ihres Vaters.

In dieser schwierigen Zeit spielte die Poesie eine wichtige Rolle für sie, vor allem die **Gedichte von Christian Morgenstern** (1871 – 1914).

„Zu Christian Morgenstern habe ich eine enge Beziehung, weil mein Vater viele seiner Gedichte auswendig konnte. In seiner Demenz, das erzähle ich in meinem Buch, zitierte er immer noch ganz viel Morgenstern. Zusammen sagten wir Gedichte auf.“ Ein berühmtes Beispiel:

## Das ästhetische Wiesel

*Ein Wiesel*
*saß auf einem Kiesel*
*inmitten Bachgeriesel.*

*Wisst ihr,*
*weshalb?*

*Das Mondkalb*
*verriet es mir*
*im Stillen.*

*Das raffinierte Tier*
*tat's um des Reimes willen.*

Den Humor von Robert Gernhardt (1937 – 2006) weiß Bettina Tietjen ebenfalls sehr zu schätzen.

„Von Robert Gernhardt habe ich viel gelesen. Ich habe ihn auch persönlich ein paar Mal getroffen. *Paulus schrieb an die Apatschen: / Ihr soll nicht nach der Predigt klatschen* – ein wunderbarer Kalauer. Es gibt so viele tolle Gedichte von ihm."

Bei der erzählenden Literatur ist Bettina Tietjen vor allem von Autorinnen begeistert: Siri Hustvedt (* 1955) zum Beispiel oder Virginie Despentes (* 1969) und ihrem Buch **Das Leben des Vernon Subutex**.

Besonders beeindruckt hat sie eine Autorin, von der hierzulande nur *ein* Buch erschienen ist:

„**Diese Dinge geschehen nicht einfach so** ist ein sehr gutes Buch, von einer amerikanischen Autorin mit ghanaischem Hintergrund, Taiye Selasi (* 1979). Es ist eine sehr verwobene Geschichte über eine große afrikanische Familie, die dadurch, dass die Kinder alle weggehen, woanders leben, auseinanderbricht; durch den Tod des Vaters finden diese verschiedenen Lebenswege wieder zueinander. Hat mich fasziniert."

**Arno Geiger: Alles über Sally** (2010). München: dtv, 2011 / **Der alte König in seinem Exil** (2011). München: dtv, 2012

**Saša Stanišić: Herkunft.** München: Luchterhand, 2019

**Bettina Tietjen: Unter Tränen gelacht. Mein Vater, die Demenz und ich** (2015). München: Piper, 2018 – Es gibt auch ein Hörbuch, gelesen von der Autorin, erschienen 2015 bei Hörbuch Hamburg.

**Christian Morgenstern: Gedichte in einem Band**. Frankfurt: Suhrkamp, 2004

**Robert Gernhardt: Gesammelte Gedichte**: 1954 – 2006. Frankfurt: Fischer, 2008

Bei einem Blick zurück auf die liebsten Bücher aus der Jugendzeit begegnen wir vielen Bekannten:

> „**Hanni und Nanni, Fünf Freunde**, überhaupt alles von Enid Blyton (1897 – 1968), dann **Die kleine Hexe** und **Der kleine Wassermann** von Otfried Preußler (1923 – 2013). Und ganz herausragend *Das Schlüsselkraut* von Paul Biegel. Das Buch hat 1967 den deutschen Jugendliteraturpreis bekommen."

Der Niederländer Paul Biegel (1925 – 2006) hat über 50 Bücher veröffentlicht, die in ein Dutzend Sprachen übersetzt wurden. *Das Schlüsselkraut* ist mit neuen Illustrationen unter dem neuen Titel **Eine Geschichte für den König** erschienen, der vielleicht sogar besser passt. Erzählt wird die Geschichte des kranken Königs Mansolin, den die Erzählungen der Waldtiere am Leben halten sollen, bis endlich die entscheidende Arznei gefunden ist. Vorgesehen für Menschen ab acht, Erwachsene sind aber keineswegs gelangweilt. Hier ein Auszug:

*Der arme Esel schwieg. Es war totenstill im Zimmer. Nur der lange weiße Bart König Mansolins bewegte sich ganz leicht auf und nieder. Der König schien zu schlafen. Hatte er wohl die ganze Geschichte gehört? Der Hase wagte nicht, an seinem Herzen zu horchen, und bedeutete den Tieren, sie sollten ganz leise das Schlafzimmer verlassen. (…) Mäuschenstill begaben sich die Tiere auf ihre Schlafplätze: der Wolf ins Gästezimmer, das Eichhörnchen in den gläsernen Saal, wo es sich zwischen die Geranien kuschelte, das Kaninchen in den Saal mit den Büchern, die Ente in den Liliensaal, das Schaf in den Kleesaal (der Käfer ging mit, denn er saß ja im Fell des Schafs), der Löwe stieg in das Turmzimmer hinauf. Die zehn Hummeln flogen leise brummend in den Gartensaal, der Drache tappte in die kupfernen Stallungen, die Mäuse schlüpften in die Küche unter den Herd, die Schwalbe schwang sich hinauf in die*

**Siri Hustvedt: Damals** (Memories of the Future). Reinbek: Rowohlt, 2019

**Virginie Despentes: Das Leben des Vernon Subutex** (2015). Köln: Kiepenheuer & Witsch, 2017

**Taiye Selasi: Diese Dinge geschehen nicht einfach so** (2013). Frankfurt: Fischer, 2014

**Enid Blyton: Hanni und Nanni,** Band 01: Hanni und Nanni sind immer dagegen. Berlin: Egmont Schneiderbuch, 2015

**Otfried Preußler: Die kleine Hexe** (1957). Jubiläumsausgabe. Stuttgart: Thienemann, 2017 / **Der kleine Wassermann.** (1956). 2016

*Mauernische hoch oben, und der arme Esel ... ja, der arme Esel musste in die Waschküche.*

Viele neugierige Leserinnen beginnen schon sehr früh damit, Blicke in die Erwachsenenabteilung zu werfen. Man kennt die Buchstaben und die Wörter, aber es ergeben sich zunächst Schwierigkeiten.

„Meine Mutter liebte Marcel Proust (1871 – 1922), also versuchte ich, Proust zu lesen. Ich war viel zu jung dazu, las es aber trotzdem. Auch Thomas Mann verstand ich anfangs nicht richtig, bei Johannes Mario Simmel (1924 – 2009) höchstens die Hälfte. Aber es war total aufregend. Das waren meine Jugendbücher."

Simmels Bestseller, die in den 1960-er bis 1980-er Jahren in Millionenauflage auf den Markt kamen, gibt es heute alle als E-book. Seine gebundenen Bücher scheinen bloß noch in vergilbten Versionen in der Welt zu sein. Was früher wegging wie warme Simmel, gibt es verlagsfrisch so gut wie gar nicht mehr.

Auch ihre beiden Kinder sind mit Büchern aufgewachsen, Bettina Tietjen hat „unheimlich viel vorgelesen, jeden Abend. Das war ein Ritual bei uns." Daher kennt sie sich gut in der Kinder- und Jugendliteratur aus.

„Cornelia Funke (* 1968) fand ich immer toll. ich bin ein Riesen-Fan von allem, was sie geschrieben hat. Auch Kirsten Boie (* 1950) haben wir gern gelesen. Dann die Harry-Potter-Bücher von Joanne K. Rowling. Bei meiner Tochter hat das Vorlesen gefruchtet, sie liest bis heute viel. Mein Sohn liest auch mal ein Buch, aber mehr fürs Studium."

Bei einer Frau, die engagiert Literaturwissenschaften studiert hat, liegt es nahe, nach Klassikern zu fragen. Bedeuten sie ihr noch etwas?

„Ja, Hölderlin (1770 – 1843) war mein Schwerpunkt, den finde ich immer noch ganz wunderbar. Auch E. T. A. Hoffmann (1776 – 1822) habe ich viel gelesen."

**Paul Biegel: Eine Geschichte für den König** (Het sleutelkruid, 1964). Stuttgart: Verlag Urachhaus, 2015

**Johannes Mario Simmel: Es muss nicht immer Kaviar sein.** Die tolldreisten Abenteuer und auserlesenen Kochrezepte des Geheimagenten wider Willen Thomas Lieven (1960). München: Knaur, 1963

**Cornelia Funke: Tintenherz** (2003). Hamburg: Oetinger 2010

**Kirsten Boie: Wir Kinder aus dem Möwenweg.** Hamburg: Oetinger 2019

Die modernen Klassiker: Heinrich Mann, Alfred Döblin, Lion Feuchtwanger – alles herausragende Autoren für sie, überstrahlt jedoch stets von ihrem „Hausheiligen" Thomas Mann.

„An den kommt für mich niemand ran, ganz losgelöst von diesen extrem bürgerlichen Zusammenhängen und was dahintersteht, finde ich seine Wortkunst so außerordentlich."

Auch Thomas Manns Tagebücher, in denen er Details seines Intimlebens notiert, hat sie mit Gewinn gelesen.

„Der war ja ziemlich verklemmt. Schwierig, wenn man homosexuell ist und es nicht sagen darf, eine Frau und eine Menge Kinder hat. Auch vor diesem Hintergrund finde ich es spannend, seine Bücher zu lesen."

Gegenstand ihres Examens war ein schon damals weithin bekannter Österreicher, der über 40 Preise und Auszeichnungen erhalten hat.

„Ich habe meine Magisterarbeit über Peter Handke (* 1942) geschrieben. Das Thema war: *Peter Handkes Theaterstücke. Untersuchungen zum Wandel der dramatischen Verfahren.*"

Hat er das mal in die Hand bekommen?

„Ich habe es ihm zugeschickt, ich wollte von ihm noch ein Zitat haben, aber er hat sich nie gemeldet. Irgendwann habe ich aufgehört, seine Bücher zu lesen. Immer diese komische melancholische, ständig auf sich selbst bezogene Weltsicht, irgendwann war ich total genervt. Aber er war ein guter Autor, um sich wissenschaftlich damit zu beschäftigen."

Ein anderer Österreicher, Wolf Haas (* 1960) ist ein Autor, dessen Bücher einen leichteren Zugang gewähren. Berühmt sind seine **Brenner**-Romane. Bettina Tietjen schätzt aber vor allem **Das Wetter vor 15 Jahren**. Vom Spiel mit den Zeitebenen sei sie begeistert. Als der Roman 2006 veröffentlicht wurde, warnte Ulrich Wickert in seiner damals neuen Büchersendung eindringlich vor „diesem missratenen

**Friedrich Hölderlin:**
**Gesammelte Werke.**
Frankfurt: Fischer, 2008

**E. T. A. Hoffmann:**
**Der goldne Topf: Ein**
**Märchen aus der neuen**
**Zeit** (1814/1817). Frankfurt:
Suhrkamp, 2002

Thomas Mann
Tagebücher
1918-1921

**Thomas Mann:**
**Tagebücher 1918 – 1955**
(acht Bände): Frankfurt:
Fischer, 2003 – Es gibt eine
gekürzte Hörbuchausgabe,
die den gesamten Zeitraum
umfasst, gelesen von Hanns
Zischler, erschienen 2010 im
Münchener Hörverlag.

Werk". An anderer Stelle eröffnete er, gerade dieses Buch habe ihn bewogen, die Sendung nach sieben Folgen aufzugeben und sich anderen Feldern zuzuwenden.

„Ich mag Bücher, die nicht so eindimensional sind, in denen ich was entdecken kann, die mich zum Nachdenken bringen, mich fordern, mich nochmal zurückblättern lassen – solche Bücher liebe ich.

Von Charles Baudelaire (1821 – 1876) stammt die berühmte Gedichtsammlung **Les Fleurs du Mal – Die Blumen des Bösen.** Ihr Autor hatte größte Probleme damit, denn einige der Gedichte hielt eine prüde Öffentlichkeit für anstößig: sie würden die Moral verletzen.

„Baudelaire habe ich geliebt, seine Gedichte abgeschrieben und an meine Wand gepinnt. Ich habe früher viel Tagebuch geschrieben. Immer wenn ich heute darin blättere, stelle ich mit Erstaunen fest, was für ein großer Gedichtfan ich in meiner Jugend doch offensichtlich war."

An Sachbüchern besteht in dieser Bibliothek ebenfalls kein Mangel. Das wiederum hat zunächst mit dem Job zu tun. Nur zu gern sitzen Autorinnen und Autoren in Tietjens Talkshow oder auf dem roten Sofa des NDR Fernsehens und präsentieren ihre Bücher.

„Ich lese so viele Sachbücher, weil ich deren Autoren in meinen Sendungen sitzen habe. Zwar nicht von A bis Z, aber doch quer. Da sind mitunter tolle Sachen dabei, ob von Harald Lesch, Dietrich Grönemeyer oder Ranga Yogeshwar. Aber ich würde mich in meinem Urlaub nicht in eine Hängematte legen und einen Tausend-Seiten-Wälzer über die Zukunft unseres Planeten lesen."

Bettina Tietjen ist gläubig, und in ihrem Haus gibt es Bibeln, die so alt sind, dass Martin Luther sie noch hätte Korrektur lesen können. Erbstücke der Großeltern.

„Ab und an kommt es vor, dass ich mir Bibelzitate in Erinnerung rufe. Meine Bibel aus der Kindheit habe ich lila angestrichen, ich hatte so einen Lila-Tick, in die schaue ich ganz gerne rein."

**Wolf Haas: Das Wetter vor 15 Jahren** (2006). München: dtv, 2011

**Charles Baudelaire: Les Fleurs du Mal – Die Blumen des Bösen: Gedichte.** Neu übersetzt von Simon Werle. 1857. Reinbek: Rowohlt 2017

**Richard David Precht:**
**Erkenne die Welt:**
**Geschichte der**
**Philosophie 1.** München:
Goldmann, 2015 (Bd. 2
2017, Bd. 3 2019)

**Paul Auster: 4 3 2 1.**
Reinbek: Rowohlt 2017

**Meg Wolitzer: Die**
**Interessanten** (The
Interestings, 2013). Köln:
Dumont 2018

**Richard Powers: Die**
**Wurzeln des Lebens** (The
Overstory). Frankfurt:
Fischer, 2018

**Uwe Tellkamp: Der Turm.**
Suhrkamp: Berlin, 2008

Philosophie interessiert sie auch, aber es genügt ihr zumeist, sich oberflächlich zu informieren. Favorit ist dabei Richard David Precht (* 1964).

Wer in Radio und Fernsehen mit Menschen spricht, die schreiben, kann sich vor signieren Widmungsexemplaren kaum retten. Bei Bettina Tietjen gibt es ein ganzes Zimmer davon.

„Eigentlich furchtbar, ich mag das gar nicht. Es ist mir schon mal passiert, dass ich ein Buch weiterverschenkt habe, das wie neu aussah. Aber ich hatte vergessen, das da drinsteht: *Für Bettina, vielen Dank für den Besuch in deiner Sendung.* Ich lege keinen Wert drauf, ist mir schnurz. Die einzige Signatur, die ich in Ehren halte, ist von Federico Fellini (1920 – 1993). Er hatte, das ist ewig her, irgendwo eine Fotoausstellung, bei der ich als Fernsehpraktikantin mit zur Vernissage gehen durfte. Ich riss irgendwo ein Blatt heraus, auf das Fellini schrieb: *Per la bella Bettina.* Das ist ein Dokument der Zeitgeschichte. Autogramme lasse ich mir gelegentlich für meinen Mann geben – immer von Köchinnen und Fußballern, Günter Netzer zum Beispiel."

Und was will Bettina Tietjen in der nächsten Zeit lesen?

„Ich denke an die letzten Romane von Paul Auster (* 1947) und Meg Wolitzer (* 1959). Von meinen amerikanischen Lieblingen gibt es ja nichts Neues, wenn mich nicht alles täuscht. Ach so, das Neue von Richard Powers habe ich noch nicht gelesen. Das kommt auf meinen Zettel. Das sind ja dann schon mal drei."

Es gibt ja Leser, die sich von Buch- und Bestsellerlisten beeindrucken lassen und danach ihre Kaufentscheidung treffen. Bettina Tietjen ist da unentschieden.

„Diese preisgekrönten Bücher sind oft wahnsinnig mühsam zu lesen, zum Beispiel **Der Turm** von Uwe Tellkamp (* 1968). Ich hatte gedacht, muss ich lesen, wenn das so viele Preise kriegt, muss ja toll sein. Ja, war aber recht mühsam. Früher – im

Germanistikstudium – war das Pfui, Bestseller liest man nicht. Wenn es vielen Leuten gefällt, dann ist es Mist. Auch Quatsch natürlich. Von John Irving (* 1942), habe ich alles gelesen, wirklich alles. Obwohl es nicht gerade anspruchsvolle Literatur in diesem Sinne ist. Oder? John Irving liest man so runter. Aber er hat mich zum Lachen gebracht, aber auch zum Weinen, zum Beispiel in **Garp und wie er die Welt sah**. Er war früher einer meiner Lieblingsschriftsteller. Obwohl er keine Herausforderung beim Lesen ist."

**John Irving: Garp und wie er die Welt sah** (The World According to Garp, 1978). Reinbek: Rowohlt, 1982

Zum Schluss die Frage der Fragen: Hat das Buch eine Zukunft? Sechs Millionen Leser sind zuletzt verloren gegangen.

„Ich glaube, es hat mehr Zukunft, als man denkt. So vieles wurde schon totgesagt. Ich glaube, es wird immer Menschen geben, die lesen, ob nun E-Books oder richtige Bücher. In unserer Zeit fortschreitender Digitalisierung und oberflächlicher sozialer Netzwerke nimmt die Sehnsucht nach Tiefe als Gegenbewegung wieder zu. Ich glaube daran, dass Esprit und Geist und Intellektualität überleben werden, und dazu gehören auch Bücher."

# WOLFRAM KOCH

geboren 1962 in Paris – aufgewachsen in Bonn – lebt in Frankfurt/Main. Schauspielstudium an der dortigen Hochschule für Musik und Darstellende Kunst. Rollen am Theater der Freien Volksbühne Berlin und am Schauspiel Frankfurt, Engagements am Schiller Theater Berlin (1988 – 90) und am Schauspielhaus Bochum (1995 – 2000). Danach freischaffend am Deutschen Theater, Berlin, an der Volksbühne am Rosa-Luxemburg-Platz, am Schauspielhaus Zürich und am Burgtheater Wien. Zusammenarbeit mit den Regisseurinnen und Regisseuren Sebastian Baumgarten, Jan Bosse, Herbert Fritsch, Dimiter Gotscheff, Karin Henkel, Frank Hoffmann, Armin Petras und Stefan Pucher. Auch Filmrollen übernimmt er regelmäßig, seit 2015 spielt er den Frankfurter *Tatort*-Ermittler. 2010 erhielt er gemeinsam mit Dimiter Gotscheff, der Schauspielerin Almut Zilcher und dem Schauspieler Samuel Finzi den Theaterpreis Berlin, 2014, ebenfalls mit Samuel Finzi, den Gertrud-Eysoldt-Ring – 2018 Nominierung zum deutschen Theaterpreis Der Faust.

© Steven Haberland

Wolfram Koch hat einen Geburtsort, den Deutsche eher selten vorzuweisen haben. Er ist 1962 in Paris zur Welt gekommen, und sogleich geht die Fantasie auf Reisen, zumal wenn man hört, der Vater sei NATO-Offizier gewesen. Eine Konstellation wie in einem Spionagethriller, *kalter Krieger in der Stadt der Liebe.*

„Mein Vater war Jurist, der, ganz Klischee, Paris und das französische Essen in vollen Zügen genoss. Und er war ein großer, systematischer Leser. Er knöpfte sich Autor um Autor vor und las deren Werk an einem Stück. Was das anging, war er wirklich ein Maniac. Ich liebte es, auf dem Teppich im Wohnzimmer zu liegen, und die Bücher – es waren sehr viele – von unten zu betrachten. Bis heute kann ich mich an die Umschläge erinnern, die bunten Einbände, die Zeichnungen darauf, die verschiedenen Illustrationsstile, die typisch waren für die Jahrzehnte. Als mein Vater starb, erbte ich neben den Gemälden, die er von Pariser Kunststudenten erwarb, seine Bücher. Da ich ebenfalls immer wahnsinnig viel gelesen habe, hatte ich bald eine beachtliche Bibliothek. Bei unseren vielen Umzügen, die der Beruf mit sich bringt, mussten wir die immer wieder reduzieren, aber sie wächst auch nach. Wenn ich Lesungen mache, bekomme ich von den Autoren Widmungsexemplare geschenkt. Die halte ich natürlich in Ehren. Dabei bin ich keiner, der unbedingt alles besitzen muss. Meine Bibliothek ist heute ein wohldosiertes Gemisch aus Theaterbüchern, Programmheften, persönlichen Lieblingsbüchern, reduziert auf nurmehr drei Regalbretter hier im Flur. Denn da die Wohnung mit unseren vier Kindern aus allen Nähten platzt, mussten wir einen Großteil der Bücher in den Keller verbannen, wenn wir sie nicht verschenkt haben."

Viele werden Wolfram Koch aus dem einen oder andern Film kennen, zuletzt vor allem aus dem Frankfurter *Tatort*, wo er seit 2015 Kommissar Paul Brix spielt. Die ganze Wahrheit über diesen Schauspieler erleben Theaterbesucher: In Zürich, Berlin, Bochum, Frankfurt/Main, Wien und andernorts bejubeln sie ihn. Ende 2018 war Wolfram Koch nominiert für den deutschen Theaterpreis Der Faust für seine Darstellung in **Richard III.** am Schauspiel Frankfurt. Man kann die einschlägigen Zeitschriften und Jahrbücher durchblättern: Nicht ein Kritiker hat jemals an Wolfram Koch als Bühnenschauspieler herumgemäkelt, weil das eigentlich auch gar nicht möglich ist; und falls doch, hatte er eben keine Ahnung.

„Ich bin kein Schauspieler von ‚Traumrollen‘, sondern versuche jede Rolle, die ich spiele, zur Traumrolle zu machen, und wenn es ein Stück ist, in dem zwei Stunden nur gemurmelt wird.“ Eines seiner liebsten Erinnerungsbücher ist **Da geht ein Mensch** von Alexander Granach (1890 – 1945), ein Buch, das ihm sein Schauspielkollege Ralf Schermuly (1942 – 2017) aus Dank dafür geschenkt hat, dass er ihm bei einer Aufführung einmal aus der Patsche half. Es handelt sich um eine Theaterbiografie, die da aufhört, wo es eigentlich losgeht: am Max-Reinhardt-Seminar, wo der Protagonist, der Schauspieler werden will, über alle Mühen und Klippen hinweg endlich angenommen wird.

Ein weiteres ist **Ansichten eines Clowns**, mit persönlicher Widmung von Heinrich Böll. Der erhielt den Nobelpreis für Literatur 1972. Vor allem sein Roman **Gruppenbild mit Dame** hatte die Jury überzeugt. Bölls erfolgreichste Prosaarbeit ist seine Erzählung **Die verlorene Ehre der Katharina Blum**, die in zahlreiche Sprachen übersetzt und bis heute fast drei Millionen Mal verkauft worden ist. Der damalige Bundespräsident Karl Carstens, Mitglied der SA, NSDAP und CDU, warnte eindringlich vor diesem Buch, das er nicht gelesen, von dem er aber irgendwie gehört hatte, „Dichter Heinrich Böll“ habe „unter dem Pseudonym Katharina Blüm (!) ein Buch geschrieben, das eine Rechtfertigung von Gewalt darstellt“. Die Bundesrepublik Deutschland kann auf eine nennenswerte Anzahl überaus sonderbarer Bundespräsidenten zurückblicken. Literaturexperten waren sehr wenige.

„Vojtěch Jasný (* 1925), der Regisseur der Verfilmung von *Ansichten eines Clowns*, hatte mich im Theater der Jugend in Bonn gesehen und mich daraufhin angesprochen. Ich wurde für die Rolle des jungen Hans Schnier genommen. Am Set waren all die Stars der damaligen Zeit: Hanna Schygulla , Hans Christian Blech, Eva Maria Meineke, Louise Martini, Henning Schlüter, nicht zu

Alexander Granach: Da geht ein Mensch. Der Roman eines Lebens (1945). München: btb, 2007 – Es gibt ein schönes Hörbuch dazu, gelesen von Mario Adorf; es ist 2008 beim Münchener Kunstmann Verlag herausgekommen, aber leider vergriffen.

Heinrich Böll: Ansichten eines Clowns (1963). Köln: Kiepenheuer&Witsch 2001

vergessen Helmut Griem. Und ich als Zwölfjähriger mittendrin. Ich las das Buch – und es gefiel mir. Die Figur des Clowns, der sich auflehnt und nicht versteht, dass er seine Liebe nicht leben kann, weil im bigotten Nachkriegsdeutschland immer noch die Konfessionen eine Rolle spielen. Dieses Buch hat mich geprägt.“

Für den 13-jährigen Wolfram Koch war die Rolle des Clowns nicht der Beginn einer unaufhaltsamen Karriere, aber doch in vielfacher Hinsicht ein einschneidendes Erlebnis.

„Ich hatte Linoldrucke angefertigt, mit einem Clown, der Trompete spielt. Einer dieser Drucke ist im Film in der Szene zu sehen, in der Helmut Griem mit Hanna Schygulla im Bett liegt. Alle wollten so einen Druck haben. Auch ein älterer Statist kam auf mich zu, er war sehr nett und hat mit mir wie mit einem Erwachsenen gesprochen. Das fand ich toll. Ich versprach ihm, einen Druck zu machen. Nach einer halben Stunde kam der Produzent des Films vorbei mit einer Riesenstange Reval, also richtig Torpedozigaretten, und sagte, Herr Böll, Ihre Zigaretten. Kurz vor Weinachten kam ein Päckchen von ihm an, darin ein Brief: ‚Vielen Dank für deine Mitarbeit am *Clown*‘, außerdem mehrere Bücher, unter anderem **Als Hitler das rosa Kaninchen stahl** von Judith Kerr (1923 – 2019), das seine Frau übersetzt hatte; kein Buch von ihm selbst übrigens. *Ansichten eines Clowns* mit Signatur überreichte er mir später persönlich. Natürlich hat es einen gesicherten Stammplatz in diesem Regal.

**Judith Kerr: Als Hitler das rosa Kaninchen stahl** (When Hitler Stole Pink Rabbit, 1971). Übersetzt von Annemarie Böll (1973). Ravensburg: Ravensburger Buchverlag, 1997

Was ich richtig an Büchern mag, ist ihr Geruch. Ich mag, wie sie riechen, wenn sie nagelneu, aber auch wenn sie alt sind und eine feine Staubschicht angesetzt haben. Ich mag Bücher anfassen, habe sie gern in der Hand und blättere in ihnen herum. Mein Vater hatte die Angewohnheit, Geldscheine in Büchern zu verteilen, und manchmal, wenn ich ein Buch von ihm las, segelte ein 100-Mark-Schein heraus. Ich mag, wie ein Buch aussieht, wie es sich präsentiert. Und ich mag es, wenn mich ein Buch wegträumen lässt. Ein gutes Buch ist für mich eins, das nach zwei, drei Seiten eine Figur oder ein Bild vor mir erstehen lässt. Ich sehe genau, wie die Figur aussieht, ich stelle mir die

# „Was ich richtig an Büchern mag, ist ihr Geruch."

Bushaltestelle vor, ich bin in einer imaginären Landschaft, die mit meiner eigenen biografischen Landschaft zu tun hat, aber nicht mit ihr identisch ist. Das ist faszinierend, und deswegen liebe ich Bücher. Und deswegen finde ich Buchverfilmungen schwierig: Sie werden der Leserfantasie selten gerecht."

Wolfram Koch brennt für die Figuren, die er auf der Bühne darstellt, aber er brennt nicht minder für Bücher, das lässt sich nicht leugnen. Seine Lieblingsbücher zu benennen, fällt ihm schwer.

„Die Top 10 zu benennen ist unmöglich. Die Top 50 ist zumindest schwierig, auf die Top 100 könnten wir uns einigen. Was mich zuallererst geprägt hat, war **Die glücklichen Inseln hinter dem Winde** von James Krüss (1926 – 1997). Eine Geschichte von Menschen, alle am 24. Juni geboren; sie begeben sich auf eine Schiffsreise, fahren durch eine Wolkendecke, gelangen zu den Inseln und erleben die verrücktesten Abenteuer. Ein Buch zum Eintauchen. Ein anderes Buch, das mich beeindruckt hat, viel später, war **Der Fremde** von Albert Camus (1913 – 1960). Warum? Keine Ahnung, ich habe diesen Meursault nicht einmal richtig begriffen, glaube ich. Ich las das Buch mit 16 auf Deutsch und kurz danach in der Schule auf Französisch."

Auch **Warten auf Godot** von Samuel Beckett (1906 – 1989) habe ich zwar nicht wirklich verstanden, aber gerade deswegen regten diese absurden Figuren meine Fantasie an. Bei **Himmel über der Wüste** von Paul Bowles (1910 – 1999) wiederum war es das Fremde,

**James Krüss: Die glücklichen Inseln hinter dem Winde** (1958). Hamburg: Carlsen, 2000 – Vergriffen

**Albert Camus: Der Fremde** (L'étranger, 1942). Reinbek: Rowohlt, 1961

**Samuel Beckett: Warten auf Godot** (En attendant Godot, 1952). Frankfurt: Suhrkamp, 2011

**Paul Bowles: Himmel über der Wüste** (The Sheltering Sky, 1949). München: Goldmann, 1994 – Nur antiquarisch zu bekommen

das mich berührte, diese merkwürdige Reise in die Wüste, diese merkwürdige Frau, die eine Metamorphose durchläuft und als Hure in einem Harem landet.

Schier umgehauen hat mich **Gesang der Kojoten** des irischen Autors Colum McCann (* 1965). Nach der Lektüre dieses Buches, das vor 25 Jahren erschien, verschlang ich alles, was es von McCann gibt, unter anderem **Der Himmel unter der Stadt**. Hier beschreibt er Menschen in den New Yorker U-Bahn-Schächten, einer Stadt unter der Stadt. Er verknüpft die Lebensgeschichte eines U-Bahnarbeiters von den 1920er- bis in die 1970er-Jahre mit derjenigen eines Bauarbeiters, der Hochhäuser baut."

Colum McCanns Schreibseminare am Hunter College in New York sind legendär. Er beginnt stets mit den Worten: „Ich kann Ihnen nichts beibringen. Nun, da Sie dies wissen, gehen Sie hin und lernen." McCann beruft sich dabei auf Rainer Maria Rilkes **Briefe an einen jungen Dichter**. Aus seinen Ratschlägen destillierte er ein hilfreiches Büchlein, mit einfachen, aber grundlegenden Hinweisen.

Wolfram Koch ist zudem bekennender Fan von Raymond Carver (1938 – 1988). Der US-amerikanische Schriftsteller war Alkoholiker. Das ist nicht ungewöhnlich, einige der besten Schreiber waren trunksüchtig. Carvers früher Tod wurde allerdings durch Lungenkrebs verursacht.

Es könnte nützlich sein, an dieser Stelle auf ein sehr instruktives Büchlein von Michael Krüger und Ekkehard Faude zu verweisen, das eine fast unausweichliche Verbindung von **Literatur & Alkohol** offenbart. Darin heißt es:

*„Wer schreibt, trinkt auch. Was man den kargen Dichtergräbern nicht ansieht, wird deutlich, wenn man die nicht kanonisierten Werke, die Briefe und Tagebücher der Autoren studiert: Ein Alkoholnebel liegt über der Weltliteratur."*

Colum McCann: Gesang der Kojoten (Songdogs, 1995). Reinbek: Rowohlt, 1998 / **Der Himmel unter der Stadt** (This Side of Brightness, 1998). Rowohlt, 2000 / **Zoli** (2006). Rowohlt, 2008 / **Briefe an junge Autoren. Mit praktischen und philosophischen Ratschlägen** (Letters to a Young Writer, 2017). Rowohlt, 2017

Rainer Maria Rilke: Briefe an einen jungen Dichter (1929). Köln: Anaconda, 2009

Als Autor von Erzählungen wie **Wovon wir reden, wenn wir von Liebe reden** war Raymond Carver ein ebenso präziser Beobachter wie John Williams (1922 – 1994).

„Carver beschreibt Situationen, die keinen Anfang haben und kein Ende, die wie das Leben vorbeifliegen, sich reinschneiden, aber dann auch wieder vorbeigehen. Im Grunde funktionieren sie wie ein Theaterstück."

Aus Carvers **Short Cuts** machte Robert Altman 1993 den gleichnamigen Film.

Wolfram Koch ist als einer der erfolgreichsten deutschen Bühnenschauspieler natürlich bestens vertraut mit den Klassikern.

„Bei den Griechen ist bereits alles zu finden. Die **Orestie** des Aischylos (Uraufführung 458 v. Chr.) enthält alle Grundkonflikte, die bis heute Auseinandersetzungen gesellschaftlicher und politischer Art kennzeichnen. Auch Goethes **Die Leiden des jungen Werthers** finde ich unter diesem Aspekt großartig.

Mich interessiert, ob er als Schauspieler Theaterautoren mag, gerne ihre Stücke liest, ob die Texte bei ihm anders hängen bleiben, weil es sein Beruf ist.

„Ich muss gestehen, ich tue mich schwer, Theaterstücke zu lesen. Dieses Hin- und Herblättern, um sich zu vergewissern, wer spricht, in was für einer Szene. Mich lenkt das ab. Goethe finde ich darüber hinaus extrem schwer auswendig zu lernen. Mit Jürgen Kruse habe ich mal einen Goethe gemacht, indem wir alle Füllsel weggelassen haben wie ‚und so', ‚dennoch', ‚aber', ‚doch'. Auf diese Weise entstand ein zwar brüchiger, für uns dennoch schlüssiger Text, trotz oder gerade wegen der zerrissenen Sprache. Kleist dagegen prägt sich mir viel schneller ein. Seine Sprache ist so ausgefeilt ist, es kommt auf jedes Wort an. Wenn man hier etwas weglässt, geht der Rhythmus flöten und ändert sich der Sinn."

Wolfram Koch, in Paris geboren, kennt sich auch aus in der französischen Literatur. Kein Verhältnis hat

**Michael Krüger/Ekkehard Faude: Literatur & Alkohol. Liquide Grundlagen des Buchstaben-Rausches** (1993). Lengwil: Libelle, 2004

**Raymond Carver: Wovon wir reden wenn wir von Liebe reden. Erzählungen** (What We Talk About When We Talk About Love, 1989). Frankfurt: Fischer, 2012 / **Von wo ich anrufe. Seine besten Storys. Ausgewählt von ihm selbst** (Where I'm Calling From, 1988). Fischer, 2014 / **Short Cuts. Selected Storys** (1988). Stuttgart: Reclam, 2001

**Aischylos: Die Orestie. Agamemnon. Choephoren. Eumeniden.** Übers. und Hrsg.: Kurt Steinmann, Nachwort: Anton Bierl – Neuübersetzung. Stuttgart: Reclam, 2018

**Johann Wolfgang Goethe: Die Leiden des jungen Werthers. Studienausgabe.** Paralleldruck der Fassungen von 1774 und 1787. Stuttgart: Reclam, 1999

er zu Gustave Flaubert (1821 – 1880), einem der unbestrittenen Klassiker, den die Académie Francaise seinerzeit als Mitglied ablehnte. Eine Absurdität, die auch Balzac (1799 – 1850) und Stendhal (1783 – 1842) widerfuhr.

„Lesen ist subjektiv, hängt von guten Lehrern ab und nicht zuletzt von eigenen Befindlichkeiten."

Ich habe eine freundliche Vision: Ich sehe Wolfram Koch, der das staubige Frankfurt und das dortige Schauspiel für ein paar Wochen hinter sich gelassen hat, in seinem Haus in der Bretagne sitzen, der Tee ist ein wenig abgekühlt, er tunkt seine Madeleines ein und liest zum dritten Mal **Auf der Suche nach der verlorenen Zeit** von Marcel Proust (1871 – 1922).

Gustave Flaubert:
Madame Bovary. 1857.
Köln: Anaconda 2012

André Franquin: Der ganze Gaston. Die Gesamtausgabe aller Gaston-Seiten von Franquin (1957 – 1997). Hamburg: Carlsen, 2015

„Ich muss zugeben, ich habe Marcel Proust noch nie gelesen, aber es wird passieren. Bislang habe ich nur Auszüge und Zitate beim Schulfunk gelesen. In der Bretagne tunke ich meine Madeleine in meinen Kaffee und lese die Tageszeitung *Ouest-France*. Ich bin in Frankreich mit Comics aufgewachsen. Mein Hero ist Gaston Lagaffe, ein Büroangestellter, der in den späten Fünfzigern in der Zeitschrift *Spirou* auftauchte, ein Antiheld, der sich aber wie ein klassischer Held in jedes Abenteuer stürzt. Manchmal lese ich einen Comic von Gaston Lagaffe und bin wieder ein kleiner Junge."

Schöpfer des Gaston ist André Franquin (1924 – 1997). In Deutschland wurden die Gaston-Comics zuerst von 1968 bis 1978 vom Kauka Verlag in *Fix und Foxi* abgedruckt. Gaston hieß dort Jo-Jo, und ihm wurde ein starkes Stottern angedichtet. Ab 1981 erschien Gaston in neuer Übersetzung im Carlsen Verlag, seit 2015 gibt es dort eine fünfbändige Gesamtausgabe: **Der ganze Gaston.**

Wolfram Koch ist ein gern und häufig engagierter Hörbuchsprecher. Proust hat man ihm zwar noch nicht angeboten – es gäbe eine Neuübersetzung z. B. bei Reclam –, dafür den dänischen Krimiautor Jussi Adler-Olsen (* 1950) und einige andere:

„Ich las den ganzen Adler-Olsen, außerdem Lars Kepler, weiterhin **Transatlantik** von Colum McCann; gut erinnern kann ich mich auch an **Nordwasser** von Ian McGuire (* 1964), ein fantastisches Buch über Walfischfang im Polarkreis 1860, die Hauptfigur ist ein entlassener Soldat der britischen Armee, ein opiumabhängiger Indianer. Er brauchte einen Job und reist als Arzt mit. Auf dem Schiff kommt es zu Morden, es passieren ekelhafte Sachen. Denn eigentlich handelt es sich bei der Fahrt um einen Versicherungsbetrug der Schiffseigner. Der Arzt verliert sich bei den Inuit, wird schließlich im Kadaver eines Eisbären gefunden. Es gibt ein relatives Happy End: Er verschwindet, nicht ohne dem Reeder Geld abzuluchsen."

Sobald Wolfram Koch ein Autor gefällt, mussten bei Rowohlt gewissermaßen die Rotationsmaschinen anlaufen. Denn er ist ein Fan der Bild-Monografien, die ab 1958 in Reinbek erschienen sind, begründet von Kurt Kusenberg (1904 – 1983), seinerseits ein zu Unrecht in Vergessenheit geratener Erzähler. Von den Monografien gibt es rund 600 Titel, 2017 wurde die Reihe eingestellt.

„Diese Bild-Monografien liebe ich sehr. Man kann sie in einem Rutsch durchlesen und erhält eine erste Orientierung. Wenn ich auf einen Autor stoße, den ich noch nicht kenne, schaue ich als Erstes, ob es eine Rowohlt-Monografie über ihn gibt."

Der Name des Schriftstellers Daniil Charms (1905 – 1942) war mir nicht geläufig, jedenfalls bis zu dem Moment, als Wolfram Koch auf ihn zu sprechen kam:

„Daniil Charms war ein russischer Dadaist, der im Gefängnis unter Stalin vergessen wurde. Er war unter anderem befreundet mit Michail Bulgakow (1891 – 1940). Seine Texte sind ganz und gar eigenwillig. Sie handeln zum Beispiel von einem Mann, der von einem Dach stürzt, vorbei an vielen Etagen, und in jeder

**Lars Kepler: Lazarus.** Köln: Bastei Lübbe, 2019; bei Lars Kepler handelt es sich um ein Pseudonym, hinter dem sich das schwedische Ehepaar Alexandra Coelho Ahndoril und Alexander Ahndoril verbirgt

**Colum McCann: Transatlantik (TransAtlantic).** Reinbek: Rowohlt, 2014. Das Hörbuch, gelesen von Wolfram Koch, erschien zeitgleich bei argon (Berlin)

**Ian McGuire: Nordwasser (The North Water):** Hamburg: mare, 2017

**Kurt Kusenberg: Herr über Nichts. Sonderbare Geschichten.** Coesfeld: Elsinor, 2015

Etage wohnt Ida Markowna. In einer Etage ist sie unbekleidet, in einer anderen verstaut sie ein Hämmerchen im Ofen, in wieder einer anderen bereitet sie eine Leibspeise zu. Am Ende prallt der Körper des Mannes auf dem Boden auf. Solche ganz absurden Texte trug er seiner Dada-Gruppe gerne auf einem Schrank in seinem Zimmer sitzend vor. Er war suspekt, weil er ein Freigeist war."

Hier eine Kostprobe von Daniil Charms aus **Fälle**:

**Daniil Charms: Fälle**
(Russisch/Deutsch).
Stuttgart: Reclam, 2013 /
**Prosa, Gedichte, Stücke**
(Russisch/Deutsch).
Stuttgart: Reclam, 2014 /
**Einfach Schnickschnack**
(Russisch/Deutsch).
München: dtv, 2013 /
**Berichte aus den Tiefen
der russischen Literatur**,
Gelesen von Wladimir
Kaminer. München: Random
House Audio, 2014

### Die herausfallenden alten Frauen

*Eine alte Frau fiel vor lauter Neugierde aus dem Fenster, schlug auf und brach sich das Genick. – Da lehnte sich eine zweite alte Frau aus dem Fenster und begann zu der Toten hinabzuschauen, doch vor lauter Neugierde fiel auch sie aus dem Fenster, schlug auf und brach sich das Genick. – Dann fiel eine dritte Frau aus dem Fenster, dann eine vierte, dann eine fünfte. – Als die sechste alte Frau aus dem Fenster gefallen war, hatte ich keine Lust mehr, ihnen zuzuschauen, und ging auf dem Malzewskij-Markt, wo man, wie es heißt, einem Blinden einen gestrickten Schal geschenkt hatte.*

Und wieder die Frage der Fragen: Hat das Buch als solches eine Zukunft?

*„Ja, absolut, definitiv machen Bücher glücklich. Sie machen wütend, sie machen unruhig, sie machen traurig, sie bringen einen zum Lachen."*

„Es gibt Briefzeugnisse von 300 v. Chr. mit dem Tenor: Was soll die Schauspielerei, Theater bringt uns gar nichts, schmeißt die Schauspieler aus der Stadt. Doch wir spielen nach wie vor Theater, die Theater sind voll. Das zeugt von der Sehnsucht nach einem Live-Vorgang, mit der Möglichkeit, dass ein Mensch abstürzen, scheitern kann. Im Theater schauen wir Menschen beim Denken zu, beim Spielen und vielleicht beim Scheitern, es ist etwas Lebendiges. Und genauso glaube ich, dass Bücher überleben werden, immer. Bücher sind intime Fluchten und als solche überlebensnotwendig."

Machen Bücher glücklich?

„Ja, absolut, definitiv machen Bücher glücklich. Sie machen wütend, sie machen unruhig, sie machen traurig, sie bringen einen zum Lachen. Neulich fuhr ich von einer Theatervorstellung nach Hause, kam mitten in der Nacht in Frankfurt an und erwischte gerade noch die letzte U-Bahn; darin sitzt eine Frau, ansonsten ist die Bahn völlig leer, und die Frau schüttet sich aus vor Lachen. Sie ist über ein Buch gebeugt, und irgendwann kann ich das Cover erkennen. Es war **Dorfpunks** von Rocko Schamoni (* 1966). Also wenn man nachts in der U-Bahn vergisst, dass man in der letzten Bahn sitzt und sich totlacht – das schaffen Bücher."

**Rocko Schamoni: Dorfpunks.** Reinbek: Rowohlt, 2004

© Steven Haberland

# HEIKEDINE KÖRTING

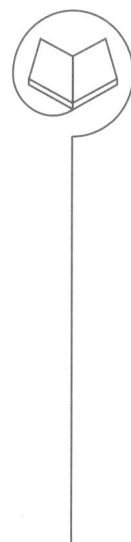

geboren **1945** – wuchs in Lübeck auf. Studium der Rechtswissenschaften in Genf und Hamburg. Arbeit als Rechtsanwältin, Modeschöpferin und Kleindarstellerin (u. a. in *Ohrfeigen, Arabella, Die Brücke von Remagen*); seit **1969** Arbeit für das Hörspiellabel EUROPA als Autorin und Regisseurin, seit **1973** (bis heute) alleinverantwortlich für die Hörspielproduktionen. Mehr als **2000** Hörspiele (darunter *Die drei ???, TKKG, Fünf Freunde*); etwa 150 Goldene, etwa 25 Platin-Schallplatten.

Die ganze Geschichte beginnt 1965 in der Magdalenenstraße: Drafi Deutscher (1946 – 2006) und die Beatles dominieren die Hitparaden – wie die Charts damals heißen. Nur ein paar Steinwürfe von der Hamburger Außenalster entfernt, in der Wohnung von Andreas Beurmann (1928 – 2016), schneiden im Schlafzimmer die gebrauchten Telefunken-Tonbandmaschinen mit, was Schauspieler im Wohnzimmer in die Mikrofone sprechen. Eine Produktion des Hörspiellabels EUROPA, das seit nunmehr über einem halben Jahrhundert den Tonträgermarkt für Kinder und Jugendliche beherrscht. 1969 wechselt man in das neue Haus des Chefs in die Agnesstraße, Heikedine Körting kommt dazu und schreibt ihre ersten Märchen-Skripts. Beim Hörspiel *Das Gespensterschiff* ist sie hauptverantwortlich. Seit 1973 ist sie es allein: Seitdem sind mehr als 2000 Hörspiele entstanden, darunter der absolute Klassiker *Die drei ???* – im Juli 2019 wurde die 200. Folge – *Feuriges Auge* – veröffentlicht.

**Feuriges Auge**

**Joseph von Eichendorff:
Aus dem Leben eines
Taugenichts** (1826). Berlin:
Suhrkamp, 2007

**Joseph von Eichendorff:
Schläft ein Lied in allen
Dingen. Gedichte.**
München: dtv, 2007

Das Studio ist heute in einer Villa in der Rothenbaumchaussee untergebracht, Heikedine Körtings Bücherregale stehen dagegen unweit der Neustädter Bucht im Herrenhaus von Gut Hasselburg, seit 1977 gepachtet vom Ehepaar Beurmann-Körting.

Umgeben von Gemälden, einer Harfe und wertvollem alten Mobiliar sitzen wir in einer beeindruckenden Bibliothek. Wie ist sie entstanden?

„Mein Mann war ja ein wenig älter als ich. Er hatte schon ein Haus und auch eine schöne Bibliothek. Ich brachte meine Kinder- und Jugendbücher mit und Bücher, die ich immer liebte: Joseph von Eichendorff (1788 – 1857) etwa. Im Lauf der Jahre sammelten wir gemeinsam viele weitere. Im Kavaliershaus drüben stehen Unmengen Bücher. Auch für unsere Gäste, damit sie was zum Lesen haben."

Ein Blick in das große Bücheregal legt die Vermutung nahe, dass hier keine Ordnung herrscht wie im Finanzamt Hamburg-Oberalster.

„Die Ordnung ist danach entstanden, was man gerade gelesen und wieder zurückgestellt hat. Sie sehen ja, dass wir hier schöne Möbel haben, zum Beispiel diesen spanischen Kassettenschrank, da sind auch Bücher drin. Das Haus war, als wir hierherkamen, komplett leer: kein Schrank, keine Lampe, nichts. Und insofern, mit bald 50 Zimmern, kann man sich vorstellen, dass es auch einiger Arbeit bedurfte, das überhaupt zu bestücken. Deswegen herrscht hier ein herrliches Durcheinander.“

Und die 50 Zimmer, die es hier gibt, wie oft sieht Heikedine Körting die?

„Eigentlich immer, immerzu.“

Täglich?

„Nicht täglich, aber doch häufiger mal, weil ich es liebe. Drüben im Kavaliershaus ist das Hörspiel-Archiv. Da muss ich regelmäßig lüften und kontrollieren, dass die Katze die Mäuse in Schach hält, damit sie nicht die Kartons annagen.“

Gestärkt von einem exzellenten Kaffee, der so gut ist, dass er aus der kolumbianischen Region Valle de Cauca stammen könnte, versuchen wir gemeinsam, die Ordnung in den Regalen zu ermitteln. Es stehen sehr unterschiedliche Bücher beieinander: Bücher von und über Helmut Schmidt (1918 – 2015) neben Blumenbüchern und **Leben mit Wagner** und **Sprechen wir über Musik** von Joachim Kaiser (1928 – 2017).

„Joachim Kaiser war nicht nur ein berühmter Kritiker und *der* Musik-Papst, er hat es immer wieder geschafft, seine Leser für Musik zu begeistern. Meinem Mann war er ein wichtiger Freund. Als Studenten haben sie zusammen Madrigale gesungen und das ganze Leben gemeinsam musiziert.“

Heikedine Körtings 2016 verstorbener Ehemann Andreas Beurmann, an den im Eingangsbereich ein großes Foto erinnert, war promovierter Musikwissenschaftler. Es liegt nahe, dass sich in den Regalen zahlreiche Musikbücher und Noten breit machen.

**Helmut Schmidt: Was ich noch sagen wollte.** München: C. H. Beck, 2016

**Gunter Hofmann: Helmut Schmidt – Soldat, Kanzler, Ikone.** München: C. H. Beck, 2015

**Joachim Kaiser: Leben mit Wagner.** München: btb, 2014

**Joachim Kaiser: Sprechen wir über Musik.** München: Siedler, 2012

"In diesem hier nicht, da müssen wir noch eins weiter längs gehen, da sind dann die Noten und solche Sachen. Daneben Geschichte, ein bisschen Politik; die Klassiker sind hier."

Bei einer Frau, die den Ehrennamen „Hörspielkönigin" trägt, könnte man vermuten, dass hier auch Bücher zu finden sind, die sich mit Hörspieltheorie befassen.

Andreas Beurmann: Die drei ??? Die Hörspielkönigin und vieles mehr. Hildesheim: Olms, 2011

"Nein, keine Theorie. Das habe ich *praktisch* gelernt. Und ich habe mich nie sehr in anderen Studios umgeguckt. Ich mache es so, wie mein Mann es mir beigebracht hat, und das seit über vierzig Jahren."

In Heikedine Körtings Aufnahmestudio zittern die digitalen Endgeräte vor der Macht der analogen Tonbandmaschinen, an denen die Chefin weiterhin festhält. Der Sound gefällt ihr eben. Ihre Liebe zu Büchern passt dazu.

"Ich finde Bücher sehr wichtig. Ich war schon als Kind eine Leseratte. Meine Mutter wollte Bibliothekarin werden, konnte ihre Ausbildung jedoch nicht beenden, weil ihre Eltern nicht in der Lage waren, das zu finanzieren. Aber sie war ungeheuer belesen. Selbstverständlich hatten wir einen Ausweis für die öffentliche Bücherei. Nach Schule und Mittagessen haben wir uns aufs Sofa gelegt und erst mal schön gelesen. Pro Woche bestimmt zwei, drei Bücher. Oft waren und sind es Bücher, die mit Musik zu tun haben. Zurzeit lese ich Katie Hafners **Die Romanze mit einem Dreibeiner** über Glenn Gould (1932 – 1982), wie er den Steinway-Flügel und den berühmten Stuhl durch die ganze Welt geschleppt hat."

Katie Hafner: Romanze mit einem Dreibeiner. Glenn Goulds obsessive Suche nach dem perfekten Klavier. Mainz: Schott, 2009

Der exzentrische Pianist benutzte bei seinen Konzerten und Studioaufnahmen stets seinen eigenen, besonders niedrigen Klavierstuhl, ein störend quietschendes, sperrmüllreifes Möbelstück, wie Katie Hafner in ihrem Buch schildert:

*„Eines Tages hielt vor der kanadischen Nationalbibliothek in Ottawa ein großer Umzugswagen. (...) Doch das berühmteste Artefakt, das mit dem Umzugswagen gekommen war, war der*

*„Pygmäenstuhl", ein ramponierter, ungewöhnlich niedriger höl*
*zerner Klappstuhl, der mit Klammern, Leim und Klavierdraht*
*zusammengehalten wurde."*

# „Ich mag dieses Haptische, das Blättern, das alles finde ich wunderbar."

Auf dem ziemlich großen Tisch (ein kleiner würde sich in den Räumlichkeiten von Gut Hasselburg lächerlich machen) liegen mehrere, vielleicht ein Dutzend Bücher in unterschiedlichen Farben und Formaten. Im Regal entdecke ich eine eindrucksvolle traditionelle Buchreihe, die in vielen Haushalten in den letzten Jahren entsorgt worden ist: den **Brockhaus**, dessen Anfänge ins 18. Jahrhundert zurückreichen, den die Digitalisierung aber inzwischen vom Markt gefegt hat. Das Exemplar, das weiterhin stoisch auf Gut Hasselburg im Regal steht, ist so alt, dass es mit der Gegenwart nichts mehr zu tun hat.

„Lexika sind mir immer sehr wichtig gewesen. Jetzt ja nicht mehr so. Ich weiß noch, anfangs, herrlich, immer wenn man irgendwas wissen wollte, schnappte man sich einen Band, guckte dann unter A wie Ameise, wurde auf P verwiesen, musste loslaufen und den nächsten Band holen. Das ist immer eine Freude gewesen. Heute sitzt man am Computer, gibt das Stichwort ein und erhält in einer Sekunde das Ergebnis. Eigentlich ein bisschen schade. Inzwischen besitze ich einen E-Book-Reader, aber ich habe noch nichts drauf geladen, weil ich es so viel schöner finde, ich mag dieses Haptische, das Blättern, das alles finde ich wunderbar."

Sie haben einen E-Book-Reader, auf dem nichts drauf ist?

„Nichts drauf."

Gar nichts?

„Nix, gar nix. Aber ich habe meinen Neffen angerufen, der ist ein ganz Patenter, damit er mir ein paar Sachen drauflädt. Wenn man auf Reisen geht, länger unterwegs ist, dann ist es vielleicht schön, nicht das Geschleppe zu haben. Immer muss ich Übergepäck zahlen, weil ich auf jede Reise einen Koffer voller Bücher mitnehme."

Gibt es für Heikedine Körting ein Lieblingsbuch oder Lieblingsbücher?

„Ja, ich liebe immer noch Carl Zuckmayer (1896 – 1977), seit meiner Schulzeit. Diese Bücher, die ich als Kind kennenlernte, liebe ich bis heute. Von Zuckmayer besonders **Des Teufels General**. Darüber habe ich schon meine Abiturarbeit geschrieben."

Es gibt dort die berühmte Szene, in der General Harras Fliegerleutnant Hartmann den gefährlichen Unsinn der nationalsozialistischen Rassenlehre handfest widerlegt:

**Carl Zuckmayer: Des Teufels General** (1946). Frankfurt: Fischer, 2012

*„Jetzt stellen Sie sich doch mal Ihre Ahnenreihe vor – seit Christi Geburt. Da war ein römischer Feldhauptmann, ein schwarzer Kerl, braun wie ne reife Olive, der hat einem blonden Mädchen Latein beigebracht. Und dann kam ein jüdischer Gewürzhändler in die Familie, das war ein ernster Mensch, der ist noch vor der Heirat Christ geworden und hat die katholische Haustradition begründet. Und dann kam ein griechischer Arzt dazu, oder ein keltischer Legionär, ein Graubündner Landsknecht, ein schwedischer Reiter, ein Soldat Napoleons, ein desertierter Kosak, ein Schwarzwälder Flözer, ein wandernder Müllerbursch vom Elsaß, ein dicker Schiffer aus Holland, ein Magyar, ein Pandur, ein Offizier aus Wien, ein französischer Schauspieler, ein böhmischer Musikant – das hat alles am Rhein gelebt, gerauft, gesoffen und gesungen und Kinder gezeugt – und – und der Goethe, der kam aus demselben Topf, und der Beethoven und der Gutenberg, und der Matthias Grünewald und – ach was, schau im Lexikon nach. Es waren die Besten, mein Lieber! Die Besten der Welt! Und warum? Weil sich die Völker dort vermischt haben. Vermischt – wie die Wasser aus*

221

*Quellen und Bächen und Flüssen, damit sie zu einem großen, le-
bendigen Strom zusammenrinnen. Vom Rhein – das heißt: vom
Abendland. Das ist natürlicher Adel. Das ist Rasse. Seien Sie stolz
darauf, Hartmann – und hängen Sie die Papiere Ihrer Groß-
mutter in den Abtritt. Prost.*"

„Und auch meine Kinderlieblingsbücher sind noch heute meine
Lieblingsbücher. **Fünf Freunde** und **Hanni und Nanni**
von Enid Blyton (1897 – 1968), ein bisschen platt,
aber nett und frisch und fröhlich. Als ich meinen
Mann kennenlernte, habe ich sie als erste im Studio
aufgenommen. Mein Bauchgefühl sagte mir immer,
Stoffe zu nehmen, die liebevoll, freundlich und gut
sind. Wenn ich Märchen aufnehme, fälsche ich sie
am Schluss immer ein bisschen. Ich lasse der bösen
Schwiegermutter nicht die Augen ausstechen und
den Wolf nicht aufschneiden."

Enid Blyton: Fünf Freunde
im Zeltlager. München: cbj,
2015

Auch heute noch?

„Ja, ich habe den Eindruck, dass es sich negativ
ausprägt, wenn die Kinder mit dem Bösen und Ne-
gativen, das in der Welt ist, belastet werden. Aktuelle Probleme greifen wir durchaus auf, ob es das
Bienensterben ist oder Plastikmüll, aber wir ver-
packen es immer in eine Rahmenhandlung, so dass
die Kinder das Gefühl haben, ich kann helfen oder
selbst etwas tun, dass nicht alles verkommt oder
kaputtgeht."

Enid Blyton: Hanni und
Nanni retten die
Mädchenehre. Köln:
Egmont Schneider, 2010

Die Engländerin Enid Blyton schrieb 753 Bü-
cher und ist mit über 600 Millionen verkauften Büchern noch
immer die international erfolgreichste Jugendbuchautorin. Joanne K. Rowling (* 1965) bringt es mit ihrer Harry Potter-Welt
auf eine Auflage von 330 Millionen.

Spätestens als die BBC 2009 Enid Blytons Leben verfilmte,
wurde deutlich, dass ihre Persönlichkeit in weiten Teilen gestört
war. Die Hauptdarstellerin Helena Bonham Carter sagte: „Die
Rolle hat mich gereizt, weil Enid Blyton schlicht bekloppt war
(...) Sie war ein emotionales Wrack und einfach komplett irre."

Und Imogen Smallwood, die jüngere Tochter, urteilte: „Sie war arrogant, unsicher und anmaßend" (Der Spiegel, 2009).

Über Enid Blyton scheint die Zeit hinweggegangen zu sein, obwohl ihre Fünf-Freunde-Bücher, die inzwischen vielfach als rassistisch und sexistisch gelten, durchaus noch verkauft werden. Und wer parodiert wird, hat es ja irgendwie auch geschafft: Seit 2016 gibt es mehrere Bände auf Englisch, die das bekannte Blyton-Design nutzen und mit den Klischees ein wenig spielen. **The Five on Brexit Island** heißt eines dieser Bücher. Im Herbst 2018 sind zwei Titel auf Deutsch veröffentlicht worden. Die fünf Freunde, die komplett ohne jede Sexualität auskamen, werden nun Helikoptereltern und ändern ihre Ernährungsgewohnheiten: **Fünf Freunde essen glutenfrei.**

Enid Blytons Leben entsprach keineswegs der heilen bürgerlichen Welt ihrer Jugendbücher. Über ihre eigenwillige Persönlichkeit, „Nackt-Tennis", Sexaffären und sonstige Turbulenzen in der Familie Blyton ist wohl alles bekannt, seit eine englische Biografie erschienen ist: **The Real Enid Blyton.**

Bei Hermann Hesse (1877 – 1962), der das Werk der britischen Kollegin vermutlich nicht einmal aus der Ferne zur Kenntnis nahm, liegt die Sache anders. Man kannte ihn als Nacktkletterer, aber ohne Affären, und er hatte eine Vision: Dass „eine Regeneration unserer Völker und ihres gesamten Lebens möglich wäre durch Früchtenahrung und Annäherung an das Nacktleben". Seit ihrer Kindheit schätzt Heikedine Körting den Schweizer Nobelpreisträger und sein **Glasperlenspiel.**

„Und ich liebe besonders Rilkes Herbstgedichte: *Blätter fallen, fallen wie von weit,* die sind so schön wehmütig."

Als Hörspielregisseurin kennt Heikedine Körting zahllose Schauspieler, zwei darunter schätzt sie ganz besonders: Hans Paetsch (1909 – 2002) und Christian Brückner (* 1943). Was

Bruno Vincent: Enid Blyton: Fünf Freunde werden Helikoptereltern (2016). München: Riva, 2018

Bruno Vincent: Enid Blyton: Fünf Freunde essen glutenfrei (2016). München: Riva, 2018

Nadia Cohen: The Real Enid Blyton (Englisch). Bamsley (GB): Pen & Sword Books, 2018

Hermann Hesse: Das Glasperlenspiel. 1943. Frankfurt: Suhrkamp 2012

Rainer Maria Rilke: Die Gedichte. Frankfurt: Insel 2006

immer Hans Paetsch ins Mikrofon sprach – es konnte durchaus die Wahrheit sein –, klang sofort wie ein Märchen. Er war der geborene Märchenerzähler; 28 Jahre lang gehörte er zum Ensemble des Hamburger Thalia Theaters. In den 1960er-Jahren begann er seine noch größere Karriere als Erzähler, liebevoller Beiname: „Märchenonkel der Nation". Es gibt diese Stimmen, die einem das Telefonbuch von Ostfriesland vorlesen können und jeden Zuhörer fesseln. Hans Paetsch gehörte stets zu den Top 3.

Christian Brückner ist ein ähnlicher Fall, obwohl er gewiss kein Märchenerzähler ist; er fesselt auf seine ganz eigene Art. Auch er hat einen eindrucksvollen – internationalen – Beinamen: „The Voice". Anlässlich seines 75. Geburtstages (17.10.2018) machte der argon-verlag Christian Brückner ein besonderes Geschenk: **Da Capo** – eine Sonderausgabe mit fünf Titeln, die ihm besonders viel bedeuten.

Unter den Märchenautoren liegt Hans Christian Andersen (1805–1875) in Heikedine Körtings Gunst ganz vorn. Bei seinen ungewöhnlich vielen Reisen fiel Andersen durch ein sonderbares Gebaren und einige Macken auf. Charles Dickens war froh, als Andersen nach fünf Wochen seine Wohnung in London wieder verließ. Seiner Tochter war er lediglich als „knöchriger Langweiler" aufgefallen. Seine Märchen und Geschichten sind aber fester Bestandteil der Weltliteratur.

„Andersens Märchen waren die, die mich am meisten bewegt haben. Sie sind sehr traurig, aber auch wunderschön. Es waren die ersten, die ich für EUROPA realisiert habe, **Die kleine Meerjungfrau**, **Die Schneekönigin** und **Das Mädchen mit den Schwefelhölzern**. Ich besitze Berge von Märchenbüchern und lese sie unheimlich gern. Andersen hat mich immer am meisten bewegt, möglicherweise deswegen, weil wir eine Ausgabe mit Zeichnungen von Walo von May (1879 – 1928) hatten. Darin haben wir gemeinsam mit der Familie geblättert und gelesen und aufgepasst, dass wir keine Seite verknicken.

**Christian Brückner: Da Capo**. Sonderedition mit 5 vom Sprecher persönlich ausgewählten Hörbüchern. Berlin: Argon, 2018. – Enthalten sind:
**Herman Melville: Bartleby**

**Schatztruhe der Märchen – Zauberhafte Hörspiele auf 20 CDs**. Box-Set. Hamburg: Membran, 2013

**Hans Christian Andersen: Märchen und Geschichten**. Stuttgart: Reclam, 2012

**Wilhelm Hauff: Sämtliche Märchen** (1826 – 1828). Stuttgart: Reclam, 1986

**Johann Wolfgang Goethe: Italienische Reise** (1816). München: C. H. Beck, 2017

Ein weiterer wunderbarer Märchenautor für mich ist Wilhelm Hauff (1802 – 1827). Wer einmal **Das kalte Herz** gelesen hat, vergisst es nie wieder."

Heikedine Körting liest sehr gern Reisebeschreibungen, sie können auch gern aus dem 19. Jahrhundert sein.

„Vor allem natürlich Goethes **Italienische Reise**. Wir sind Goethe regelrecht nachgereist. Das ist ein Lieblingsbuch von mir."

*„Trient, den 10. September, abends.*

*Abends um fünf Uhr reiste ich ab; wieder das Schauspiel von gestern Abend und die Heuschrecken, die gleich bei Sonnenuntergang zu schrillen anfangen. Wohl eine Meile weit fährt man zwischen Mauern, über welche sich Traubengeländer sehen lassen; andere Mauern, die nicht hoch genug sind, hat man mit Steinen, Dornen und sonst zu erhöhen gesucht, um das Abrupfen der Trauben den Vorbeigehenden zu wehren. Viele Besitzer bespritzen die vordersten Reihen mit Kalk, der die Trauben ungenießbar macht, dem Wein aber nichts schadet, weil die Gärung alles wieder heraustreibt."*

Theodor Fontane: Wanderungen durch die Mark Brandenburg (1862 – 1882). Vollständige, kommentierte Ausgabe in 3 Bänden. München: dtv, 2006

Marion Gräfin Dönhoff: Namen, die keiner mehr nennt: Ostpreußen – Menschen und Geschichte (1962). Reinbek: Rowohlt 2009

Gunter Hofmann: Marion Gräfin Dönhoff. Die Gräfin, ihre Freunde und das andere Deutschland. München: C. H. Beck, 2019

„Daneben besonders die **Wanderungen durch die Mark Brandenburg** von Theodor Fontane (1819 – 1898). Auch durch Brandenburg sind wir gefahren und haben versucht, Fontanes Beschreibung zu folgen."

Sachbücher, die Heikedine Körting interessieren, sollten weniger mit Politik oder Geschichte zu tun haben, als vielmehr von medizinischen Problemen handeln. Da ist sie schnell begeistert. Bei Memoiren und Biografien sieht es wieder anders aus.

„Die Bücher von Helmut Schmidt mochte ich sehr. Dann natürlich die von Marion Gräfin Dönhoff (1909 – 2002). Ihretwegen bin ich Juristin geworden und nicht Journalistin. Sie war mit meinem Vater befreundet, die beiden sind zusammen zur

**James Joyce: Ulysses**
(1922). Frankfurt:
Suhrkamp, 2006
(Übersetzung: Hans
Wollschläger)

**Thomas Mann:
Buddenbrooks** (1901).
Frankfurt: Fischer, 2008 –
Hörbuch (ungekürzte
Ausgabe), gelesen von Gert
Westphal: Berlin: Universal
Music, 2001

**Gert Westphal liest
Thomas Mann. Die große
Höredition.** München: der
hörverlag, 2016

**Jules Verne: Romane
(Vier Bände im Schuber):
20.000 Meilen unter den
Meeren** (Vingt mille lieues
sous les mers, 1869/70) /
**In 80 Tagen um die Welt**
(Le Tour du monde en
quatre-vingts jours, 1873) /
**Reise zum Mittelpunkt der
Erde** (Voyage au centre de la
Terre, 1864) / **Von der Erde
zum Mond** (De la terre à la
lune, 1865). Köln: Anaconda,
2013 / Einzelne Romane bei
dtv und Fischer

**Mascha Kaléko: Solo für
Frauenstimme. Gedichte.**
Gesprochen von Katharina
Thalbach. Hamburg:
GoyaLIT, 2017

Schule gegangen. Gräfin Dönhoff habe ich gefragt, als ich Abitur machte, ob ich Zeitungswissenschaften studieren solle. Sie hat mir abgeraten."

Auch in diesem wunderschönen riesigen Anwesen an der Neustädter Bucht gibt es irgendwo einen Nachttisch, auf dem Bücher liegen. Welche mögen das sein?

„Der **Ulysses** zum Beispiel. Darin lese ich immer mal wieder. Da sind so fröhliche sexy Sachen drin. Das mag ich."

„Als Lübeckerin lese ich immer wieder mit großem Vergnügen in den **Buddenbrooks**. Ich habe früher oft Lesungen von Gert Westphal (1920 – 2002) gehört und dabei die Erfahrung gemacht: von ihm gelesen, war mir der Text verständlicher, als wenn ich ihn allein für mich gelesen habe."

Wir kommen auf Jules Verne (1828 – 1905) zu sprechen, den Begründer der Science-Fiction-Literatur, von dem einige Titel im Regal stehen.

„Ob nun **Die Reise zum Mittelpunkt der Erde** und **Die Kinder des Kapitän Grant**, die habe ich alle gelesen. **20.000 Meilen unter den Meeren** ist unheimlich spannend. Und dann natürlich die Reise **In 80 Tagen um die Welt** – immer wieder schön, die Geschichte von Phileas Fogg und seinem Diener. Auch das habe ich als Kind schon gelesen."

Dass Heikedine Körting Gedichte liebt, dafür hat sie bereits Beispiele genannt. Auf eine Autorin möchte sie ganz besonders hinweisen, nämlich Mascha Kaléko (1907 – 1975), die „kleine Schwester von Erich Kästner", wie sie mitunter genannt wird.

„Mascha Kaléko ist die Lieblingsautorin meiner Tante, die demnächst 102 wird. Die kann alles auswendig, das ist bewundernswert. Ich mag Mascha Kaléko auch sehr gern. Ich habe einige Bücher von ihr, die liegen oben auf meinem Schreibtisch. Großartig: witzig und klug, ich finde die richtig toll."

Wie zum Beispiel diese Verse:

*Man braucht nur eine Insel*
*Allein im weiten Meer.*
*Man braucht nur einen Menschen,*
*den aber braucht man sehr.*

Heikedine Körting, deren Studio sich in der Rothenbaumchaussee befindet, gleich um die Ecke vom
NDR, kauft ihre Bücher ganz in der Nähe.

„Am liebsten in dem Minikiosk bei der
U-Bahn-Station *Hallerstraße*: Stolterfoht, ich finde
es so klasse, dass es den noch gibt. Und da er alles
besorgen kann, brauche ich niemand anders. Zum

**Mascha Kaléko: In meinen
Träumen läutet es Sturm.
Gedichte und Epigramme
aus dem Nachlaß.**
München: dtv, 2018

© Steven Haberland

Beispiel diese kleinen Büchlein mit Texten von Goethe. Die sammle ich seit zwanzig Jahren und wundere mich, dass es immer noch neue Aspekte gibt. Die verschenke ich zu Weihnachten eigentlich an alle. Ein kleines Büchlein statt Karte: **Mit Goethe durch das Jahr.**"

Die „Bücherstube Stolterfoht" in der Rothenbaumchaussee 100, im Jahr 1948 von Werner Kallmorgen erbaut, ist wie ihr jetziger Besitzer Frank Bartling ein Unikum. Der Architekturhistoriker Manfred Sack beschreibt sie 1990 mit Worten, die noch heute gültig sind: „Ein kleines helles, rechteckiges Gebäude aus Holz und Glas (...) Nichts fehlt an diesem Gebäude, nichts ist zuviel, ein Gebrauchsgegenstand von vollendeten Proportionen (...) Die Zier: Bescheidenheit."

Übrigens wird nicht jeder von Heikedine Körting immer nur mit Goethe und Goethe-Zitaten bedacht. Sie greift auch auf zwei schmale Bände der **Unfrisierten Gedanken** des polnischen Aphoristikers Stanislaw Jerzy Lec (1909 – 1966) zurück. Darin finden sich Gedanken, auf die der Großdichter, der reimte: „Ohne Wein und ohne Weiber / Hol der Teufel unsere Leiber", wohl nicht gekommen wäre, selbst wenn er in Weimar noch mehr Wein getrunken hätte.

Von Lec – gesprochen: *Letz* – jedenfalls stammen diese Sätze:

**Mit Goethe durch das Jahr 2019: Der Meuchelmord am Theaterdichter Kotzebue.** Von Jochen Klauß. Berlin: Artemis & Winkler, 2018

**Stanisław Jerzy Lec: Sämtliche unfrisierte Gedanken. Dazu Prosa und Gedichte.** München: Hanser, 2014

*Viele, die ihrer Zeit vorausgeeilt waren, mussten auf sie in sehr unbequemen Unterkünften warten.*

*In der Hölle ist der Teufel eine positive Gestalt.*

*Unser Unwissen erobert immer weitere Welten.*

*Die einen möchten das begreifen, woran sie glauben, und die anderen das glauben, was sie begreifen.*

*Der Sargdeckel ist auf der Seite des Verbrauchers schmucklos.*

# FRANK SCHULZ

geboren 1957 in Hagen bei Stade    aufgewachsen in Hamburg. Veröffent lichungen: **Kolks blonde Bräute** (Hagener Trilogie, Teil 1) (1991); **Morbus fonticuli oder Die Sehnsucht des Laien** (Hagener Trilogie, Teil 2) (2002); **Das Ouzo-Orakel** (Hagener Trilogie, Teil 3) (2006); **Naturlyrik, Anfänger-kurs – und andere Gelegenheitsverse** (2008); **Mehr Liebe. Heikle Ge-schichten** (2010); **Onno Viets und der Irre vom Kiez** (2012); **Onno Viets und das Schiff der baumelnden Seelen** (2015); **Onno Viets und der weiße Hirsch** (2016); **Anmut und Feigheit** (2018)

Auszeichnungen u. a.: **1989** Hamburger Literaturförderpreis; **1991** Stipen-dium des Landes Schleswig-Holstein, Aufenthalt im Kloster Cismar; **2004** Hu-bert-Fichte-Preis der Stadt Hamburg; 2006 Irmgard-Heilmann-Preis; **2006** Literaturpreis *Das neue Buch* des Verbandes Deutscher Schriftsteller in Nieder-sachsen / Bremen; **2008** Einladung zum türkisch-deutschen Stadtschreiber-projekt in Ayvalık; **2012** Kranichsteiner Literaturpreis; **2014** Hörspiel des Mo-nats Januar für Onno Viets und der Irre vom Kiez; **2015** Kasseler Literaturpreis für grotesken Humor.

Der Hamburger Frank Schulz ist – wie die meisten Hamburger – nicht in Hamburg geboren. Seine Eltern bevorzugten den Wohnort Hagen, ganz dicht bei einer anderen Hansestadt, nämlich Stade, das für diesen Ehrentitel nicht sehr bekannt ist. Aber auch Göttingen, die Perle Südniedersachsens, war 120 Jahre lang zahlendes Mitglied der Hanse, obwohl da immer zu wenig Wasser für einen Hafen war.

Frank Schulz ist ein wunderbarer Autor mit einem ganz eigenen Humor. Er hätte es längst verdient, einen Preis zu bekommen, der es ihm finanziell erlauben würde, sich etwas zurückzulehnen. Gibt es den Nobelpreis für Literatur eigentlich wieder? Sieht ein bisschen so aus, aber gewiss nicht jedes Jahr doppelt.

**Frank Schulz: Anmut und Feigheit.** Berlin: Galiani, 2018 / **Onno Viets und der Irre vom Kiez.** 2012 / **Das Ouzo-Orakel** (Hagener Trilogie Band 3), Frankfurt: Eichborn, 2006

Seit 2017 lebt Frank Schulz in Osnabrück. Die Stadt an der Hase war übrigens noch 1669, dem Jahr des letzten Hansetages, zahlendes Mitglied. Da war Göttingen schon hundert Jahre wieder draußen.

40 Jahre lang war sein Wohnort Hamburg – und dann Osnabrück? Das Leben, die Liebe. Irgendwann wird die Geschichte vielleicht noch mal verfilmt, die Frage ist nur, ob es SAT1 oder Netflix sein wird. Frank Schulz wird dann längst wieder an der Alster, an der Elbe, an der Bill wohnen, gemeinsam mit seiner – nennen wie sie etwas altertümlich: Lebensgefährtin.

Frank Schulz' Bibliothek steht also vorläufig in der Stadt des Westfälischen Friedens. In seinem Arbeitszimmer entstand zuletzt der Erzählungsband **Anmut und Feigheit**. Der große Harry Rowohlt (1945 – 2015) hatte schon früh die Bären-Stimme für Frank Schulz erhoben und hätte sich wahrscheinlich selbst zitiert: „Sowieso mein Lieblingsautor." Schauen wir also in die Regale.

„Ich habe nichts geerbt oder in großem Stil angekauft, sondern ein Buch nach dem anderen erworben, außer meinen Kinderbüchern, die ich geschenkt bekommen habe. Als ich neun oder zehn Jahre alt war, übernahm ich vom Sohn eines Bekannten meines Vaters jede Menge Bücher, und als dann ruchbar wurde, dass ich gerne lese, wurde ich mit immer mehr Schätzen überhäuft. Das war wie im Schlaraffenland."

Gibt es das Schlaraffenland noch?

„Nein, diese Bücher lagerten jahrelang auf dem Dachboden meines Elternhauses. Als es verkauft wurde, habe ich nur einige wenige Bücher mitgenommen, um darüber vielleicht noch mal zu schreiben. Das musste gar nichts Großartiges sein, Enid Blyton (1897 – 1968) zum Beispiel. Aber mit Blytons Büchern habe ich die ersten Leseerfahrungen gemacht, die ersten Erfahrungen von Suchtlesen im Grunde genommen."

**Fünf Freunde im Zeltlager** war auch für mich ein Hit.

„Von den Fünf Freunden habe ich einiges da. Vorn aufs Deckblatt notierte ich solche Dinge wie: ‚Frank-Schulz-Bücherei Nr. 3'. Das hat mir seinerzeit unglaubliche Freude bereitet. Das war die Basis meiner Bibliothek, die ich kontinuierlich erweitert habe. Die liebste Phase in meiner Leserbiografie war, als ich noch völlig unbelastet und ganz unverbildet war, noch nicht studiert hatte und auch noch keinen inneren Kanon mir sozusagen habe aufdrängen lassen. Zwischen 14 und Anfang 20 lief es so: Ich stiefelte in eine Buchhandlung, drehte den Ständer mit den Taschenbüchern und griff mir anhand der Klappentexte und Cover und vielleicht aufgrund eines Tipps der Buchhändlerin bzw. des Buchhändlers etwas heraus. Wenn mich die Lektüre nach den ersten Seiten fesselte, war ich glücklich, und es war mir völlig egal, wie und wo das Buch einzuordnen war."

Enid Blyton: **Fünf Freunde im Zeltlager** (Five Go Off to Camp, 1945). München: cbj, 2015

Niemand muss sich für Enid Blyton entschuldigen. Und die Erben der Autorin werden einen Teufel tun, die Bedeutung des Werks von 753 Büchern anzuzweifeln – die Tantiemen fließen immer noch reichlich.

„Jetzt gibt es natürlich auch noch schöne Lesephasen. Immer wieder stößt man ja auf etwas, das einen begeistert, zum Beispiel habe ich kürzlich Dörte Hansens (* 1964) neuen Roman gelesen: **Mittagsstunde**, nach **Altes Land** ihr zweites Buch. Ich war hin und weg. Das Buch hat mich wirklich geflasht. Ein Buch, das ich gern selbst hätte schreiben wollen oder wie auch immer, aber nie hätte schreiben können. Der Ton ist ganz wunderbar."

Neid?

„Ja, aber positiver. Ich kenne Dörte Hansen persönlich, ich mag und schätze sie und fand **Altes Land** schon super. Aber das war nur ihr Gesellenstück. Mit **Mittagsstunde** hat sie ein Meisterstück abgeliefert."

In Frank Schulz' Bücheregal gibt es eine schlichte Ordnung – das Alphabet. Belletristik-Autoren stellen für Frank Schulz zwar die Krone der Schreibkunst dar, Historiker, Philosophen, Psychologen und andere Schreiber (weibliche, aber auch andere Geschlechtsidentitäten inbegriffen) dürfen jedoch, so sie denn überhaupt hier vorkommen, grundsätzlich ebenfalls den Platz im Regal beanspruchen, den sie abhängig von der Dicke ihres Buches benötigen. Hier zählt allein das Alphabet.

„Ein ungeordnetes, nichtalphabetisches Regal gibt es noch, bei dem ich seit 20 Jahren über eine Systematik nachdenke. Ich versuche, außerhalb meines Jobs als Schriftsteller, ein Lustleser zu bleiben. Klar lese ich auch Sachbücher, aber wie gesagt, die ordne ich dann meist nicht in diese Bibliothek ein."

Frank Schulz hat eine lange Reihe eindrucksvoller, hoch geachteter Romane und Erzählungen veröffentlicht und etliche Preise dafür bekommen, aber dafür kann sich ein Schriftsteller in diesem Land nichts kaufen – oder nur wenig bzw. nur kurz. Bei einem Autor, der zugleich Lustleser ist, erübrigt sich eigentlich die Frage danach, welche Bedeutung Bücher für ihn haben.

„Seit meiner Kindheit sind die für mich aus meinem Leben überhaupt nicht mehr wegzudenken, weswegen ich mit der fortschreitenden Digitalisierung geradezu in eine Identitätskrise gerate. Ich habe keine Kinder, dies hier zu vererben, ich wüsste auch sonst nicht, wem. Und beim letzten Umzug, der noch nicht so lange her ist, habe ich gemerkt, was das doch an Gewicht ist, das man da immer so mit sich rumschleppt; und

Dörte Hansen: Altes Land (2015). München: Penguin, 2018

Dörte Hansen: **Mittagsstunde.** München: Penguin, 2018 Von beiden Romanen gibt es Hörbuchversionen, gelesen von Hannelore Hoger, erschienen bei Random House Audio.

dennoch, ohne Bücher könnte ich nicht leben. Ich brauche das einfach als Hintergrund. Ich könnte nicht atmen, wenn das hier alles kahle Wände wären, das würde nicht gehen."

Auch wenn man 20 Jahre nicht reinfasst ins Regal?

„Ja, natürlich. Also es könnte ja sein, dass ich irgendwann einmal genau dieses Buch brauche. Und dann bin ich überglücklich, wenn ich es einfach rausfischen kann. Außerdem – was heißt brauchen? Es sind nicht nur Gebrauchsgegenstände, es sind auch schöne Objekte, jedenfalls nach meinem Dafürhalten, auch wenn sie völlig abgegriffen oder abgeschabt sind. Für mich sind Bücher schön. Sie verschaffen mir eine gewisse Sicherheit des Daseins."

Dabei hat Frank Schulz auch Lieblingsbücher.

„Das eine ist **Lolita** von Vladimir Nabokov (1899 – 1977), und das Zweite ist **Geht in Ordnung – sowieso – genau** von Eckhard Henscheid (* 1941). Es gibt noch einige andere, aber das sind eigentlich die beiden, die mir auf Anhieb einfallen und die ich immer wieder lese."

Lolita, die titelgebende Figur aus Nabokovs Roman, ist längst in der Umgangssprache angekommen, wobei die Vermutung naheliegt, dass dies vor allem der ersten (1962) der beiden Verfilmungen zu danken ist – Regie führte Stanley Kubrick (1928 – 1999). Denn diese hatte den erotischen Aspekt der Geschichte in den Vordergrund gestellt. Seitdem gilt das Buch als erotischer Klassiker, eine arg verkürzte Einordnung, die Frank Schulz missfällt.

Vladimir Nabokov: Lolita (1955). Reinbek: Rowohlt, 1999.

Dieser und noch mehr Skandale sind nachzulesen in **Ludwig Marcuse: Obszön. Geschichte einer Entrüstung**. Berlin: List, 1962

„Was mich jedes Mal wieder begeistert, sind die Leidenschaft der Erzählung, die Sprache, die Bilder, die Nabokov findet; die Sprache ist einfach grandios. Das Buch ist für mich unerreicht, ein ganz großes Vorbild. Wie man es hinbekommen kann, über ein derart heikles und auch ziemlich widerwärtiges Thema derart einfühlsam und genau zu schreiben, ohne dabei auch nur im Geringsten abzugleiten, das ist ganz große Schreibkunst. Und dann dieser untergründige Humor, der da drinsteckt ."

Nabokovs Buch löste einen internationalen Skandal sondergleichen aus. Der Bürgermeister von Lolita in Texas wollte den

Dieter E. Zimmer:
Wirbelsturm Lolita.
Auskünfte zu einem
epochalen Roman.
Reinbek: Rowohlt, 2008

Eckard Henscheid: Die
Vollidioten. Ein historischer
Roman aus dem Jahr 1972
(1973). In: Gesamtausgabe,
Bd. 1. Frankfurt:
Zweitausendeins, 2003

Eckhard Henscheid: Geht
in Ordnung – sowieso –
genau. Ein Tripelroman
über zwei Schwestern,
den ANO-Teppichladen
und den Heimgang des
Alfred Leobold (1977).
In: Gesamtausgabe, Bd. 1.
Frankfurt: Zweitausendeins,
2003

Frank Schulz: Kolks
blonde Bräute (Hagener
Trilogie, Band 1). 1991.
Reinbek: Rowohlt, 2012

Namen seiner Stadt ändern, in Frankreich wurde **Lolita** dreimal verboten und das Verbot zweimal aufgehoben, in Bournemouth wollte die Konservative Partei Nigel Nicolson, Verleger der britischen Ausgabe, nicht zur Wiederwahl aufstellen.

Anlässlich der Aufführung des Films im deutschen Fernsehen wurde auf 3sat.de diskutiert, ob **Lolita** auch heute noch für einen Skandal herhalten könne. In den 1930er Jahren reichten bereits ein intensiver Kuss oder eine angedeutete Bettszene aus. In Zeiten einer obszönen Bilderflut aus dem Internet ist das schwierig geworden. Ist etwas daran, dass Buch oder Film der Pädophilie Vorschub leisteten? Diese Frage nannte Marcel Reich-Ranicki schlicht absurd und lächerlich. Man könne den Roman auch als Spiel mit Vorurteilen lesen.

„Was Eckhard Henscheid betrifft, ausgerechnet dieses Buch habe ich erst relativ spät kennengelernt, was mir nachhaltig peinlich ist, aber es war so. Als ich an meinem ersten Roman arbeitete, **Kolks blonde Bräute**, da sagte mir ein Bekannter, das sei ja wie bei Eckhard Henscheids **Die Vollidioten**. Ich war zu Tode betrübt, weil ich dachte, typisch, jetzt fange ich mal was an, und dann gibt es das schon. Vorher kannte ich Henscheid als Titanic-Autor, hatte von ihm *Beim Fressen beim Fernsehen fällt der Vater dem Kartoffel aus dem Maul* gelesen und das eine oder andere mehr, aber zu seinen großen Romanen war ich nicht vorgedrungen, was mir im Nachhinein völlig unerklärlich ist. Ich war ja nun auch schon nicht mehr der Allerjüngste. Und dann habe ich also **Die Vollidioten** gelesen und im Anschluss **Geht in Ordnung – sowieso – genau** und war natürlich hin und weg. Dieses Buch ist für mich so eine Art Bibel, so muss man es sagen. Bestimmt fünf Mal schon habe ich es gelesen, alle paar Jahre wieder, und jedes Mal macht es mir wieder einen Heidenspaß.“

# „Geht in Ordnung - sowieso - genau *ist für mich so eine Art Bibel.*"

Als Jugendlicher las Frank Schulz, was ihm in die Hände fiel; vorwiegend humorlose ernsthafte Autoren. Erst später lernte er Satire schätzen.

„Die ist im Prinzip erst mit der Neuen Frankfurter Schule zu mir gedrungen. Jonathan Swift (1667 – 1745) hatte ich gelesen, aber ausdrücklich satirische Literatur war jetzt nicht unbedingt mein bevorzugtes Genre. Dass es mich dann offenbar doch sehr beeinflusst hat, liegt vor allem an der Neuen Frankfurter Schule."

Die Neue Frankfurter Schule entstand in den 1970er-Jahren, mit eher satirischen Bezügen zu den philosophischen Großmeistern der „alten" Frankfurter Schule, begründet von Max Horkheimer (1895 – 1973) und Theodor W. Adorno (1903 – 1969). Man publizierte in der *pardon*, nach Auseinandersetzungen entstand die *Titanic*. Zu den wichtigsten Autoren zählen Robert Gernhardt (1937 – 2006), F. W. Bernstein (1938 – 2018), Eckhard Henscheid und Chlodwig Poth (1930 – 2004).

Der berühmteste Satz der Neuen Frankfurter Schule stammt von F. W. Bernstein, obwohl er immer wieder Robert Gernhardt zugeschrieben wird: „Die schärfsten Kritiker der Elche / waren früher selber welche." F. W. Bernstein dichtete auch diesen überraschenden Vierzeiler:

**F. W. Bernstein: Die Gedichte** (2003). München: Antje Kunstmann, 2007

**F. W. Bernstein: Frische Gedichte**. München: Antje Kunstmann, 2017

## *Horch – ein Schrank*

*Horch – ein Schrank geht durch die Nacht,*
*voll mit nassen Hemden,*
*den hab ich mir ausgedacht,*
*um Euch zu befremden.*

238

**Ralf Rothmann: Wäldernacht (1994).** Frankfurt: Suhrkamp, 1996 / **Shakespeares Hühner. Erzählungen.** Berlin: Suhrkamp, 2012 / **Im Frühling sterben**, 2016 / **Der Gott jenes Sommers**, 2018

**Michael Kleeberg: Karlmann (2007).** München: btb, 2009 / **Der Idiot des 21. Jahrhunderts. Ein Divan.** Berlin: Galiani, 2018

**Philip Roth: Portnoys Beschwerden** (Portnoy's Complaint 1969). Reinbek: Rowohlt, 2011

**John Updike: Die Rabbit-Pentalogie. Von Hasenherz** (1960) bis **Rabbit, eine Rückkehr** (2002). Reinbek: Rowohlt, 1960, 1971, 1981, 1990, 2002

# „Ab *Wäldernacht* war ich Ralf Rothmann verfallen."

Frank Schulz fühlt sich nicht sehr verbunden mit der älteren Literaturgeschichte. Er sei „von Herzen ein zeitgenössischer Leser": Die Bücher von Ian McEwan (* 1948), Philip Roth (1933 – 2018), John Updike (1932 – 2009) und zwei deutschen Autoren, Michael Kleeberg (* 1959) und Ralf Rothmann (* 1953), zählen zu seiner bevorzugten Lektüre.

„**Wäldernacht** war der zweite oder dritte Roman, den ich von Ralf Rothmann gelesen habe. Ab diesem Buch war ich ihm verfallen, habe jedes neue Buch von ihm sofort gelesen. Alle seine Erzählbände finde ich großartig."

Michael Kleeberg ist nur scheinbar ein Romancier aus der zweiten Reihe. Seine Bücher beschreiben die Helden unserer Zeit, die für gewöhnlich scheitern, entwickeln Utopien, wie Menschen trotz aller Unterschiede befreundet sein können. Ijoma Mangold (* 1971), Literaturkritiker der *Zeit*, ist komplett begeistert: „Michael Kleeberg ist ein unendlich begabter, unverschämt maliziöser Schriftsteller, der souverän über alle Register der großen Romanorgel verfügt."

„Philip Roth war ebenfalls ein wichtiger Meilenstein in meiner Lektürebiografie, **Portnoys Beschwerden** als Erstes. Das Buch wurde mir seinerzeit empfohlen. Seitdem habe ich alles, oder sagen wir den allergrößten Teil seiner Werke gelesen. John Updike, die **Rabbit**-Pentalogie, finde ich ebenfalls wunderbar. Solche Autoren sind für mich überlebenswichtig – neben den Autoren der Neuen Frankfurter Schule, Gernhardt, Henscheid und F. W. Bernstein."

Es gibt noch weitere erfolgreiche US-Amerikaner, die Frank Schulz gelesen hat, wobei seine Sympathien geteilt sind:

„Paul Auster (* 1947) – ich habe die *New-York-Trilogie* verschiedentlich versucht und irgendwann abgebrochen –, ist einfach nicht meine Tasse Bier. Von Siri Hustvedt (* 1955) hingegen habe ich viel gelesen, gerade die ersten Romane gefallen mir. Jonathan Franzen (* 1959) lese ich auch immer wieder mit Vergnügen."

Noch zwei Autoren, die Frank Schulz beschäftigen: Thomas Mann (1875 – 1955) mit dem **Zauberberg**, der ihn „schwerst beeindruckte", und Franz Kafka (1883 – 1924): „Kafka ist ohnehin eine Klasse für sich. Zuletzt habe ich wieder mal **Amerika** gelesen und war wieder mal von den Socken. Wie modern das ist und wie witzig. Jetzt, wo ich darüber spreche, hätte ich schon wieder Lust, etwas von Kafka zu lesen."

So manche Schriftsteller-Kollegin und etliche Autoren-Kollegen publizieren Bücher, die sich besser verkaufen als die von Frank Schulz. Liest er sie trotzdem?

„Wenn ich keine Bücher mehr lesen würde, die erfolgreicher sind als meine, dann wäre ich ja total bescheuert. Also natürlich. Sven Regener (* 1961) beispielsweise schätze ich als Autor und auch als Kollegen. Wir kennen uns persönlich. Christoph Ransmayr (* 1954) finde ich herausragend, jedenfalls seine früheren Titel. **Die letzte Welt** fand ich großartig, ebenso **Morbus Kitahara**. Dann finde ich Eva Menasse (* 1970) toll, gerade ihre letzten Erzählungen."

Mark Twain (1835 – 1910) müsste er eigentlich auch mögen?

„Ja, natürlich, der ist einer der großen Helden meiner Jugend. **Tom Sawyer und Huckleberry Finn**: ein ewiger großer Klassiker. Ach, da wird mir sofort

**Siri Hustvedt: Die Verzauberung der Lily Dahl** (The Enchantment of Lily Dahl). Reinbek: Rowohlt, 1997 / **Die gleißende Welt** (The blazing world, 2014). Reinbek: Rowohlt, 2015

**Thomas Mann: Der Zauberberg** (1924). Frankfurt: Fischer, 1991

**Franz Kafka: Amerika** (Der Verschollene, 1927). Frankfurt: Fischer, 2008

**Sven Regener: Herr Lehmann** (2001). München: Goldmann, 2003 (und in der Folge die anderen „Lehmann"-Bücher **Neue Vahr Süd**, 2006, und **Der kleine Bruder**, 2010)

**Christoph Ransmayr: Die letzte Welt. Mit einem Ovidischen Repertoire** (1988). Frankfurt: Fischer, 1991 / **Morbus Kitahara** (1995). Frankfurt: Fischer, 2014

**Eva Menasse: Tiere für Fortgeschrittene**. Köln: Kiepenheuer & Witsch, 2017

240

warm ums Herz, wenn ich da nur dran denke. Dann will man gleich wieder den Zaun noch mal streichen."

Edgar Allan Poe (1809 – 1849)?

„Der gehört nicht zu meinem Kanon. Wolfgang Herrndorf (1965 – 2013) hatte mich seinerzeit gefragt, völlig ungläubig, warum ich den **Gordon Pym** noch nicht gelesen hätte, den müsste man doch kennen. Daraufhin habe ich mir schuldbewusst das Buch sofort besorgt in einer sehr schönen Ausgabe. Aber es hat bei mir einfach nicht gezündet."

Wir kommen auf die Poeten, insofern sie komische Reime zustande bringen, darunter nicht zuletzt Bertolt Brecht (1898 – 1956).

„Für den gilt das Gleiche wie für viele andere auch. Ich habe Aufführungen von Brecht-Stücken im Theater gesehen, gut, aber einige Gedichte fand ich großartig. Mich plagt die Ahnung, dass ich von ihm eigentlich viel mehr lesen müsste; jetzt, wo wir darüber sprechen, würde ich am liebsten direkt anfangen."

Finde ich in Frank Schulz' Regalen Bücher, die ich möglicherweise nirgendwo anders fände?

„Ich hatte eine ganz umfangreiche Sammlung von *Kommissar X*-Groschenromanen von Bert F. Island (1924 – 2005), die ich als Lehrling gelesen habe, wenn ich die Schule schwänzte oder in der Firma blau machte. Die hätte man vielleicht nicht überall finden können, allein, ich habe sie kürzlich alle aussortiert."

Interessieren ihn Lebensbeschreibungen – Biografien, Autobiografien?

„Ich glaube, ich lese lieber ausgefeilte Fiktion, wo es um poetischen Realismus im weitesten Sinne geht, als angebliche Wahrheiten über bestimmte Persönlichkeiten. Vielleicht ändert sich das eines Tages."

Und was steht auf der Leseliste für die nächste Zeit?

„Es ist alles völlig ungeplant. Ein paar Bücher und Autoren, die wir erwähnt haben, Brecht zum Beispiel, will ich mir

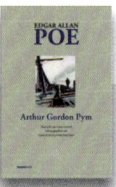

**Edgar Allan Poe: Arthur Gordon Pym** (1838). Kommentierte Neuübersetzung von Hans Schmid. Hamburg: mare, 2008 – Leider vergriffen

**Edgar Allan Poe: Umständlicher Bericht des Arthur Gordon Pym von Nantucket** (1838). Übersetzung von Arno Schmidt. Berlin: parlando, 2008 (Hörbuch, gelesen von Christian Brückner)

**Bertolt Brecht: Die Gedichte**. Frankfurt: Suhrkamp, 2007

unbedingt vornehmen. Ein Unding, dass ich den aus den Augen verloren habe. Kafka werde ich auf jeden Fall wieder lesen. Und ansonsten **Unendlicher Spaß** von David Foster Wallace (1962 – 2008) und **Ada** von Nabokov; beide Bücher stehen bei mir schon seit längerem auf der Leseliste, ich warte nur drauf, einmal ein paar Wochen am Stück Zeit für sie zu haben. Ich hoffe, dass ich das hinkriege, bevor ich sterbe."

Wo kauft Frank Schulz seine Bücher?

„In Buchhandlungen. Es wäre zwar heuchlerisch, wenn ich sagen würde, ich hätte noch nie bei Amazon bestellt. Aber irgendwann dachte ich, nee, das geht nicht. In Hamburg frequentierte ich zwei, drei Buchhandlungen regelmäßig, und hier in Osnabrück gibt es zumindest eine, die mein Vertrauen genießt. Ich kriege aber auch viele Bücher zugeschickt. Allein damit habe ich eine Menge zu tun. Wahrscheinlich muss ich irgendwann einen Schnitt machen, einen Schuldenschnitt sozusagen, um frei zu sein für die Bücher, die ich wirklich schon immer lesen wollte. Bisher habe ich das noch nicht geschafft."

Wo stehen die eigenen Bücher?

„Im Regal, alphabetisch eingeordnet."

Unter S –

„Ja, S wie Schulz."

Warum hat das Buch eine Zukunft?

„Oh Gott, da kann ich heulen, bei solchen Fragen."

Anders gefragt: Hat das Buch eine Zukunft?

„Ich weiß es nicht, ich habe keine Ahnung. Ich hoffe es. Es gibt Momente, in denen ich glaube, dass das Buch keine Zukunft hat. Und die nehmen zu. Wir haben sechs Millionen Leser verloren in den letzten Jahren, und zwar Leser, so jedenfalls geht es aus einer Studie hervor, die das sogar bedauern, die aber einfach keine Ruhe mehr finden, etwas zu lesen. Und ich merke diesen Impuls bei mir auch schon."

Das bislang letzte Buch von Frank Schulz ist ein Band mit Erzählungen und dem schönen Titel **Anmut und Feigheit**. Die

David Foster Wallace: **Unendlicher Spaß** (Unfinite Jest, 1996). Köln: Kiepenheuer & Witsch, 2009 (Übersetzung von Ulrich Blumenbach). Ungekürzte Lesung. München: der hörverlag, 2017 – „Das größte Radiokunstprojekt aller Zeiten" – Leider ist das Talent unter den Sprechern ungleich verteilt

**Vladimir Nabokov: Ada oder Das Verlangen. Aus den Annalen einer Familie.** (Ada; or Ardor: A Family Chronicle, 1969). Reinbek: Rowohlt, 1977

Kritik hat es hoch gelobt, es war zudem „Buch des Monats August 2018" bei NDR Kultur. Der unzeitgemäße Göttinger Aufklärer Georg Christoph Lichtenberg (1742 – 1799) notierte in seinen *Sudelbüchern* den schönen Satz: „Wer zwei Paar Hosen hat, mache eins zu Geld und schaffe sich dieses Buch an." Dem ist, wie eigentlich immer bei Lichtenberg, nichts hinzuzufügen. Vielleicht nur noch ein kleines Zitat aus **Anmut und Feigheit.**

*„Ich glaube letztendlich, dass man besser zu Rande kommt, wenn man sich einen gewissen komischen Blick auch auf traurige Dinge bewahrt oder erarbeitet, vielleicht sogar zuerst. Daraus erwächst dann durchaus hin und wieder ein groteskes Geschehen, wenn man's eben aufschreibt."*

© Steven Haberland

# ULRIKE C. TSCHARRE

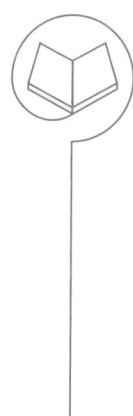

geboren 1972 und aufgewachsen in Baden-Württemberg mit deutsch-öster-reichischen Eltern. Das C im Namen kürzt eine „Claudia" ab, für die sie sich nicht hält. Nach dem Literaturstudium 1996 Ausbildung als Schauspielerin, ab 2000 erste Fernsehrollen: *Lindenstraße* (sie spielte in 98 Folgen die Toch-ter von Mutter Beimer), *Pfarrer Braun, Polizeiruf 110, Hotel Heidelberg, Tatort.* Kinodebüt 2004 in *Schöne Frauen*, Regie: Sathyan Ramesh. Zunehmend Rollen in ambitionierten und mehrfach ausgezeichneten TV- und Film-Produktionen mit Regisseuren wie Dominik Graf und Matti Geschonneck. Einige Titel: *Im Angesicht des Verbrechens, Letzter Moment, Lösegeld, Mord in Eberswalde* sowie ihre eigene Reihe *Zielfahnder.* Außerdem zahlreiche Auftritte in Hörspielen und Lesungen von Hörbüchern.

© Steven Haberland

In Berlin-Charlottenburg ist an diesem Tag der Frühling ausgebrochen. Keine Wolke am Himmel. Drinnen kläffen die Hunde. Finja ist die Haushündin. In ihren Papieren ist sie als „italienischer Trüffelhund" ausgewiesen. Anders als Schweine, die die Trüffel, die sie freischnorcheln, wegfressen, legt Finja die unterirdischen Pilze lediglich frei. Braver Hund. „Mokka" heißt das andere Tier, aus der Familie der Terrier. Ulrike C. Tscharre, die ihr Privatleben verborgen hält wie Trüffel, hat Kekse und Weintrauben bereitgestellt. Ihre Bücher hat sie vorwiegend selbst gekauft, denn sie sucht sich das, was sie liest, am liebsten selbst aus. Sie lenkt meinen Blick auf den Mittelteil des Regals, wo T. C. Boyle (* 1948), der Rockstar der Popliteratur, sich ziemlich breitmacht.

**T.C. Boyle: América** (The Tortilla Curtain, 1998). München: dtv, 2006

**T.C. Boyle: Die Terranauten** (The Terranauts, 2016). München: dtv, 2017 – Gekürzte Lesung im Münchener Hörverlag, 2017 (mit August Diehl, Eli Wasserscheid & Ulrike C. Tscharre)

**T.C. Boyle: Das Licht** (The Light, 2019). München: Hanser, 2019

„Das erste Buch, das ich von ihm gelesen habe, war **América.** Vorher sagte mir der Autor nichts. Es geht um einen mexikanischen illegalen Einwanderer in den USA. Das ganze Buch über dachte ich, das wird jetzt hoffentlich nicht noch schlimmer. Aber alles wird für diesen Mann tatsächlich immer schlimmer. Faszinierend. Ich habe es mit einer Art Lust am Grauen gelesen. Und so hat mich T.C. Boyle gekriegt. Ich mag seine Sprache. Ein dankbarer Autor für jemanden, der gern liest, weil er so viel schreibt. Bisher finde ich eigentlich jedes seiner Bücher gut. Ich durfte ihn kennenlernen, als wir 2018 zu dritt sein mittlerweile vorletztes Buch, **Die Terranauten**, eingesprochen haben. Bei einer Lesung hat er den englischen Teil gelesen und ich den deutschen. Es geht darin um eine wissenschaftliche Mission: Wie überleben Menschen in einem künstlichen Ökosystem? Das Buch ist ziemlich spannend."

Von Benjamin Franklin (1706 – 1790) – der mit dem Blitzableiter – stammt der Satz, der in 250 Jahren seine Wahrheit nicht verloren hat: „Dreimal umgezogen ist so gut wie einmal abgebrannt." Als Ulrike C. Tscharre hier vor ein paar Jahren einzog, war sie mitten in Dreharbeiten. Ihr Ehrgeiz dennoch: innerhalb von zwei Tagen den kompletten Umzug abzuschließen.

„Ich habe die Bücher, 25 bis 30 Kisten, in die Regale geräumt, um sie aus dem Weg zu schaffen, und dort stehen sie bis heute, unsortiert, bis auf das Regal in der Mitte. Das sind die Bücher, die mir am wichtigsten sind."

Bei einer Schauspielerin würde man vielleicht Biografien über Berufskolleginnen und -kollegen erwarten, aber:

„Mit am meisten beeindruckt mich der Roman **Mittelreich** von Josef Bierbichler (* 1948), weil man hier so viel über das Leben von Menschen und deren Umfeld erfährt und eine Art Gesellschaftsportrait entsteht. Wie sie da leben in diesem Gasthof, und wie die Leute miteinander umgehen, das finde ich toll."

Ulrike C. Tscharre, die in ihrem Beruf sehr gut beschäftigt ist, beklagt den Mangel an Zeit; manches Buch bleibe leider ungelesen.

**Josef Bierbichler: Mittelreich** (2011). Berlin: Suhrkamp, 2016

„Bücher sind für mich ein bisschen wie meine besten Freunde, die ich auch zu wenig sehe. Sie leiden genauso wie meine Freunde."

Die Bücher leiden?

„Besser gesagt, ich leide am Mangel an Zeit für die Bücher. Kein Buch leidet, weil ich es nicht lese. Aber dadurch, dass ich sie nicht lesen kann, leidet meine Beziehung zu den Büchern."

Den Urlaub legt sie meist auf den Januar, weil der Rest des Jahres für sie nicht planbar sei. Diese Zeit verwendet sie intensiv zum Lesen. Eine Weile war ihr Koffer nicht mehr ganz so prall gefüllt wie in den Jahren davor.

„Ich hatte mir einen E-Book-Reader zugelegt und mir E-Books runtergeladen, konnte die Bücher dann aber nicht mehr so ernst nehmen. Ich fand es überhaupt unsexy. Irgendwann fiel mir auf, dass ich E-Books teilweise nochmal als gedrucktes Exemplar gekauft hatte, weil ich gar nicht mehr wusste, dass ich den Titel bereits hatte. Also für mich ist das nichts. Nur meine Tageszeitung lese ich elektronisch."

T. C. Boyle steht bei Ulrike C. Tscharre ganz vorn im Regal. Aber welche Lieblingsbücher kommen dahinter?

„Die frühen Sachen von John Irving (* 1942): **Hotel New Hampshire, Garp,** und **Die wilde Geschichte vom Wassertrinker** sind meine Lieblingsbücher von ihm, die habe ich verschlungen wie nichts. Ich glaube, ich habe noch nie so gelacht wie bei der Lektüre der wilden Geschichte des Wassertrinkers Fred Trumper, einer äußerst merkwürdigen Figur, unglaublich komisch."

Bei einem Blick auf Ulrike C. Tscharres Jugendbücher stoßen wir wieder einmal auf Enid Blyton (1897 – 1968), aber nicht deren übliche Verdächtige, die unermüdlichen **Fünf Freunde.**

„Bei mir war es **Dolly,** definitiv. Auch mit **Hanni und Nanni** konnte ich nicht so viel anfangen. Mit Dolly dagegen wollte ich befreundet sein, genau wie sie wollte ich unbedingt aufs Internat. Ich habe meine Eltern so lange bekniet, bis sie nachgaben. Sie suchten ein ganz strenges evangelisches Internat aus, sodass sich das Thema schnell wieder erledigte. Die Dolly-Bücher hatte ich in drei dicken roten Sammelbänden, einer lag immer unterm Kopfkissen."

Der Internatskosmos, in dem Dolly sich bewegt, erinnert Ulrike C. Tscharre an eine andere Buchreihe:

„Das ist wie ein früher Harry Potter – ohne zaubern."

Die Dolly-Sammelbände 1–3 sind 2018 und 2019 wieder neu erschienen; ursprünglich wurden sie 1946 bis 1951 veröffentlicht.

Ob die Smombies gerade darauf gewartet haben?

Es gibt berühmte Bücher, sobald nur deren Titel genannt wird, erstarren viele Leser in ehrfürchtiger Bewunderung. Ulrike C. Tscharre neigt zum Selbstdenken. Was sie nicht anspricht, legt sie ungelesen zur Seite, Klassiker hin oder her.

Die klassische Theaterliteratur bereitet ihr allerdings ungetrübtes Vergnügen.

„Am meisten beeindruckt hat mich immer Goethes **Faust.** Ich habe sogar diesen ominösen *Faust 3* gelesen, von Vischer, und den **Urfaust,** weil ich mal in einer Aufführung mitgespielt

**John Irving: Das Hotel New Hampshire** (The Hotel New Hampshire, 1981). Zürich: Diogenes, 1998

**John Irving: Garp und wie er die Welt sah** (The World According to Garp, 1978). Reinbek: Rowohlt, 1982

**John Irving: Die wilde Geschichte vom Wassertrinker** (The Water-Method Man, 1972). Zürich: Diogenes, 1991

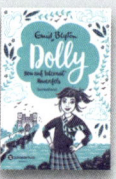

**Enid Blyton: Dolly – Neu auf Internat Möwenfels:** Sammelband 01. Berlin: Egmont Schneiderbuch, 2018

habe. Mir war immer klar, dass ich niemals ein Gretchen werde, obwohl ich es total gerne gewesen wäre. Vielleicht mal in einer Avantgarde-Inszenierung in zehn Jahren oder so. *Faust* ist ein phänomenales, ganz großes Werk, das größte, das je in dieser Zeit geschrieben wurde."

Der erwähnte Friedrich Theodor Vischer (1807 – 1887), der einzige „Fischer mit V" in der deutschen Geistesgeschichte, war Literaturwissenschaftler, Philosoph und Autor. Seine satirische Dichtung **Faust. Der Tragödie dritter Teil** ist auch eine Sprachkritik „im Namen des Naturgefühls der Sprache gegen jene Bisam- und Moschussprache, die mit Manschetten und Glacéhandschuhen selbst ins Brautbett steigt". Hier eine Kostprobe:

**Johann Wolfgang Goethe: Faust: Der Tragödie erster und zweiter Teil. Urfaust.** München: C. H. Beck, 2018

**Friedrich Theodor Vischer: Faust. Der Tragödie dritter Teil** (1862). Stuttgart: Reclam, 1986

*Faust.*
*Ach, wie war heut die Mühe wieder schwer!*
*Wie schmeckte mir ein gutes Gläschen Wein!*


*Lieschen.*
*Mein guter Heinz, du weißt, es darf nicht sein!*
*Hier steht die Milch, komm her, ich schenk dir ein.*


*Faust.*
*Ach ja (er nimmt und trinkt mit Widerwillen),*
*und Hunger setzt's, nach solcher Last!*
*Was gibt's zu essen, sag, was hast?*


*Lieschen.*
*Du weißt es ja, Heuschreckentag ist heut,*
*Doch morgen gibt es liebliches Gebäck*
*Von wildem Honig.*


*Faust.*
*Widriges Geschleck!*
*O schmale Kost, o harte Prüfungszeit!*
*So lebt kein Proletarier,*
*Kein Züchtling, Vegetarier!*

Gotthold Ephraim Lessing (1729 – 1781), der große Aufklärer, der so schöne satirische Stücke geschrieben hat, riecht für Ulrike C. Tscharre vor allem nach Schullektüre. Trotzdem hat er in diesem Haus eine Zukunft.

„*Nathan der Weise* hebe ich mir für später auf. Ich habe dann eine sehr große Bibliothek, öffne einen guten Rotwein, am besten in meinem Turm ganz oben; da sitze ich dann mit einem Glas Wein und lese Lessing.“

Ein Autor, der Epigramme wie das Folgende geschrieben hat, hat es einfach nicht verdient, von Oberstudienräten missverstanden zu werden.

*Denkt, wie gesund die Luft, wie rein*
*Um dieses Jungfernstift muß sein!*
*Seit Menschen sich besinnen,*
*Starb keine Jungfrau drinnen.*

Wir schauen ins 20. Jahrhundert. Die klassischen Autoren jener Zeit seien eindruckslos an ihr vorübergegangen. Die Ausnahme: Franz Kafka (1883 – 1924).

„Ich habe einen Hang zum Schrägen, daher mag ich Kafka. **Die Verwandlung,** diese absurde Geschichte von Gregor Samsa, der als Käfer erwacht, ist etwas ganz Großes, **Der Prozess** fantastisch. Bei Kafka finde ich die große Diskrepanz zwischen seinem äußeren, ganz engen bürgerlichen Leben und seinen Büchern so spannend.“

Gustave Flaubert (1821 – 1880) war ein grandioser Rechercheur, der sich intensiv in seine Figuren hineinversetzte. In einem Brief schrieb er: „Als ich die Vergiftung der Emma Bovary beschrieb, fühlte ich den Geschmack des Arsens auf meiner Zunge.“ Bevor das Manuskript der **Madame Bovary** in den Druck ging, hatte er 4.392 Seiten Entwürfe zu Papier gebracht. Flaubert war bekannt für seine exzessive Suche nach dem passenden Wort. Darüber sollen mitunter Tage und Wochen vergangen sein.

**Franz Kafka: Die Verwandlung** (1915). Textausgabe mit Kommentar und Materialien. Stuttgart: Reclam, 2013

**Franz Kafka: Der Proceß** (1925). Frankfurt: Fischer, 2011

**Gustave Flaubert: Madame Bovary** (1857). München: dtv, 2014 (Neuübersetzung von Elisabeth Edl)

„Ich habe ja mal, wobei es mir fast schon peinlich ist, das zu sagen, weil ich mein literarisches Wissen doch als eher gering empfinde, neuere deutsche und englische Literatur studiert. Flaubert fand ich toll, ich habe seine Präzision bewundert. Bei den Franzosen habe ich es aber noch mehr mit den Modernen, ich finde zum Beispiel Philippe Djian (* 1949) großartig. In den war ich fast verknallt. Das war ein Literatur-Star, unter anderem wegen **Betty Blue – 37,2 Grad am Morgen**.“

Die deutschen oder deutschsprachigen Zeitgenossen haben in diesem Bücherregal kaum Spuren hinterlassen – von zwei Frauen einmal abgesehen.

„Von Juli Zeh (* 1974) habe ich einiges gelesen. Ich mag eigentlich alle Bücher von ihr, **Spieltrieb** ganz besonders, dieses Spiel mit der Moral, mit Gut und Böse. **Unter Leuten** habe ich noch nicht gelesen, bin aber sehr gespannt darauf. Eva Menasse (* 1970) lese ich auch sehr gern, ich schätze ihre klare Sprache. **Tiere für Fortgeschrittene** sind wunderbare Geschichten von Tieren und – vor allem – von Menschen.“

Einige US-Autoren haben leichtes Spiel bei Ulrike C. Tscharre.

„Ich habe das Gefühl, die erzählen eher, wenn sie schreiben. Vielleicht unterliegen amerikanische Erzähler keinem so großen Rechtfertigungsdruck, wenn sie einfach etwas erzählen.“

Utopien, vor allem aber Dystopien beherrschen das kommerzielle Serienangebot. Auf dem Buchmarkt sind sie erfolgreich, sobald sie Cyberangriffe thematisieren. Ulrike C. Tscharre schätzt besonders zwei Klassiker.

„Ich habe **Utopia** von Thomas Morus (1478 – 1535) und **1984** von George Orwell (1903 – 1950) gelesen. Das sind die einzigen beiden wirklichen Utopien bzw. Dystopien, die ich gelesen habe. Ich möchte jetzt eine ziemlich bekannte Dystopie von Margaret Atwood (* 1939) lesen, die auch verfilmt worden ist. **Der Report der Magd** heißt es auf Deutsch.

**Philippe Djian: Betty Blue – 37,2 Grad am Morgen** (1985). Zürich: Diogenes, 1988

**Juli Zeh: Unter Leuten**. 2016. München: btb, 2017

**Juli Zeh: Spieltrieb**. 2004. München: btb, 2006

**Eva Menasse: Tiere für Fortgeschrittene** (2017). München: btb, 2018

**Thomas Morus: Utopia** (1516). Stuttgart: Reclam, 2012 (Lateinisch/Deutsch)

Darin geht es um eine Gesellschaft, in der Frauen nur noch danach ausgewählt werden, ob sie gebärfähig sind oder nicht. Sie werden wie Dienstboten gehalten, tun ihre Arbeit und reproduzieren sich. Das wird auf jeden Fall das nächste Buch sein, das ich mir kaufe."

Margaret Atwood: Der Report der Magd (The Handmaid's Tale, 1985). München: Piper, 2017

„Dazu passen auch **Die Terranauten** von T. C. Boyle, das Buch hatte ich ja schon erwähnt. Die Menschen denken ernsthaft darüber nach, Leben auf dem Mars möglich zu machen, und irgendwo muss man das ja üben. Ich fliege im Januar immer nach Lanzarote, dort hat die ESA ein Experimentierfeld, wo künftige Astronauten lernen, unter diesen Bedingungen zu leben."

Mit Krimis kann man sie jagen, ebenso mit Horrorgeschichten. Die einzigartigen Bücher von Stephen King (* 1947) haben sie offenbar noch nicht erreicht. Auch wenn sie selbst für TV-Krimis engagiert wird, interessiert sie die Handlung meist nur am Rande; sie achtet mehr auf die Figuren. Im Münster-Tatort *Herrenabend* (2011) fiel sie übrigens als unerbittliche Steuerprüferin auf, die Axel Prahl, also Kommissar Thiel, den Kopf verdrehte.

George Orwell: 1984 (1949). Berlin: Ullstein, 2017

Lyrik und Ulrike C. Tscharre – das ist keine wirklich enge Beziehung.

„Ich finde zu Gedichten nur schwer einen Zugang. Das war schon immer so. Mich fasziniert Gottfried Benn (1886 – 1956) – seine ersten **Gedichte** wie *Morgue*; ich mag seine morbiden Bilder. Zumal vor seinem biografischen Hintergrund als Pathologe und angehender Arzt. Das war vielleicht seine Art, das zu verarbeiten. Oder er versuchte, Poesie aus dem Schrecken zu machen. So etwas spricht mich sehr an, das ist vielleicht auch meine morbide österreichische Seite, die da rauskommt. Ansonsten habe ich es mit Poesie nicht so sehr."

Gottfried Benn: Sämtliche Gedichte 1912 – 1956. Stuttgart: Klett-Cotta, 2016

Einige Gedichte von Erich Kästner (1899 – 1974) mag Ulrike C. Tscharre sehr, schätzt aber besonders die Jugendbücher, vor allem: **Emil und die Detektive**, diese auch heute noch spannende Kriminalgeschichte mit Emil Tischbein, der aus der Provinz nach Berlin kommt und mithilfe von Gleichaltrigen den eigenen Fall löst, indem er einen Dieb zur Strecke bringt. Handys oder gar Smartphones werden dort überhaupt nicht vermisst.

Mit Sachbüchern hat Ulrike C. Tscharre es nicht so, Ausnahme: Kochbücher.

„Ein ganz tolles, ganz ungewöhnliches ist **Salz. Fett. Säure. Hitze.** Ein sehr umfangreiches Kochbuch ohne ein einziges Rezept. Die Autorinnen sagen, man müsse lediglich verstehen, wie diese vier Dinge zusammenwirken. Das ist das Einzige, worum es beim Kochen gehe. Wenn man das Zusammenspiel dieser vier Komponenten verstanden habe, könne man kochen und brauche nie wieder ein Rezept."

Ulrike C. Tscharre war einige Jahre lang Ensemblemitglied in der *Lindenstraße*. Gefühlt ist das ewig her. Dass auch diese Serie ein definiertes Ende haben wird, hat sie völlig überrascht.

Es gibt hier durchaus noch mehr besondere Bücher, zum Beispiel ein sehr regionales über Fußball. Ulrike C. Tscharre und Fußball, eine ganz neue Facette?

„Bernd Sautter (* 1966), der Autor von **Heimspiele**, ist ein ganz alter Freund von mir. Es geht um Fußballplätze in Baden-Württemberg, er hat zu jedem Platz eine Geschichte recherchiert. Ich interessiere mich null für Fußball, aber als er eine Lesung hier in Berlin hatte, bin ich hingegangen und habe sein Buch gekauft und eine Widmung bekommen. Normalerweise interessiert mich das nicht, für mich ist das wie Autogramme sammeln, damit kann ich nichts anfangen."

Aber Du gibst Autogramme, wenn jemand kommt?

„Weil ich denke, dem Menschen, der fragt, wird es wichtig sein. Aber mir ist es nicht wichtig."

Wir werfen einen Blick auf Bücher, die ihr peinlich sein könnten. Ein Autor fällt ihr sogleich ein: Paulo Coelho (* 1947),

**Erich Kästner: Emil und die Detektive** (1929). Zürich/Hamburg: Atrium, 2018

**Samin Nosrat / Wendy MacNaughton: Salz. Fett. Säure. Hitze. Die vier Elemente guten Kochens** (2017). München: Kunstmann, 2018

**Bernd Sautter: Heimspiele Baden-Württemberg – Wahre Fußball-Geschichten, die unter die Grasnarbe gehen.** Tübingen: Silberburg, 2015

der brasilianische Bestseller-Autor, der die trivialsten Einfälle immer wieder neu zusammenrührt, bis deren Bedeutungslosigkeit nahezu einzigartig ist. Ihn muss Goethe vor Augen gehabt haben, als er notierte: „Getretener Quark wird breit, nicht stark."

Da ihre Bücher im Wesentlichen nicht sortiert sind und ein „Bedürfnis vom Loswerden" entstanden war, hatte Ulrike C. Tscharre ernsthaft überlegt, alle Bücher wegzugeben. Wirklich alle. Nicht nur die möglicherweise peinlichen.

„Das habe ich aber nicht übers Herz gebracht. Schließlich dachte ich, dann machen wir es anders, ich behalte nur die, die mir wirklich wichtig sind. Ich habe mich vor mein Bücherregal gestellt, am Ende blieb mehr oder weniger alles beim Alten."

**Stoner** von John Williams (1922 – 1994) ist auch eines meiner Lieblingsbücher.

„Habe ich erst kürzlich gelesen. Das ist Wahnsinn, dieses Leben. Mir tut Stoner so leid, dieser Mann mit dieser schlimmen Ehefrau. Man kann es sich gar nicht vorstellen, wie unschön sich alles für ihn fügt."

Ulrike C. Tscharre kann keine Bücher aussortieren, geschweige denn ein Buch in den Müll werfen. Nur einmal tat sie es. Es war das Geschenk eines Menschen ohne Eigenschaften. Aus Gründen, die ebenfalls im Dunkeln bleiben, entstand ein so großer Ärger, dass sie sich von allem, was mit dieser Figur zu tun hatte, befreien musste. Innerhalb von Minuten. Das Buch war mehr zufällig dabei. Autor und Titel sind ihrem Gedächtnis abhandengekommen.

Der **Ulysses** von James Joyce (1882 – 1941) ist nicht eben das Buch, das man nebenbei lesen kann. Sie *will* es lesen, aber später; dafür gibt es gewissermaßen einen historischen Grund.

„Kurz nach dem Abitur bin ich mit zwei Freundinnen drei Wochen durch Irland gereist. Da begegnete mir **Ulysses** unheimlich oft, und wirklich jeder Ire meinte: ‚Read it later.' Das werde ich tun."

**Ulysses** wird ganz oben im Turmzimmer stehen, wo der Rotwein nicht ausgeht, gleich neben den Dramen von Gotthold

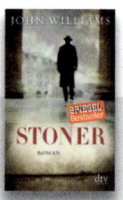

**John Williams: Stoner**
(1965). München: dtv, 2014

**James Joyce: Ulysses**
(Paris 1922, Hamburg 1932, New York 1934, London 1936). Frankfurt: Suhrkamp, 2006 (Übersetzung von Hans Wollschläger)

*„Die Erfahrungen, die Leser mit einem Buch machen, sorgen dafür, dass Bücher bleiben werden."*

Ephraim Lessing. Bleibt noch die Frage, warum das Buch auch außerhalb solcher Räume – und überhaupt – eine Zukunft hat.

„Weil ein Buch durch gar nichts ersetzt werden kann. Weil man sich durch das Lesen eines Buches neue Welten erschafft. Die Erfahrungen, die Leser mit einem Buch machen, sorgen dafür, dass Bücher bleiben werden."

© Steven Haberland

# NAJEM WALI

geboren 1956 im irakischen Basra – Studium der deutschen Literatur in Bagdad. 1978 für 18 Monate zum Militärdienst eingezogen, 1980 erneut nach Beginn des Irak-Iran-Krieges. Wali floh vor Unterdrückung und Folter nach Deutschland. In Hamburg studierte er Deutsch; nach dem Staatsexamen ging er 1987 nach Madrid, um Spanisch zu studieren. 1990 kehrte er nach Hamburg zurück. Inzwischen lebt und arbeitet er in Berlin. Einige seiner Bücher: **Reise in das Herz des Feindes: Ein Iraker in Israel** (2009); **Engel des Südens** (2011); **Bagdad Marlboro** (2014); **Bagdad. Erinnerungen an eine Weltstadt** (2015); **Im Kopf des Terrors** (2016); **Die Balkanroute: Fluch und Segen der Jahrtausende** (2017); mit Sibylle Lewitscharoff: **Abraham trifft Ibrahîm. Streifzüge durch Bibel und Koran** (2018); **Saras Stunde** (2018). Viele seiner Bücher sind auf Arabisch, Deutsch, Schwedisch, Französisch erschienen.

258

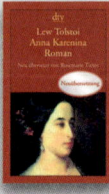

**Lew Tolstoi: Krieg und Frieden** (1869). Neu übersetzt von Barbara Conrad. München: dtv, 2011; **Anna Karenina** (1877/78). Neu übersetzt von Rosemarie Tietze. München: dtv, 2011 – Für Thomas Mann war dies „der größte Gesellschaftsroman der Weltliteratur", mit einem der berühmtesten Anfangssätze: „Alle glücklichen Familien ähneln einander; jede unglückliche ist auf ihre Art unglücklich." Es gibt von beiden Titeln sehr gute Hörbücher, eingelesen jeweils von Ulrich Noethen, allerdings nicht mit den neuen Übersetzungen.

Najem Wali fälschte 1980 seinen Wehrpass und desertierte, um nicht am Irak-Iran-Krieg teilnehmen zu müssen. Der damalige Staatspräsident im Irak – die Älteren werden sich erinnern – hieß Saddam Hussein. Najem Wali hatte in Bagdad deutsche Literatur studiert, in Hamburg setzte er seine Studien fort. Einer seiner Lehrer war Klaus Briegleb (* 1932), dessen bei Hanser erschienene maßgebliche Heine-Gesamtausgabe leider schon lange vergriffen ist.

In den 1970er-Jahren konnte man diese Bände übrigens – für jeweils 18 DM mehr – in braunes Leder gebunden subskribieren. Auch bei der Lichtenberg-Ausgabe ging das, als aber der letzte Band herauskam, war bei Hanser das grüne Leder ausgegangen. Bücher in Leder werden inzwischen kaum mehr angeboten, obwohl Veganer in den Verlagen in deutlicher Minderheit sind.

Najem Walis Bücher stehen in seiner Wohnung im Berliner Stadtteil Neukölln – 5. Stock ohne Fahrstuhl – und in seinem Büro in Kreuzberg.

„Bücher sind meine Leidenschaft. Spätestens seit den 1990ern, nachdem Wohngemeinschaften und Lesen immer mehr aus der Mode kamen, fragten mich die Umzugshelfer, wenn ich umzog, mehrmals auch innerhalb Hamburgs: Was hast du hier, Blei oder Steine?"

Najem Wali denkt, schreibt und handelt in mehreren Sprachen. Nach seinem Studium in Hamburg ging er ab 1987 nach Madrid. Seine bevorzugte Lesesprache ist derzeit Deutsch.

„Ich genieße es, auf Deutsch zu lesen, obwohl ich auf Arabisch schreibe. Manchmal habe ich ein schlechtes Gewissen, weil ich arabische Bücher von Freunden erst mal liegenlasse. Auf Deutsch lese ich aber nicht unbedingt deutschsprachige, sondern eher internationale Weltliteratur. Zum Beispiel die neuen Übersetzungen von **Krieg und Frieden** und **Anna Karenina** von

# „Ein Leben ohne Bücher kann ich mir nicht vorstellen."

Tolstoi (1828 – 1910). Oder die Romane von Flaubert (1821 – 1880) und Balzac."

Bei Najem Wali ist das Talent zur Leidenschaft vielfach erkennbar. Bei Büchern kommt er ins Schwärmen.

„Am allermeisten liebe ich Romane. Danach kommen Biografien und Poesie. Bereits in meiner Jugend, als ich noch im Irak lebte, verging kein Tag, an dem ich nicht las. Ich bin nie auf die Straße gegangen ohne ein Buch in der Hand. Hier in Deutschland kann man das nicht machen, weil es immer regnet."

**Najem Wali: Bagdad. Erinnerungen an eine Weltstadt.** Aus dem Arabischen von Hartmut Fähndrich (2015). München: dtv, 2017

Najem Wali hat selbst etliche Romane geschrieben. Ihrem Sog kann der Leser sich kaum entziehen. Alle seine Geschichten spielen im arabischen Raum, meistens im Irak, beispielhaft **Bagdad. Erinnerungen an eine Weltstadt.** Dieses Buch ist insofern eine Besonderheit, als es 2012/2013 entstand, nachdem Najem Wali erstmals nach 23 Jahren Exil wieder in seine Heimat zurückgekehrt war. 1980 war er hinter den Mauern der Asbak-Moschee gefoltert worden. An diesen Ort zurückzukehren, hat ihn tief erschüttert. Bis 2003 waren seine Bücher im Irak verboten.

„Wenn ich schreibe, denke ich nicht daran, ob ich Iraker oder Deutscher bin. Ich denke in Szenen und Situationen und wie ich es schaffe, dass sich meine Figuren in den Situationen entfalten und sich Leser damit identifizieren können. Ich habe kein Konzept zu Beginn. Auch wenn der Schauplatz immer der Irak ist – jedenfalls bis jetzt: Ich versuche, eine Geschichte zu erzählen und Personen zu entwickeln, die jeden interessieren."

*„Es gibt einige Bücher, die bleiben im Leben eines Menschen unvergesslich, zu denen man zurückkehrt und die man erneut liest."*

André Gide: Uns nährt
die Erde / Uns nährt die
Hoffnung (Les Nourritures
terrestres, 1897). München:
dtv 1976 – vergriffen

André Gide: Stirb und
werde (Si le grain ne meurt,
1926). München: dtv,
1989 – vergriffen

Marcel Proust: Auf
der Suche nach der
verlorenen Zeit (A la
recherche du temps perdu,
1913 – 1927). Die erste
zuverlässige Gesamtausgabe
erschien 1954 bei Suhrkamp
in Frankfurt.
- Frankfurter Ausgabe. 3
Bände in Kassette 2017
(Übersetzung Luzius Keller)
- Gesamtausgabe: 8 Bände
in Kassette. Stuttgart:
Reclam, 2017 (Übersetzung
Bernd-Jürgen Fischer)

Das Internet hat bei vielen den Umgang mit Büchern verändert. Najem Wali sieht das für sich aber eher entspannt.

„Ich lese viel im Internet. Aber das sind Informationen, die sich schnell verflüchtigen, bereits während des Lesens. Im Buch ist jedes Wort ein Körper. Ich muss das analog in der Hand haben. Heute kriegt man jede Info per Mausklick. Aber für mich ist es ein Verdummungsprozess. Vormals machte man sich auf den Weg in die Bibliothek. Wenn das Buch nicht da war, bestellte man es und wartete. Allein diese Mühe ist Erkenntnis. Jeder Schritt ist Erkenntnis und Sport für den Körper. Körper und Geist machen Sport. Diese Faulheit im Internet ist fatal. 1980, als ich nach Deutschland kam, war ich fasziniert, überall in der U-Bahn sah ich Leute mit Büchern. Wenn die Frauen nicht strickten, lasen sie ein Buch."

Wir kommen auf Lieblingsbücher.

„Es gibt einige Bücher, die bleiben im Leben eines Menschen unvergesslich, zu denen man zurückkehrt und die man erneut liest. Zum Beispiel **Uns nährt die Erde** von André Gide (1869 – 1951). Ich genieße das sehr. Auch Gides Memoiren sind wunderschön."

André Gide ist nicht nur als Autor in die Literaturgeschichte eingegangen, sondern auch als Lektor, der
den ersten Band der *Recherche* von Marcel Proust
(1871 – 1922) abgelehnt hat. Später freilich sah er
seinen Fehler ein und entschuldigte sich beim Autor.
Immerhin.

„Ich glaube, heute würde selbst Suhrkamp **Auf der
Suche nach der verlorenen Zeit** nicht verlegen. – Was
lese ich noch immer wieder? **Der kleine Prinz** und García Márquez, **Die Liebe in den Zeiten der Cholera**. Das
sind Bücher, die ich nicht missen möchte. Und auch
nicht die Geschichten von Jorge Luis Borges (1899 –
1986). Und dazu **Moby Dick** von Herman Melville
(1819 – 1891)."

Einige Bücher in Najem Walis Regal wenden einem
ihr Cover zu und nehmen dadurch viel Platz ein.

„Das sind Wegweiser dafür, dass hier französische,
russische, amerikanische Literatur steht. Flauberts
**Madame Bovary** bedeutet: Hier kommen die Franzosen, **Grashalme** von Walt Whitman (1819 – 1892):
hier die Amerikaner. Das ist ebenfalls eines meiner
Lieblingsbücher. Die Bücher, die uns hier zugewandt
stehen, gehören zu den unvergesslichen. Die sind besonders. Kein Buch steht hier zufällig so. Zum Beispiel
**Kind aller Länder** von Irmgard Keun (1905 – 1982),
der Frau von Joseph Roth, eine Entdeckung für mich,
einer der schönsten Romane, den ich in den letzten
Jahren gelesen habe. Erzählt wird, wie ein Kind, 13
oder 14, mit seinem Vater mittellos von Hotel zu Hotel
zieht. Der Vater ist Schriftsteller, er wartet auf Geld,
und der Verleger wartet auf das Manuskript. Das Kind
entscheidet, den Roman zu Ende zu schreiben, was
der Vater nicht schafft. Das Buch entspricht unserer
Zeit mit seinen Flüchtlingsgeschichten. Es vermittelt
ein Bild, wie die Leute damals im Exil gelebt haben."

In seiner lebendigen Biografie über Joseph Roth
beschreibt Wilhelm von Sternburg die turbulenten

**Antoine de Saint-Exupéry:
Der kleine Prinz** (Le petit
prince, 1943). Stuttgart:
Reclam, 2015 – Das Buch ist
in 180 Sprachen übersetzt,
auch in Latein und sogar für
die kleine Gemeinde der
Klingonen veröffentlicht
worden. Man schätzt,
dass weltweit etwa 20 bis
30 durchaus vernünftige
Menschen in der Lage
sind, diese Kunstsprache
zu sprechen, die 1984 für
das Star-Trek-Universum
erfunden wurde.

**Gustave Flaubert:
Madame Bovary** (1857).
Neu übersetzt von Elisabeth
Edl. München: dtv, 2014

**Gabriel García Márquez:
Die Liebe in den Zeiten
der Cholera** (El amor en los
tiempos del cólera, 1985).
Frankfurt: Fischer, 2004

**Jorge Luis Borges: Die
unendliche Bibliothek.**
Erzählungen, Essays,
Gedichte. Frankfurt: Fischer,
2010

**Herman Melville: Moby
Dick oder: Der Wal** (1851).
Vollständige Ausgabe in
der neuen Übersetzung von
Friedhelm Rathjen (2004).
Salzburg: Jung und Jung,
2016

Irmgard Keun: Das
kunstseidene Mädchen.
(1932). Berlin: Ullstein, 2017

Wilhelm von Sternburg:
Joseph Roth. Eine
Biographie. Köln:
Kiepenheuer & Witsch,
2009; Über Geist und
Macht. Dreißig Porträts aus
Literatur und Politik
(darunter auch Joseph Roth).
Berlin: Quintus-Verlag, 2018

Tausendundeine Nacht.
Wie alles begann. Nach der
ältesten arabischen
Handschrift in der Ausgabe
von Muhsin Mahdi ins
Deutsche übertragen von
Claudia Ott. München: dtv,
2017; Tausendundeine
Nacht. Das glückliche
Ende. Nach der Handschrift
der Rasit-Efendi-Bibliothek
Kayseri erstmals ins Deutsche
übertragen von Claudia Ott.
Mit Kalligraphien von Mustafa
Emary. München: dtv, 2018

18 Monate mit Irmgard Keun, die im Zeichen des Alkohols standen. Egon Erwin Kisch habe seinem Bruder deren gemeinsame Reise nach Wien mit der Warnung angekündigt: „Wenn Du sie kennenlernst, werde ich mich sehr freuen, aber besauf Dich nicht dabei, die beiden saufen wie die Löcher."

Wenn man wie Najem Wali im Irak aufgewachsen ist, was waren die ersten Leseerlebnisse?

„**Tausendundeine Nacht**, in einer Bearbeitung für Kinder."

In einer vergleichbaren Fassung dürften die meisten jungen Leser weltweit das berühmte Buch kennengelernt haben. Ali Baba und die 40 Räuber mit dem klassischen „Sesam öffne dich", Sindbad der Seefahrer, Aladdin und die Wunderlampe – all dies sind (zugegeben: sehr unterhaltsame) Geschichten, die aber erst im 18. Jahrhundert hinzugefügt worden sind. Diese Ausgaben sind seit den 1980-er Jahren fast durchweg vom Markt verschwunden. Das Original hat eine ganz andere, auch erotische Qualität und ist weit entfernt von der Biederkeit vieler Märchen, die ja auch verstümmelt worden sind, um sie kindertauglich zu machen. Dies ist eine Erkenntnis, die wir u. a. Claudia Ott (* 1968) verdanken, einer Frau, die eine arabische Handschrift aus der Zeit um 1600 zum ersten Mal ins Deutsche übertragen hat. Später folgte sogar noch ein Text, datiert auf das Jahr 1234: **Hundertundeine Nacht** mit einigen identischen Erzählungen. Befreit vom europäischen Orientalismus, liest man hier den Orient.

„Im Irak hatten wir viele Übersetzungen aus dem Französischen. Kein Werk von Goethe ist bis 2015 direkt aus dem Deutschen übersetzt worden. Ich war tatsächlich der erste, der den **Werther** direkt aus dem Deutschen ins Arabische übertragen hat. Sehr früh entdeckte ich die **Kairo-Trilogie** von Nagib Mahfus (1911 – 2006). Ich war knapp 14, als ich anfing, mich ernsthaft mit Literatur zu beschäftigen. Schon in der achten Klasse las ich **Der Fremde** von Albert Camus (1913 – 1960). Das hing auch damit zusammen, dass ich die Bibliothekarin sympathisch fand. Ich war verliebt in sie. Ihretwegen bin ich dort oft länger geblieben. Das beschreibe ich in **Engel des Südens**."

Das wichtigste Buch für ihn wurde ein Buch mit ausgewählten Gedichten von Rainer Maria Rilke (1875 – 1926) – auf Arabisch.

„In Amara im Südirak, wo ich aufgewachsen bin, gab es die ‚Zeitgenössische Buchhandlung', die bis heute existiert. Dort sind sie stolz auf mich, sie sagen, ich sei ihr Produkt. Das ist ein Vorteil vom Internet: Sie können immer verfolgen, was ich gerade in der Welt mache. Der Buchhändler hat mir immer Bücher aus Bagdad mitgebracht. Einmal, ich war 15 oder 16, war es ein Büchlein mit Gedichten. Es war ein bisschen teurer, ich musste mein ganzes Taschengeld zusammenkratzen. Zu Hause teilte ich ein Zimmer mit meinen Großeltern und einer Schwester – wir waren viele Kinder, ich der Älteste – und las immer nachts. Ich war so begeistert von den Gedichten und las sie von Anfang bis Ende und vom Ende bis zum Anfang. Es handelte sich um Rilke, übersetzt von Fuad Rifka (1930 – 2011). 2008 traf ich ihn bei einer Veranstaltung. Er hatte in Tübingen studiert, war Professor an der amerikanischen Universität für Philosophie und deutsche Literatur in Beirut. Seine Themen waren deutsche Literatur und Poesie, speziell Hölderlin (1770 – 1843) und Rilke. Ich erzählte meine Geschichte, dass ich dank dieses Buches hier sei. Denn die meisten Studenten, die nach dem Studium zum Militär mussten, wurden nicht entlassen, sie mussten bleiben, weil der Krieg gegen den Iran begonnen hatte. Ich konnte fliehen und gelangte nach Deutschland, aber viele von denen, die ich kannte, sind im Krieg umgekommen, junge Männer wie ich. Deshalb sage ich, Rilke hat mich gerettet."

**101 Nacht**. Limitierte Sonderausgabe. Aus dem Arabischen erstmals ins Deutsche übertragen von Claudia Ott nach der Handschrift des Aga Khan Museum. München: Manesse, 2014

**Najem Wali. Engel des Südens**. München: Hanser, 2011 – In der *taz* schrieb Andreas Fanizadeh über den Roman: „Eine Liebeserklärung an den alten, den kosmopolitischen Irak, ein Manifest des antinationalen Widerstands."

**Rainer Maria Rilke: Ausgewählte Gedichte**, übersetzt ins Arabische von Fuad Rifka, erschienen 1969.

Die „Zeitgenössische Buchhandlung" in Amara

Bücher von Heinrich Heine (1797 – 1856) in Najem Walis Regal zu entdecken, ist danach keine Überraschung.

„Heinrich Heines **Reisebilder** finde ich ebenfalls faszinierend. Von Heine habe ich gelernt, was Ironie ist. Ich liebe ironische und sarkastische Literatur, die so wichtig wie selten ist, die zynische Kreativität, die Wortneuschöpfungen, den Humor."

Es braucht keinen Anlass, um an Heines Vorrede zur zweiten Auflage des **Buchs der Lieder** zu erinnern – „geschrieben zu Paris im Frühjahr 1837":

*„Oh, ihr Götter! ich bitte euch nicht, mir die Jugend zu lassen, aber laßt mir die Tugenden der Jugend, den uneigennützigen Groll, die uneigennützige Träne! Laßt mich nicht ein alter Polterer werden, der aus Neid die jüngeren Geister ankläfft, oder ein matter Jammermensch, der über die gute alte Zeit beständig*

*flennt ... Laßt mich ein Greis werden, der die Jugend liebt und trotz der Altersschwäche noch immer teilnimmt an ihren Spielen und Gefahren! Mag immerhin meine Stimme zittern und beben, wenn nur der Sinn meiner Worte unerschrocken und frisch bleibt!"*

Welche Bücher waren für Najem Walis eigene Entwicklung, für den Zugang zur Literatur wichtig und haben ihn zum Schreiben gebracht?

Heinrich Heine:
Reisebilder (1826 – 1831).
Stuttgart: Reclam, 2010 /
**Buch der Lieder** (1827).
Stuttgart: Reclam, 1990 und
Frankfurt: Fischer, 2008

„Ich hätte vielleicht nicht schreiben können, wenn ich nicht Dostojewski (1821 – 1881) kennengelernt hätte und Tschechow (1860 – 1904). Von Tschechow habe ich viel über Kurzgeschichten gelernt, mit denen ich angefangen habe. Auch Emile Zola (1840 – 1902) und Honoré de Balzac (1799 – 1850) möchte ich nennen. Ohne sie hätte ich nicht weiterschreiben können. Bei ihnen habe ich die Lust am Erzählen abgeschaut. Denn was braucht man sonst, um einen Roman zu verfassen? Technik und alles andere lernt man bei der Arbeit. Heute studiert man *creative writing*, um zu schreiben. Das ergibt Texte wie Skelette, ohne Fleisch. Ich habe Schreiben nicht gelernt. Ich habe angefangen zu schreiben, wie ich mit dem Rauchen angefangen habe."

Aber mit dem Rauchen hat er wieder aufgehört.

„Ja, das ist wahr, aber mit dem Schreiben könnte ich nicht aufhören. Man fragt sich, warum raucht man. Man braucht es nicht und hört auf. Aber ich wollte Schriftsteller werden. Ich wollte das unbedingt. Ich habe immer wieder darüber nachgedacht, warum die Gedichte von Rilke mich so fesseln, warum mich Dostojewski fasziniert. So fängt es an."

Meine eigene Ahnungslosigkeit, was arabische Literaten betrifft, ist möglicherweise verzeihlich; im Gespräch mit einem geachteten Autor aus dem arabischen Sprachraum ist dieser Mangel nicht eben förderlich. Aber Najem Wali beruhigt mich, denn gerade Romane, die wir beide so schätzen, sind dort erst spät populär geworden.

„Der Roman ist ein westliches Phänomen. Im arabischen Raum ist die Gattung erst Anfang des 20. Jahrhunderts entstanden.

Als ich mit dem Schreiben anfing, in den 1970ern, gab es keinen großen Background. Einer der wenigen arabischen Klassiker ist Nagib Mahfus."

Nagib Mahfus war 1988 der erste arabischsprachige Autor, der mit dem Literaturnobelpreis ausgezeichnet wurde. Er ist nicht nur in Ägypten, sondern im gesamten Mittleren Osten eine Ikone, nicht zuletzt wegen der schon erwähnten **Kairo-Trilogie.**

**Nagib Mahfus: Die Kairo-Trilogie** (Zwischen den Palästen, Palast der Sehnsucht, Zuckergässchen, 1956/57). Zürich: Unionsverlag, 2016

**Patrick Modiano: Im Café der verlorenen Jugend** (Dans le café de la jeunesse perdue, 2010). München: dtv, 2014; **Schlafende Erinnerungen** (Souvenirs dormants, 2017). München: Hanser, 2018

„Besonders seine Dialoge sind grandios. Man weiß immer, wer redet, ob es ein Intellektueller ist, eine Frau, ein Soldat, ein Gemüsehändler. Dialoge zu schreiben, ist das Schwierigste für einen arabischen Autor, da sich die Umgangssprache sehr vom Hocharabischen unterscheidet. Das gilt in gewissem Sinne natürlich auch für deutsche Autoren."

Wenn ein Autor einen Preis bekommt, führt der Scheck manchmal dazu, dass ein neues Buch entstehen kann, weil die Miete für eine Weile gesichert ist. Die Nobelpreise, die mehr als nur die Miete begleichen, ehren nur ganz wenige und selten die Besten, aber die Auflagen steigen. Gutwillige Leser orientieren sich gelegentlich am Preisroulette, besonders wenn der hübsch drapierte Sondertisch in den Räumlichkeiten der Buchhandelskette ins Auge springt. Sind Preise für Najem Wali eine Entscheidungshilfe beim Bücherkauf?

„Nein, im Gegenteil, wenn jemand einen Preis kriegt, boykottiere ich ihn eher aus Prinzip. Ich möchte kein Buch lesen, nur weil es einen Preis bekommen hat. Ich gehöre nicht zu dieser Welle, die jemanden, weil er einen Preis bekommt, nach oben spült und zum Bestseller-Status verhilft. Nein, ich warte nicht darauf."

2016 bekam Bob Dylan den Literaturnobelpreis. Wie steht Najem Wali dazu?

„Bob Dylan höre ich, aber Patrick Modiano (* 1945), Orhan Pamuk (* 1952) oder Herta Müller (* 1953) lese ich. Ich habe die alle gelesen, bevor sie den Preis bekommen haben, und erst recht Elias Canetti. Und zwar nicht so sehr **Die Blendung**, sondern vielmehr seine Erinnerungen, vor allem **Die Fackel im Ohr**."

Als Elias Canetti 1981 der Literaturnobelpreis zugesprochen wurde, stritten sich mehrere Länder darüber, wem er denn nun zuzuordnen sei. Als Sohn einer sephardisch-jüdischen Kaufmannsfamilie kam Canetti 1905 im Fürstentum Bulgarien zur Welt. Da der Vater früh starb, siedelte die Familie 1912 nach Wien über. Nächste Station war die Schweiz, von 1916 bis 1921, dann Deutschland. 1923 machte er in Frankfurt sein Abitur. Ab 1924 lebte er wieder in Wien, 1928 arbeitete er als Übersetzer für den Malik-Verlag in Berlin. Er promovierte in Wien (in Chemie) und nahm seine Tätigkeit in Berlin wieder auf. Nach dem „Anschluss" Österreichs emigrierte er nach London und wurde britischer Staatsbürger. In den 1970er-Jahren ging er erneut in die Schweiz, wo er 1994 starb.

Memoiren müssen schon etwas ganz Besonderes sein, um Najem Walis Interesse zu finden. Er nennt drei weitere, die ihn beeindruckt haben.

„**Die Wörter** von Sartre, worin es um dessen Kindheit geht; die **Anti-Memoiren** von André Malraux (1901 – 1976). Und **Ich bekenne, ich habe gelebt** von Pablo Neruda (1904 – 1973). Das ist eines der schönsten Bücher überhaupt."

2018 erschien Najem Walis Roman **Saras Stunde** auf Deutsch, die Geschichte einer jungen Frau in Saudi-Arabien, die gegen die traditionelle Unterdrückung aufbegehrt. Najem Wali hat damit seine gewohnten Schauplätze im Irak fürs Erste verlassen, wobei das Buch in jeder patriarchalischen Gesellschaft spielen könnte. Die arabische Originalausgabe erschien in Beirut und Bagdad. Auf Najem Walis Website ist zu lesen:

**Orhan Pamuk: Die rothaarige Frau** (Kırmızı Saçlı Kadın, 2016). München: Hanser, 2017

**Herta Müller: Immer derselbe Schnee und immer derselbe Onkel** (2011). Frankfurt: Fischer, 2011

**Elias Canetti: Die Blendung (1936).** Frankfurt: Fischer, 2012 / **Die gerettete Zunge.** Geschichte einer Jugend (1977). 1979 (= Autobiografie, Teil 1); / **Die Fackel im Ohr. Lebensgeschichte 1921 – 1931 (1980).** 1982 (= Autobiografie, Teil 2) / **Das Augenspiel. Lebensgeschichte 1931 – 1937 (1985).** 1988 (= Autobiografie, Teil 3) – Elias Canetti beendete seinen **Roman Die Blendung** 1931. Da war er 26 Jahre alt. Gedruckt wurde das Buch erstmals 1936 in Wien und fand angesichts der auch in Österreich aufkommenden Ideologie der Nationalsozialisten kaum Leser. Erst in den 1960er-Jahren wurde das Buch wieder gedruckt, aber es dauerte mehr als ein weiteres Jahrzehnt, bis es auch zur Kenntnis genommen wurde. Für *Die Blendung* erhielt Elias Canetti 1981 den Nobelpreis für Literatur. Im Alter distanzierte er sich von seinem Frühwerk.

**Jean-Paul Sartre: Die Wörter** (Les mots, 1963). Reinbek: Rowohlt, 1975

**André Malraux: Anti-Memoiren** (Antimémoires, 1967). Frankfurt: S. Fischer, 1968 – Zurzeit vergriffen

**Pablo Neruda: Ich bekenne, ich habe gelebt** (Confieso que he vivido, 1973). München: Luchterhand, 2003 – Ob Pablo Neruda ermordet wurde, weil er als Freund Salvador Allendes und als populäre sozialistische Symbolfigur der chilenischen Militärjunta im Weg war, darüber gibt es bis heute keine endgültige Klarheit.

*„Mein engagierter neuer Verleger Mohammed Hadi vom Verlag Daralrafidain hat es gewagt und **Saras Stunde** veröffentlicht. Seine Rechnung ging auf. Nie hätte ich gedacht, dass die Leute Schlange stehen, um sich meine Bücher signieren zu lassen und mit mir zu sprechen. Das Bagdader Lesepublikum entpuppte sich als freundlich und liebevoll, informiert und kauffreudig und – zu fast achtzig Prozent als weiblich. Ich war überwältigt von dem Ansturm und der Begeisterung einer bislang nicht gekannten Fangemeinde in dieser Stadt, die jeden immer wieder überraschen kann."*

Najem Wali ist ein Büchermensch durch und durch: Er liest Bücher, er schreibt Bücher und er verschenkt Bücher.

„Ich verschenke Bücher, die ich liebe, zum Beispiel **Eines Menschen Herz** von William Boyd. Das gefällt mir so sehr, dass ich es geradezu allen Menschen schenken möchte. Es handelt sich um die fiktive Biografie eines Autors, der das 20. Jahrhundert

© Steven Haberland

beschreibt, in Europa und London. Und es geht um den Zweiten Weltkrieg. Über ein anderes verschenkenswertes Buch habe ich schon gesprochen: **Kind aller Länder** von Irmgard Keun."

Falls Sie Najem Wali in irgendeiner Form verbunden sind, rechnen Sie damit, dass Sie mit einem dieser Bücher beschenkt werden. Falls nicht, zögern Sie nicht, eine Buchhandlung Ihres Vertrauens aufzusuchen.

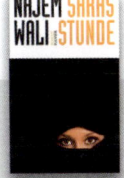

**Najem Wali: Saras Stunde.**
München: Hanser, 2018

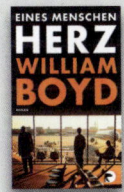

**William Boyd: Eines Menschen Herz** (Any Human Heart, 2002). Berlin: Berlin Verlag, 2008

**Imrgard Keun: Kind aller Länder** (1938). Köln: Kiepenheuer & Witsch, 2016

„Lies, um zu leben."
(Gustave Flaubert)

**Friedel Bott,** geboren in Göttingen, Studium der Germanistik, Literaturwissenschaft und Geschichte in Hamburg, war u.a. leitender Redakteur und Mitherausgeber der „Norddeutschen Beiträge" und freier Mitarbeiter für Radio Bremen, SWF, SDR und den NDR. Interviews, Berichte, Dokumentationen für die gesamte ARD. Entwicklung eigener Sendungen für NDR 90,3, darunter die „HörBar" (2004 bis 2014). Zudem zahlreiche Features und Dokumentationen.

© Steven Haberland

**Steven Haberland,** geboren 1967 in Berlin, arbeitete nach einer Fotografieausbildung als Produktionskoordinator u. a. für Fototeams in Los Angeles/USA. Seine Porträts von namhaften Persönlichkeiten wie den Jazzlegenden Quincy Jones und Ornette Coleman, dem Möbelunternehmer Bobby Dekeyser, der Forscherin Jane Goodall, dem Choreografen John Neumeier oder dem Komiker und Schriftsteller Helge Schneider waren in verschieden Galerien in Deutschland, den USA und Korea zu sehen. Für das vorliegende Buch lichtete er prominente Leser vor ihren privaten Bücherregalen ab.

© Bernd Ebsen

Edel Books
Ein Verlag der Edel Germany GmbH

Copyright © 2019 Edel Germany GmbH,
Neumühlen 17, 22763 Hamburg
www.edelbooks.com

Projektkoordination: Dr. Marten Brandt
Lektorat: Dr. Marten Brandt, Annette Krüger
Layout und Umschlaggestaltung: Rothfos & Gabler, Hamburg
Lithografie: Frische Grafik

Druck und Bindung: optimal media GmbH, Glienholzweg 7, 17207 Röbel / Müritz

Printed in Germany

ISBN 978-3-8419-0635-9